新编21世纪高等职业教育精品教材 通识课系列

数字技术

基础与应用

主编/付丽琴 魏中龙
副主编/侯佳丽 段晓亮

中国人民大学出版社
·北京·

图书在版编目（CIP）数据

数字技术基础与应用 / 付丽琴，魏中龙主编. -- 北京 : 中国人民大学出版社，2023.8
新编 21 世纪高等职业教育精品教材. 通识课系列
ISBN 978-7-300-31834-9

Ⅰ. ①数… Ⅱ. ①付… ②魏… Ⅲ. ①数字技术－高等职业教育－教材 Ⅳ. ① TP3

中国国家版本馆 CIP 数据核字（2023）第 124730 号

新编 21 世纪高等职业教育精品教材 · 通识课系列
数字技术基础与应用
主　编　付丽琴　魏中龙
副主编　侯佳丽　段晓亮
Shuzi Jishu Jichu yu Yingyong

出版发行	中国人民大学出版社		
社　址	北京中关村大街 31 号	邮政编码	100080
电　话	010－62511242（总编室）		010－62511770（质管部）
	010－82501766（邮购部）		010－62514148（门市部）
	010－62515195（发行公司）		010－62515275（盗版举报）
网　址	http://www.crup.com.cn		
经　销	新华书店		
印　刷	中煤（北京）印务有限公司		
开　本	787 mm × 1092 mm　1/16	版　次	2023 年 8 月第 1 版
印　张	18	印　次	2025 年 3 月第 2 次印刷
字　数	390 000	定　价	49.00 元

前言

PREFACE

党的二十大报告中指出，“加快发展数字经济，促进数字经济和实体经济深度融合”。数字技术赋能产业形成数字化生产力和数字经济，致使新业态、新职业、新模式不断涌现，对劳动者所需掌握的数字技能也提出了新的更高要求。

在数字技术体系中，5G、人工智能、大数据、云计算、物联网、区块链、数字孪生技术共同构成数字中国和数字社会的技术底座。本教材以七大技术应用为主题，以场景为载体，采用项目驱动法，由浅入深，介绍各类数字技术的主要研究领域和场景应用。

本教材分为五个项目：

项目一，走进数字时代，设计了三个任务，帮助学生了解数字技术的内涵，理解数字技术对经济的影响，展望数字社会的未来，启发学生思考数字化人才的养成路径。

项目二，创建数字化空间，设计了四个任务，从数字化建模、物联网技术应用、数字孪生技术应用到元宇宙，带领学生了解数字孪生技术底座的打造、应用与进化。

项目三，感受智慧生活，由“智能家居”“智慧课堂”“智慧消费”“智慧医疗”“智慧交通”五个任务组成，由浅入深地介绍了智能硬件、语音控制、计算机视觉、云计算、5G、VR、机器学习、深度学习、自然语言理解、语音识别、图像检索、OCR 识别等人工智能领域的核心技术及其应用。

项目四，拥抱数字中国，由“智慧城市”“数据治理”“区块链”“产业互联网”四个任务组成，带领学生了解城市大数据、数据价值化、数据服务、区块链、数字人民币、工业互联网、建筑云等新技术、新平台。

项目五，通晓数智伦理，包括“了解数据安全”和“认识人工智能伦理”两个任务，带领学生了解数据安全风险与隐患，旨在让学生培养数据安全意识，掌握人工智能伦理的基本内涵，从而具备人工智能从业人员的基本职业素养。

每个任务都设置了知识目标、能力目标和素养目标，由知识准备、知识加油站、任务工单和考核评价等部分组成。其中，知识准备主要介绍完成该任务的关键知识点，针对每个知识点都设置了课堂讨论；知识加油站是相关的拓展性内容阅读；任务工单设置相对综合的任务，是对本任务重点知识和能力的应用；考核评价设置了多元（自我评价、小组评价和教师评价）、多方位（知识技能、态度和合作精神等）的考核元素。

本教材由国家级职业教育人工智能技术应用专业教师教学创新团队牵头编写，由付丽琴和魏中龙担任主编，负责教材内容的组织、策划、统稿和定稿。参加本教材编写人员有：侯佳丽、段晓亮、陈颖、朱玉婷、马玲、邢亚英、闫硕。

本教材适合用作职业院校通识课教材，也可以作为对数字技术感兴趣的社会人员的读本。

编者

2023 年 6 月

目录

CONTENTS

项目一

走进数字时代

任务一 了解数字技术的内涵

任务二 理解数字技术对经济的影响

任务三 适应数字社会

项目导入

2021 年 9 月 26 日，由国家互联网信息办公室和浙江省人民政府共同主办的世界互联网大会乌镇峰会在浙江省桐乡市乌镇开幕，主题为“迈向数字文明新时代——携手构建网络空间命运共同体”。当日，国家主席习近平向峰会致贺信，指出：“数字技术正以新理念、新业态、新模式全面融入人类经济、政治、文化、社会、生态文明建设各领域和全过程，给人类生产生活带来广泛而深刻的影响。”①

《中华人民共和国国民经济和社会发展第十四个五年规划和 2035 年远景目标纲要》（以下简称《“十四五”规划和 2035 年远景目标纲要》）提出，加快数字化发展、建设数字中国，加快建设数字经济、数字社会、数字政府，以数字化转型整体驱动生产方式、生活方式和治理方式变革。

那么，什么是数字技术？数字技术为什么能对人类的工作生活带来颠覆性的影响？

任务一 了解数字技术的内涵

项目名称	走进数字时代	任务名称	了解数字技术的内涵
学习目标	知识目标	• 了解数字技术是什么； • 了解广义的数字技术包含哪些典型技术，理解各类技术的含义； • 能够从不同维度理解人工智能的概念。	
	能力目标	• 能够描述数字技术的内涵； • 能够描述典型数字技术的含义； • 能够描述典型数字技术在日常生活中的应用。	
	素养目标	• 培养面对数字时代的勇气与担当； • 规范使用数字技术，传播正能量，为创造更美好的数字生活而努力。	
任务描述	数字技术改变了人们的工作方式、社会交往以及思想行为。面对新的社会生存状态，人们必须了解数字技术，思考自身与数字技术的关系，适应数字时代的要求。		
任务准备	• 查阅资料，了解信息技术、新一代信息技术和数字技术等概念相互之间的关系； • 查阅资料，了解典型数字技术有哪些，在日常生活中有哪些应用。		
实施提醒	数字技术的应用催生了一个全新的数字时代。数字时代的特征是数字技术在生产、生活、经济、社会、科技、文化、教育、国防等各个领域的应用不断扩大并取得显著效益。		

① 习近平向 2021 年世界互联网大会乌镇峰会致贺信. 人民日报，2021-09-07.

知识准备

一、什么是数字技术

《“十四五”规划和2035年远景目标纲要》第五篇第十五章第一节“加强关键数字技术创新应用”中指出，聚焦高端芯片、操作系统、人工智能关键算法、传感器等关键领域，加快推进基础理论、基础算法、装备材料等研发突破与迭代应用。加强通用处理器、云计算系统和软件核心技术一体化研发。加快布局量子计算、量子通信、神经芯片、DNA存储等前沿技术，加强信息科学与生命科学、材料等基础学科的交叉创新，支持数字技术开源社区等创新联合体发展，完善开源知识产权和法律体系，鼓励企业开放软件源代码、硬件设计和应用服务。

（一）狭义数字技术

狭义数字技术也称计算机数字技术，是与电子计算机相伴而生的，指通过传感器、采集卡等电子设备将不同来源的信息流（如图形图像、声音、文本等）转换为计算机可识别的数字符号，然后基于数字符号进行信息的存储、传输、加工、传播、还原等的一种综合性通用技术。

狭义数字技术由硬件技术、软件技术和网络技术等构成，利用这些技术，实现对具体业务、场景的数字化改造和数字化处理。以计算机视觉技术为例，相关硬件主要有摄像机、数字图像采集器（包括同步控制器、模数转换器及帧存储器）、图像处理计算机和图像显示终端。计算机视觉技术的主要处理任务是通过图像处理软件来完成的。为了对图像进行实时处理，需要非常高的计算速度，通用计算机无法满足，需要专用的图像处理系统。这种系统由许多单处理器组成阵列式处理机，通过并行操作提高处理的实时性，或者利用专门进行各种处理算法的高速芯片，即图像处理专用芯片进行处理。

（二）广义数字技术

广义数字技术涉及数字基础设施、移动网络设备、大数据和云计算等，以集成应用为主，是多种智能化、网络化和数字化技术的统称。

目前我们提到的数字技术，都是指广义数字技术，人们对数字技术的关注重点集中在数字技术的基础性、网络性以及应用层面的含义。数字技术可应用于社会生活的各个领域，改变人们的工作、学习和生活方式。例如，数字技术通过构建更加直接高效的网络，打破企业之间、个人之间以及人与物之间的平面连接，建立起立体的、折叠的、交互式的架构。在此架构中，实现点对点、端对端的交互式连接，进一步提高人、物、企业之间的沟通效率。此外，叠加以区块链为基础的数学算法，建立数字信任，使得经济运行实现更低成本、更高效率，带动社会迅速发展。

课堂讨论 1

举例说明我们平常用到了哪些数字技术。

____

____

二、了解几种典型的数字技术

随着信息技术的创新，数字技术的概念和内涵也在不断演化。数字技术主要包括5G、云计算、大数据、人工智能、物联网和区块链，这些技术之间相互关联如图 1-1 所示。这些技术提供的连接、协同、共享等功能，赋能业务变革和模式创新，不断催生出新技术、新产品和新应用。

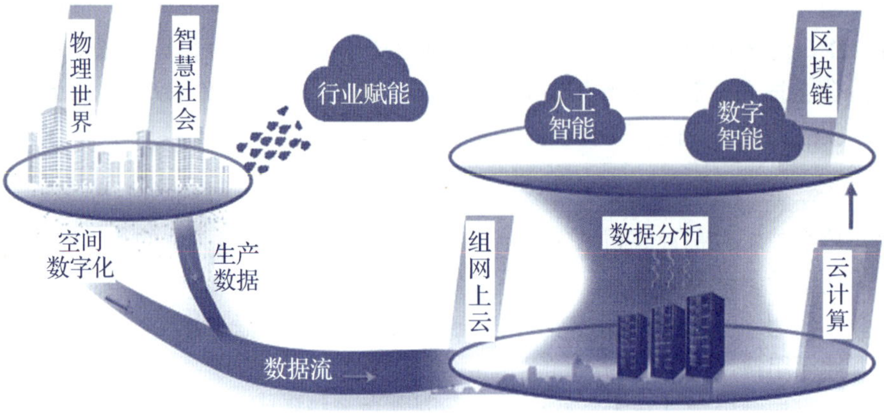

图 1-1　数字技术之间相互关联

（一）5G

5G 的含义是第五代移动通信技术。5G 是在前几代通信技术的基础上发展起来的，相比于前几代移动通信网络，5G 网络拥有更快的网速和更低的时延，可以满足更多应用场景对高网速的要求。

我国通信网络技术的发展经历了四个时代。通俗来说，1G 时代即初级阶段，主要通信方式是“电话”；2G 时代，开始出现“短信息”联系方式；3G、4G 时代，开启了“网络界面”的应用；5G 时代，开启了“人与物”“场景与场景”之间的通信。

2019 年“5G 商用”正式按下总开关。随着 5G 基站架设与 5G 技术成熟，在商用加速进程中，催生出众多“5G+”应用场景布局。5G 的应用推动了物联网的发展，推动了设备上云。物联网的应用一方面产生大量的数据，推动了大数据技术的发展和应用，进一步促进了数字化治理的发展；另一方面推动了人工智能的场景落地与创新。那么，5G 技术为什么能发挥这么大的威力呢？表 1-1 列举了 5G 的技术优势和典型应用。

表 1-1　5G 的技术优势和典型应用

技术优势	典型应用	应用举例
更高的数据传送速率	要求手机通信能力强的场合	如“手机红包”的“拼手速”环节
终端数据更好更快地触网	实时传输高清晰度画面的场合	如偏远山区的农民直播售卖农产品等

续表

技术优势	典型应用	应用举例
网络响应延时更短	对“声画迟延”问题敏感的场合	如“5G+视频通话”可实现信号传输无中断畅聊；“5G+VR游戏设备”可体验身临其境且无卡顿的娱乐
输出与交换的信息量更庞大	需要信息资源快速搜集、传输、应用的场合	如移动医疗为病患提供实时远程诊治，保证诊疗高效运转；“数字大脑”赋能城市治理数智化

目前，在我国广袤的国土上，超过190万座的5G基站星罗棋布。在这个全球最大的通信网络上连接的，除了有数以亿计的手机，还有一个庞大的用户群，就是工厂。在北京亦庄经济技术开发区，当夜晚来临，这座智能工厂里闪烁的灯带提示着生产正在火热进行，200多个高清摄像头、8 000多个传感器实时收集着生产数据，机器通过分析数据自主感知、传递和诊断问题，完成全自动化生产。在国家工业互联网大数据中心，我国工业互联网平台汇集着数百万家数字化工厂，联网设备总数超过7 000万台套。

（二）物联网技术

物联网（internet of things，简称IOT）的含义是万物互联的网络。1999年，美国自动识别中心首先提出“物联网”的概念，主要是建立在物品编码、射频识别技术和互联网的基础上。随着宽带的普及、超低功耗传感器的使用和无线通信技术的进步等，各种各样的物体都能与互联网相连。最初物的相连是在汽车、房屋、家电等领域，之后出现了随身携带的物体与互联网的相连，如谷歌眼镜和苹果手表等，目前已发展到了“万物互联”的时代。

物联网通过信息传感技术实现物体与物体之间的相互连接，同时实现物体环境与状态数据的采集。基于互联网对数据的运用，可以实现对环境或设备的智能化监控和管理。物联网使越来越多的新设备出现在人们的生活中，改变了现代社会人们的生活方式，成为社会经济的新增长点。首先，基于5G网络快速发展下的物联网，为终端运行的应用程序利用大数据发挥最大潜能创造了条件，例如自然语言的处理和人脸识别技术等；其次，随着物联网设备不断运用到日常生活中，如安全防控、医疗健康和金融等方面，公共事业基础设施得到很大程度的改善，数据收集分析方面也不断加强安全标准；最后，物联网的发展使国家基础设施得到改善，使最终用户受益。

物联网中的关键技术主要有以下几种。

1. 射频识别技术

射频识别（radio frequency identification，简称RFID）技术是一种非接触式自动识别技术，以无线射频的方式进行非接触双向数据通信和记录媒体的读写，从而实现目标的识别和数据的交换。在智能家居系统中，射频识别技术通过射频信号识别目标对象，从而获得目标对象的相关信息，执行相应的操作，如普遍使用的智能门锁（刷卡）。

2. 无线传感器网络技术

无线传感器网络（wireless sensor networks，简称 WSN）是通过无线通信技术把数以万计的传感器节点进行组织从而形成的网络形式。例如，在智能家居系统中通过无线传感器网络技术对温度、湿度、亮度等信息进行信息检测、数据传输与数据处理等，从而实现对智能家电和智能家居系统的信息管理。又如智慧农业中的蔬菜大棚智能监控、智慧楼宇中的基于光照度检测的智能照明控制系统等。

3. 短距离无线通信技术

短距离无线通信技术主要包括 Wi-Fi、Bluetooth、ZigBee 等，是通过无线电波进行联网的技术。其中，Wi-Fi 是使用最广泛的一种无线通信技术。Wi-Fi 的优势是传输速度快、覆盖面积广，满足信息化时代的数据传输需求，而且无须增加额外的设施就可以在家庭局域网中连接设备，使用非常方便。

4. M2M 技术

M2M（machine-to-machine/man）是指数据从一台终端传送到另一台终端，也就是机器与机器的对话。广义的 M2M 可代表机器对机器、人对机器、机器对人、移动网络对机器等之间的连接与通信，它涵盖了所有实现在人、机器、系统之间建立通信连接的技术和手段。

M2M 通过在机器内部嵌入无线通信模块，在机器和用户之间建立起数据联系，从而为各行各业提供集数据的采集、传输、分析及业务管理为一体的综合解决方案，实现业务流程和工业流程的自动化。主要应用领域包括：交通领域（物流管理、定位导航）、电力领域（远程抄表和负载监控）、农业领域（大棚监控、动物溯源）、城市管理（电梯监控、路灯控制）、安全领域（城市和企业安防）、环保领域（污染监控、水土监测）、企业管理（生产监控和设备管理）和家居（老人和小孩看护、智能安防）等。

（三）大数据技术

数据是信息的一种表达形式，其形式可以是语言、文字、符号、数字、图片、声音等。数据和信息是相辅相成的关系，一系列数据组成了信息，信息通过数据具体表现出来。计算机的问世，标志着数据时代的到来，计算机成为数据的主要来源。第一种数据来源是计算机通过内部的处理器、控制器和传感器等，将用户操作系统所运行的数据进行记录、分析，最终生成运行日志，以此形式成为一种数据。第二种数据来源，就是将过去的以非数据化形式存在的信息，如古籍文字、光盘、磁带等输入计算机数据库，以数据化的形式保存。互联网技术的飞速发展推动了大数据技术的发展，催生了大数据时代。大数据时代，数据的主要来源就是高度个性化发展的互联网数据，这便是第三种数据来源。

大数据是对信息时代产生的海量数据的定义。随着互联网技术的发展，数据的来源一直在不断丰富。大数据时代最明显的特征就是每个人都是数据的制造者，人们通过社交软件、购物软件等与互联网发生相关行为的过程都在创造大量的数据。人类在认识实践活动中，将海量数据整合，加以研究分析，从中获取新内涵、新价值，从而推动社会的发展。

大数据的海量数据资源能够让人类更加精准地对事物进行分析，也能开拓人类视野，从而使人类关注更多新的现象。同时，大数据是需要新的处理模式才能具有更强的决策力、洞察力和流程优化能力。概括来说，大数据时代的数据具有以下特点。

1. 数据规模大

如今，人们的生产、生活等实践越来越离不开智能化、数字化，随之而产生的数据信息更是爆炸式增长。人们所储存下来的数据涉及了生产、生活实践的很多领域，如监测数据、环境数据、医学数据等。随着大数据的不断发展，数据的规模日益增大，数据的储存单位也不断转向更大级别的单位。

2. 数据种类多

传统的数据是指一种数量的依据，用于表示事物的多少，数据的大小用数字来反映。在大数据时代，数据的根本属性发生了变化，数据不再仅仅表征数量关系，而是可用于记录一切事物，数据的类型与范围得以延伸，种类就变得多样化。目前，来源于各种智能设备、传感器等的用于记录人们生活的数据，以及来自互联网的记录人们网络活动的数据，都成为种类纷繁的大数据的一部分，从而形成了涵盖各个领域的大数据。

例如，人们日常使用智能手机所产生的聊天记录、位置信息、导航记录、网购信息、搜索记录等，一切的信息记录都可以被纳入数据的范围，并且被保存下来，因此出现了数据种类多样化的新局面。值得注意的是，与过去相比，这些数据不再只是单纯地进行储存，而是通过人们对这些种类繁多的数据进行专业性分析与研究，以此获得更多重要的信息。

3. 数据具有时效性

在互联网出现之前，传统的数据获取主要依靠人工采集，比如对实验数据或者调查数据进行记录，数据的收集无法实现高效率。另外，数据的处理和分析需要经过一定的流程，需要花时间将数据向需要数据分析结果的机构传送。这样经过漫长的时间，已经收集记录好的数据其实已经过时，不具有时效性。

大数据时代，数据的流通依靠互联网技术，而如今的互联网的传播速度实现了跨越式发展。随着 5G 时代的到来，更是轻松实现大数据技术对数据的快速采集、储存、分析和利用。数据及时记录、分析，然后通过互联网及时传达，实现了数据的及时有效性。所以，互联网技术的发展推动了大数据技术的发展，云储存、云计算等一系列大数据新技术使得数据及时有效、迅速响应成为现实。

4. 数据具有客观真实性

传统的数据收集，主要依靠人工采集的方式实现随机采样。在整个采集过程中，从最初对实现目的的预设，到具体实验方案的制定，最后再到对所得结果的整理与分析，人的主观性反映在各个环节之中。

大数据时代，利用智能传感设备、互联网等采集数据，不掺杂任何目的性附带，对数据的分析也是依据应用目标来进行的。所以，大数据时代的数据获得不会掺杂任何人的主观性，先有数据，再有目的，从而使数据具有实在的客观真实性。

5. 数据具有预测性

预测是大数据的核心价值，如流感预测、股市预测、消费行为预测等。大数据预测通过运用数学算法处理海量数据，从而预测事情发生的可能性。以网络消费行为预测为例，一个人浏览网站的类型和次数、网络购物时浏览物品的痕迹等，记录了该用户的消费偏好，通过分析这些数据，可以预测性地向该用户推荐相关新内容。这些预测行为之所以能够成功，是基于对海量数据的分析。

大数据为我们的生活创造了前所未有的可量化维度。在大数据时代，一切皆可量化分析。因此，大数据成为当下人类生产生活不可或缺的重要部分，大数据为人类更舒适的生活方式提供了科学依据，大数据催生了新发现、新技术。

（四）云计算

云计算是一种广泛存在的、便捷的、可配置的、可通过网络进行计算资源共享的一种模式。计算资源包括网络、计算、存储、应用、服务等，这些资源来自一个共享的、可配置的资源池，并能够快速地供应及释放，可以在最小的管理成本下快速地部署和释放资源。

云计算通过互联网交付应用或者服务用户访问放在云上的计算资源，按照访问资源的大小支付费用，与传统的自建信息技术环境或者购买信息技术资产和资源的方式不同，云服务可在任意时间、为任意连接的设备提供服务。按照配置方式，云计算与云服务可以分为私有云（单个组织私有资源组成）、公有云（面向公共大众）和混合云(结合前两种的特性)。

云服务与应用有最常见三种模式，分别为架构即服务、平台即服务和软件即服务。

1. 架构即服务（IaaS）

在架构即服务（IaaS）模式中，计算资源和存储空间按需求被提供。IaaS 提供给租户可控制的服务器、操作系统、存储磁盘以及数据库等的自主选择与配置的能力。IaaS 的主要好处是可以让租户有弹性地快速部署适合自己的 IT 生产环境。亚马逊是现在全球最大的 IaaS 供应商，国际商业机器公司（IBM）、惠普（HP）等厂商也提供 IaaS 的云方案。在中国，华为为政府机构、企业以及运营商提供 IaaS 云方案。

2. 平台即服务（PaaS）

云服务商为应用程序的开发、部署与运行提供平台即服务（PaaS）模式。这种模式可以在快速并且有效节省成本的前提下为云租户提供服务。PaaS 适用于移动端的应用程序开发与部署。国际上出名的 PaaS 云服务商有谷歌的 Google App Engine、软营公司（Salesforce）的 Salesforce.com 以及微软的 Azure 平台等。PaaS 模式通常应用于数据库管理、信息安全、工作流程管理以及应用程序开发等场景。

3. 软件即服务（SaaS）

软件即服务（SaaS）是一种软件发布进而交付给租户的服务模式。应用程序本身部署在云服务商的云环境里，云服务商通过网络按照软件的应用许可依照需求量向租户提供服务并且收取费用。在 SaaS 模式中，租户不需要技术专业人员来安装维护软件的运行。SaaS 是现在最广泛使用的云服务模式。具有代表性的 SaaS 有微软 Office365、谷歌 Google Apps 以及 Salesforce.com 的客户关系管理系统。

（五）区块链

区块链具有分布式数据存储、点对点（即去中心化）、执行自动化等特点，其实质是一种用于记录所发生交易的数据库账本。在区块链应用中，任何用户都不需要第三方担保，以点对点的形式，通过数字签名、智能合约、共识机制等达成信任共识。

狭义地说，区块链是一种以链表的形式，按时间不可逆原则，连接数据间的区块和数据存储的分布式账本，以密码学进行数据加密，很好地解决了信任问题。从广义角度说，区块链技术是一种对数据实现读取和编程的技术。其中，存储数据块包含的数据使用的是块链式结构，分布式环境中节点与节点间的数据生成和更新使用的是共识算法，数据的安全和可靠性是以密码学为保障，智能合约能够执行自动化。

（六）人工智能

1956 年，美国学者约翰·麦卡锡（John McCarthy）等人在一次学术会议上首次提出“人工智能”一词，并定义为“要让机器的行为看起来像是人所表现出的智能行为一样”。在人工智能研究发展过程中，不同的学者对人工智能的理解不同，如表 1-2 所示。

表 1-2　人工智能的定义

定义	角度	代表人物
人工智能是那些与人的思维相关的活动，比如决策、问题求解和学习等的自动化	根据人类思维工作原理的可检测理论去定义	贝尔曼（Bellman）
人工智能是一种计算机能够思维，使机器具有智力的激动人心的新尝试	根据人类思维工作原理的可检测理论去定义	豪格兰德（Haugeland）
人工智能是一种能够执行需要人的智能的创造性机器的技术	根据人类自身的智能行为去理解	科兹威尔（Kurzwell）

续表

定义	角度	代表人物
人工智能是计算机模型研究智力的行为	根据人的逻辑推理方法去探究	查尔尼克、麦克德莫特(Charniak & McDermott)
人工智能是计算机科学中与智能行为的自动化有关的一个分支	根据人的逻辑推理方法去探究	鲁格尔、斯塔布菲尔德(Luger & Stubblefield)
人工智能是一门通过计算过程力图理解和模仿智能行为的学科	依据人工智能体本身进行定义	施罗克夫(Schlokff)
人工智能研究那些使理解、推理和行为成为可能的计算	依据人工智能体本身进行定义	温斯顿(Winston)
人工智能是关于人造物的智能行为的计算	依据人工智能体本身进行定义	尼尔森(Nilsson)

课堂讨论 2

查阅资料，填写表 1-3。

表 1-3　数字技术主要核心技术的特征和发展现状

核心技术	特征	发展现状
5G		
物联网		
大数据		
云计算		
区块链		
人工智能		

知识加油站

数字技术的五大基本定律

数字技术的典型特征是指数增长。在计算、带宽、网络、数据和能耗等方面分别有摩尔定律、梅特卡夫定律、吉尔德定律、大数据定律和库梅定律。这是数字技术的五个基本定律，我们可将之合称为“CBNDE 定律”，如表 1-4 所示。

表 1-4 数字技术五大定律

定律名称	定律内容	领域	提出时间
摩尔定律（Moore's Law）	集成电路上晶体管数量每 18 个月翻一番	芯片	1965 年
梅特卡夫定律（Metcalfe's Law）	一个网络的价值等于该网络内节点数的平方	网络	1993 年
吉尔德定律（Gilder's Law）	主干网的带宽每 6 个月增长一倍	通信	2000 年
大数据定律	全球数据量每两年翻一番	数据	—
库梅定律（Koomey's Law）	计算设备的耗电量每 18 个月下降一半	能耗	2010 年

摩尔定律（Moore's Law）是数字时代的核心准则。1965 年 4 月 19 日，仙童半导体公司工程师戈登·摩尔发表《让集成电路填满更多的元件》，文中预言“在成本的前提下，集成电路所含有的元件数量大约每年便能增加一倍”，其后“每年翻一番”的论断，先后被修正为“每两年翻一番”“每 18 个月翻一番”，从而有了今天常见的表述——“集成电路上晶体管数量每 18 个月翻一番”。

梅特卡夫定律（Metcalfe's Law）由乔治·吉尔德提出，以以太网创始人罗伯特·梅特卡夫的名字命名。其内容是：一个网络的价值等于该网络内节点数的平方。

乔治·吉尔德认为，带宽的增长速度至少是计算机的三倍。即“主干网的带宽每 6 个月增长一倍”，这被称为吉尔德定律（Gilder's Law）。

大数据定律的内容是：全球数据量每两年翻一番，这是业界公认和流行的说法，也称指数增长规律。

数据大爆炸，给人们的直观感受是计算机耗电量必随之大幅增加。而研究表明，数据中心耗电量并不会和数据规模同步增长，效率的提高使能耗占比几乎保持不变。斯坦福大学的乔纳森·库梅教授提出了库梅定律（Koomey's Law）：计算机的能源效率大约每 18 个月翻一番，即计算设备的耗电量每 18 个月下降一半。

任务工单

<table>
<tr><td>任务名称</td><td colspan="4">了解数字技术的内涵</td></tr>
<tr><td>任务目的</td><td colspan="4">了解数字技术的概念及内涵。</td></tr>
<tr><td>任务内容</td><td colspan="4">1. 了解狭义的数字技术和广义的数字技术；
2. 理解典型的数字技术的应用。</td></tr>
<tr><td rowspan="2">第（　）组</td><td>姓名</td><td></td><td></td><td></td></tr>
<tr><td>学号</td><td></td><td></td><td></td></tr>
<tr><td rowspan="13">任务实操</td><td colspan="4">狭义数字技术和广义数字技术的区别</td></tr>
<tr><td>1</td><td colspan="3"></td></tr>
<tr><td>2</td><td colspan="3"></td></tr>
<tr><td>3</td><td colspan="3"></td></tr>
<tr><td>4</td><td colspan="3"></td></tr>
<tr><td colspan="4">列举典型数字技术在日常生活中的应用</td></tr>
<tr><td>1</td><td colspan="3"></td></tr>
<tr><td>2</td><td colspan="3"></td></tr>
<tr><td>3</td><td colspan="3"></td></tr>
<tr><td>4</td><td colspan="3"></td></tr>
<tr><td>5</td><td colspan="3"></td></tr>
<tr><td>6</td><td colspan="3"></td></tr>
</table>

考核评价

评价说明：本次任务完成后，由任课教师主导，采用学习过程评价与学习结果评价相结合的方法，综合运用自我评价、小组评价及教师评价三种方式，确定三种评价方式分别占总成绩的比例，并加权计算出学生本次任务的考核评价分。

任务完成考核评价表			
项目名称	走进数字时代	任务名称	了解数字技术的内涵
班级		学生姓名	
评价方式	评价内容	分值	成绩
自我评价	课堂讨论 1 完成情况	15	
	课堂讨论 2 完成情况	15	
	任务工单完成情况	40	
	对知识和技能的掌握程度	10	
	我胜任了小组内的工作	20	
	合计		
小组评价	本小组本次任务完成质量	30	
	该成员本次任务完成质量	30	
	该成员参与小组活动的态度	20	
	该成员的合作精神和沟通能力	20	
	合计		
教师评价	该成员所在小组的任务完成质量	30	
	该成员的本次任务完成质量	30	
	该成员对所在小组活动的参与度	20	
	该成员对本次任务的贡献度	20	
	合计		
总评 = 自我评价 ×（　）% + 小组评价 ×（　）% + 教师评价 ×（　）% =			

任务二 理解数字技术对经济的影响

项目名称	走进数字时代	任务名称	理解数字技术对经济的影响
学习目标	知识目标	• 了解数字技术的重塑功能； • 了解数字技术对经济社会的影响； • 了解企业数字化转型的含义及表现形式； • 了解数字经济的内涵。	
	能力目标	• 能够描述数字技术改变经济业态的作用机制； • 能够描述产业数字化转型的含义和意义； • 能够描述企业的数字能力。	
	素养目标	树立强国之志，努力适应产业转型需求，学习相关数字技能，报效国家。	
任务描述	数字技术是未来经济发展的血管，贯穿经济发展的每个环节，为经济发展运送不竭动力。那么，数字技术是如何作用于经济的？数字为产业带来了什么变化？如何评价数字时代的企业竞争力？		
任务准备	• 查阅有关数字经济的资料，了解数字经济的内涵、特点； • 查阅代表性产业（如制造业、农业、服务业）的数字化特点。		
实施提醒	产业数字化是不同行业领域不同企业共同参与、共同分享、共同治理、共同维护的一个新产业生态圈，并在全社会范围内形成“共振效应”。理解数字化，既要研究企业和行业的个性特点，也要考虑整个产业和社会的联动效应。		

知识准备

一、数字技术的重塑功能

（一）数字技术的特征

数字技术之所以能够重塑人们的生活和工作方式，重构生产关系，是因为数字技术具有如下特征。

1. 智能交互特征

数字技术不仅涵盖了局部区域内物理系统与嵌入式应用之间的信息交互，也包含了基于全球数据网络的分布式系统之间的交互。

2. 网络化特征

数字技术的广泛应用促使现代社会呈现高度网络化和在线化的特征，具有高度流动性的数字信息和数字生产要素正在逐步取代传统的劳动和资本生产要素，成为新时代背景下驱动经济社会变革的重要动力。

3. 重塑经济业态

数字技术对经济的重塑作用体现于产业链的各个环节，包括市场供需分析、生产原料供应、产品设计开发、产品生产销售和企业经营管理等。数字技术的应用加速了信息的流动性与可达性，改变了传统商业的运作方式，催生出新型的零售业态。

（二）数字技术发展的双面性

数字技术的发展水平可以从三个方面衡量：一是数字基础设施的建设情况。数字基础设施建设是数字技术发展过程中不可或缺的一环，它可以有效反映硬件技术的发展。二是数字技术的发展规模，包括硬件技术、软件技术和网络技术的发展规模。三是数字化终端的应用程度。数字技术的发展目标应当是促进整个经济社会良性发展，使社会中的个体广泛受益，所以数字化终端的应用程度可以反映数字技术的发展水平。

数字技术发展水平不断提高，在社会领域的普及度逐渐增加，它带来的影响具有双面性：

一方面，数字技术可以显著提升人们生活的便利度，促进个性解放，加强社会安全。例如，数字包容性的增长有利于老年人维持与社会的联系，保持个体独立性，提升老年人的生活质量。数字技术还可以覆盖各类公共服务，带动管理模式、组织制度和其他相关技术的无边界创新，从而促使服务流程、服务供给以及治理政策的创新。

另一方面，数字科技的使用也存在一些潜在风险，可能会导致公民的个人数据被过度采集或滥用，个人隐私无法保障。

课堂讨论 1

“数字技术对我们的生活产生了重大影响。2020 年，人们利用数字技术监控新冠疫情，同时，智能手机的使用分散了人们的注意力，也引发一系列网络安全问题。”

请说出对这段话的理解，并阐述数字时代该如何利用好数字技术。

____

____

二、数字技术促进产业发展的路径

数字经济是继农业经济、工业经济之后的主要经济形态，是以数据资源为关键要素，以现代信息网络为主要载体，以信息通信技术融合应用、全要素数字化转型为重要推动力，促进公平与效率更加统一的新经济形态。数字经济发展速度之快、辐射范围之广、影响程度之深前所未有，正推动生产方式、生活方式和治理方式深刻变革，成为重组全球要素资源、重塑全球经济结构、改变全球竞争格局的关键力量。“十四五”时期，我国数字经济转向深化应用、规范发展、普惠共享的新阶段。

数字技术促进产业发展主要体现在促进产业结构优化，进而促进产业发展。产业结构优化的路径包括优化资源配置、刺激产业需求、改造传统产业、促进高科技产业成长等。

以文化产业为例，数字技术加深产业链平台间的共享程度，突破产业形态和地域的限制，打破原有的供需关系，改变传统文化产业体系的分工模式，加速文化产业与其他产业的融合发展，提升文化产业高质量发展的能力和水平，形成新产品、新模式和新业态。

再以制造业为例，数字技术促进产业转型升级，推动制造业向技术性制造业转变，引导制造业的产业结构从劳动和资源要素密集型向技术和知识要素密集型转变。

发展数字经济是把握新一轮科技革命和产业变革新机遇的战略选择。数字经济是数字时代国家综合实力的重要体现，是构建现代化经济体系的重要引擎。世界主要发达国家均高度重视发展数字经济，纷纷出台战略规划，采取各种举措打造竞争新优势，重塑数字时代的国际新格局。

课堂讨论 2

数字技术对各行各业都产生了深刻的影响。选择一个产业，描述数字技术是怎样影响这个产业发展的，该产业发生了哪些变化。(可查阅文献)

____

____

三、企业数字能力

（一）企业数字能力的内涵

近年来，随着数字技术的蓬勃发展，数字能力也得到了越来越多学者的关注。企业数字能力（digital capability）是数字时代企业组织获取可持续竞争优势的关键要素，是企业根据环境变化迅速采取应对策略的一种数字化动态能力。企业数字能力包括信息技术能力和动态能力。

信息技术能力是企业用于获取、处理和传输信息以进行更有效决策的技术能力，不仅包含对信息技术的开发和应用能力，还包括从大数据中获取信息价值的分析能力。

动态能力是指企业整合、重构和建立内外竞争力以实现与动态变化的环境匹配的能力。包括企业通过信息收集、处理、存储、创建、产生、分发等过程来动态管理信息的能力。

（二）企业数字能力的本质

数字化的本质特征可归结为“连接”“共生”“当下”。从内在的逻辑出发，企业的数字能力就是“连接”“共生”“当下”的能力。

数字化时代，通过“连接”与“共生”，企业可以借助外部资源、外部能力，快速汇聚实现企业战略所需要的资源和能力，而不受限于自身。“连接”与“共生”的能力，意味着每一个领域都在打破边界，形成全新价值。数字技术带来的可能性深入到各个领域，并且已经展示在我们眼前。

例如，腾讯医疗就是运用腾讯的人工智能技术，帮助医生做辅助诊断，从而大幅度提升诊断准确率。阿里巴巴的犀牛智造开启了“新制造”的想象空间。这两家企业都将数字技术能力延展到不同领域之中，给原有领域带来了全新的价值和无限的可能性。

“当下”的能力，意味着“变化”及“变化的速度”改变着价值。数字化技术带来的时间价值改变，促使与企业相关的最重要的三个方面发生改变：企业寿命、产品生命周期以及争夺顾客的时间窗口都在缩短。

数字世界与物理世界的融合，呈现一个全新的世界，既释放了数字世界的新价值，又带给物理世界全新的可能性，而这一切都由数字技术贯穿。例如，微软确定自己的发展战略是“云惠天下”。

课堂讨论 3

阅读下文，说明自己的理解。

中国互联网企业的一位企业家，把数字中国建设概括为“站上来”“沉下来”“用起来”①。具体地，在数字技术上要“站上来”，只有科技这块“骨头”足够硬，我们才有和国际巨头平等对话的机会；数字化创新需要“沉下来”，目前互联网正在与各个垂直领域深度融合，数字化创新需要下沉，进入各行各业的“五脏六腑”，我们要发扬“数字工匠精神”，从外到内打磨每一个细节，而不是热衷概念炒作；数字化升级需要“用起来”，尤其要跨过数字鸿沟，把数字产品和服务做好“向下兼容”，让尽可能多的人能用起来、用得好，特别是让弱势群体能够分享数字红利。

知识加油站

数字经济的核心产业

据中国信息通信研究院发布的《中国数字经济发展白皮书（2020 年）》，从生产力和生产关系的角度来看，数字经济由数字产业化、产业数字化、数字化治理和数据价值化构成，其中数字产业化和产业数字化是数字经济的核心产业（见图 1-2）。

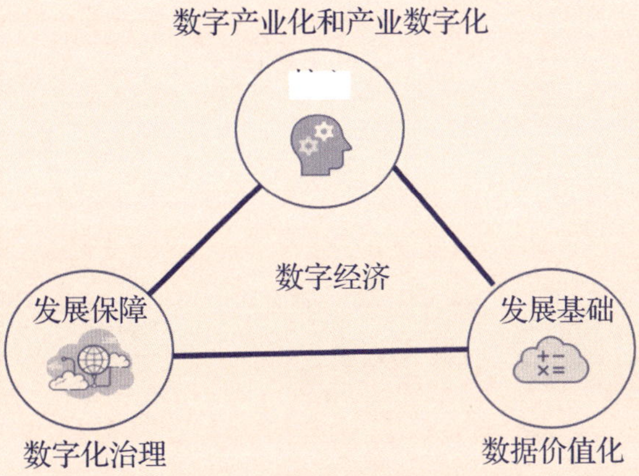

图 1-2　数字经济的内涵

① 马化腾：以“数字工匠精神”助力数字中国建设．人民网，2018-04-23．

数字产业化即信息技术及通信技术产业化，是数字经济发展的基础，为数字经济的发展提供技术、产品、服务等方面的支持。数字产业化包括电子信息制造业、电信业、软件和信息技术服务业、互联网等行业，具体包括但不限于5G、集成电路、人工智能、大数据、云计算、区块链等。

产业数字化是指在新一代数字科技支撑和引领下，以数据为关键要素，以价值释放为核心，以数据赋能为主线，对产业链上下游的全要素数字化升级、转型和再造的过程。包括但不限于工业互联网、智能制造、车联网等融合型新产业、新模式、新业态。

数字化治理包括但不限于以多主体参与为典型特征的多元治理，以“数字技术＋治理”为典型特征的技管结合，以及数字化公共服务等。近年来各地区、各部门高度重视和积极探索数字政府建设，部分地区的数字政府建设成效初现，有力推动了政府治理模式和服务模式的优化创新，我国数字化治理能力显著提升。其中，数字化治理规则逐步完善，数字化治理手段进一步优化，数字化治理方式加快创新。

数据价值化包括但不限于数据采集、数据标准、数据确权、数据标注、数据定价、数据交易、数据流转、数据保护等。目前我国在数据采集、数据标注、时序数据库管理、商业智能处理、数据挖掘与分析、数据存储、数据安全、数据交换等环节形成了较为清晰的产业体系，数据要素供应链逐渐完备。

任务工单

<table>
<tr><td>任务名称</td><td colspan="4">理解数字技术对经济的影响</td></tr>
<tr><td>任务目的</td><td colspan="4">建立对数字经济的初步理解。</td></tr>
<tr><td>任务内容</td><td colspan="4">1. 了解数字技术重塑功能；
2. 理解数字技术对产业的影响。</td></tr>
<tr><td rowspan="2">第（　）组</td><td>姓名</td><td></td><td></td><td></td></tr>
<tr><td>学号</td><td></td><td></td><td></td></tr>
<tr><td rowspan="12">任务实操</td><td colspan="4">描述数字技术重塑经济的作用机制</td></tr>
<tr><td>1</td><td colspan="3"></td></tr>
<tr><td>2</td><td colspan="3"></td></tr>
<tr><td>3</td><td colspan="3"></td></tr>
<tr><td>4</td><td colspan="3"></td></tr>
<tr><td colspan="4">列举数字技术对产业的影响</td></tr>
<tr><td>1</td><td colspan="3"></td></tr>
<tr><td>2</td><td colspan="3"></td></tr>
<tr><td>3</td><td colspan="3"></td></tr>
<tr><td>4</td><td colspan="3"></td></tr>
<tr><td>5</td><td colspan="3"></td></tr>
<tr><td>6</td><td colspan="3"></td></tr>
</table>

考核评价

评价说明：本次任务完成后，由任课教师主导，采用学习过程评价与学习结果评价相结合的方法，综合运用自我评价、小组评价及教师评价三种方式，确定三种评价方式分别占总成绩的比例，并加权计算出学生本次任务的考核评价分。

任务完成考核评价表			
项目名称	走进数字时代	任务名称	理解数字技术对经济的影响
班级		学生姓名	
评价方式	评价内容	分值	成绩
自我评价	课堂讨论 1 完成情况	10	
	课堂讨论 2 完成情况	10	
	课堂讨论 3 完成情况	10	
	任务工单完成情况	40	
	对知识和技能的掌握程度	10	
	我胜任了小组内的工作	20	
	合计		
小组评价	本小组的本次任务完成质量	30	
	该成员的本次任务完成质量	30	
	该成员参与小组活动的态度	20	
	该成员的合作精神和沟通能力	20	
	合计		
教师评价	该成员所在小组的任务完成质量	30	
	该成员的本次任务完成质量	30	
	该成员对所在小组活动的参与度	20	
	该成员对本次任务的贡献度	20	
	合计		
总评 = 自我评价 ×（ ）% + 小组评价 ×（ ）% + 教师评价 ×（ ）% =			

任务三

适应数字社会

项目名称	走进数字时代	任务名称	适应数字社会
学习目标	知识目标	• 了解数字社会的内涵和特征； • 理解数字技术对政治、经济、文化、环境等社会各领域的影响； • 理解数字时代人才的特点。	
	能力目标	• 能够描述数字社会的特征和表现； • 能够描述数字技术对社会各领域的影响； • 能够制订符合时代特征的数字素养提升计划。	
	素养目标	通过了解数字社会的特征以及对人才的需求，激发使命感和责任担当，规划个人发展的路径。	
任务描述	数字社会建设是中国特色社会主义理论体系的有机组成部分。与数字经济的概念不同，数字社会强调社会管理和公共服务方式的变革，强调新发展格局下“以人民为中心”的高质量发展，强调老百姓在数字化转型中的幸福感、获得感、参与感、认同感。		
任务准备	• 查阅资料，了解数字社会的特征和表现； • 查阅资料，了解数字时代关于人才的定义。		
实施提醒	数字技术是未来科技的高峰，数字技术的发展牵动着国家发展的命脉，指引着未来发展的趋势。数字高峰，势在必争。青年的发展与国家的未来密不可分，青年要关注数字经济发展前沿，了解社会需求，提升自己的数字素养，努力做新时代具有责任意识和创新精神的建设者。		

知识准备

一、数字社会的内涵

数字社会主要指数字技术深度融入社会生活的各个领域而催生出的一种高度数字化的、持续演进的新型社会形态。数字社会具有如下特点：

（1）数字社会是一个高度数字化的社会形态。受益于数字化、网络化、智能化技术的快速发展及广泛应用，数字技术全面融入社会交往和日常生活，推动公共服务和社会治理方式不断创新。数字技术可被理解为推动社会结构变化的重要媒介，它通过嵌入各种生产生活领域，改变商品、服务、组织等内容，形成高度数字化的生产方式、组织形式乃至生活方式等。

（2）数字社会是一个现实存在的新型社会形态。数字技术应用深深嵌入社会生活的基本秩序中，如扫码出行、移动支付、视频聊天等诸多看似习以为常的生活方式，反映出数字化对人类世界的真实影响。数字化的生活经验发端于虚拟和现实交织的地带，具有真实且确定的结果。这种社会形态是正在演进的，处于持续性的变化之中。数字社会是一个“现在进行时”的社会形态。

（3）数字社会最为明显的特征在于，数据作为新的生产要素，影响、塑造乃至支配着社会的生产生活。在互联网、大数据、人工智能等数字技术逐步融入社会的过程中，隶属于不同生产组织和网络的各类生产要素被不断抽取，这些生产要素在脱离了原有环境的同时，又在流动性更大、结构更为扁平的数字环境中实现了重组，并与既有的宏观政策、政府监管、行业竞争、受众基础等内容不断调适、融合，使得新型生产机制被赋予形式、纹理、轮廓、深度和细节，最终通过新型生产机制的变革实现对数字经验的再造，以及对社会本身的重塑。

（4）数字社会与网络社会、信息社会的关系为：网络社会、信息社会等概念主要用于描述网络、信息等技术作用于社会的过程。随着这些技术的应用程度不断加深，社会形态持续变化，数字社会应运而生。网络社会、信息社会是数字社会得以形成的前提，表征将各类信息以网络等技术化形式处理的阶段；而数字社会则是网络技术、信息技术深度发展的结果，表征社会生产形态的变化以及组织结构、价值趋向的整体变迁。

课堂讨论 1

讨论数字社会的主要特征和表现，完成表 1–5。

表 1–5　数字社会的主要特征和表现

序号	数字社会的特征	主要表现
1		
2		
3		
4		

二、数字技术推动数字社会发展

数字技术影响社会生产、生活的方方面面，给产业与社会带来颠覆性变革。

（一）数字技术赋能政治

数字技术赋能政治的表现如表 1–6 所示。

表 1–6　数字技术赋能政治的表现

赋能方式	传统政治生活的问题	数字技术突破路径的表现
迅速捕捉公众意愿，及时了解公众需求，准确回应民众诉求	民众表达意愿有地域障碍	信息技术的发展和互联网的普及打破了地域阻隔。
	民众表达意愿有平台障碍	社会交流服务平台众多，人民表达意愿、维护权利以及政府获取民意、了解民需都可以借助数字技术实现。
	民众与政府有沟通障碍	实现智能化、精准化和自动化民主政治的设计和规划，让政府获得公民更多的信任和认同。
扩充民主协商的实践形式，全面提升民主决策水平	民主协商形式单一	网络使民主协商更自由、方便，协商形式更多。
	民主协商效率低	利用数字技术快速得出具有科学性、客观性和公开性的分析结果，提升民主协商的效率和智库成果的质量。

续表

赋能方式	传统政治生活的问题	数字技术突破路径的表现
推动传统权力的结构性重组	权力集中，导致执政者可能瞻前顾后、徇私舞弊和贪赃枉法	使社会政治权力的主体构成、客体范围、作用方式和力量对比发生根本性变迁；政府形态发生改变，逐步弱化政府执行政策的核心职能。

（二）数字技术赋能经济

以新一代信息技术为支撑，以数据为关键生产要素，数字技术的创新与发展提高了社会生产效率，促进产业结构合理调整与完善，为实现人类的美好生活创造了条件。

1. 数字技术替代人类执行复杂、危险任务，帮助企业增强竞争力

通过深度学习等辅助人类的生产、工作，提高企业的智能化管理水平，提高劳动和全要素生产，促进经济的发展；通过促进技术创新，改善技术性能和创新过程，不仅提高劳动技能的供给，同时增加非劳动技能的相对供给，完善经济精细化发展方式。

2. 数字技术对产业的协调发展与产业结构的完善具有积极作用

一方面数字技术有助于促进传统产业的转型升级；另一方面数字技术有助于带动战略性新兴产业的发展，促进新的商业模式的产生。数字技术的发展，促使传统产业向自动化、智能化产业转变，三大产业结构不断协调发展，智能经济占我国 GDP 的比重逐年上升，新型智能产业快速成长。

3. 数字技术发展对就业而言既是机遇又是挑战

一是造成就业总量的变化；二是对就业结构产生影响，造成结构性失业。数字技术的进步具有程序偏向性，程序化的工作可以通过编程等方式由计算机完成，而非程序化的工作却难以胜任。这导致数字化应用替代了许多中等技能劳动者，如簿记员和银行职员等文书支持人员，而职业经理、律师、医生等高技能劳动者，服务员、保洁员等低技能劳动者，仍难以被数字化应用替代，进而出现了就业技能结构的极化现象。

（三）数字技术赋能文化

“数字技术 + 文化”正在成为一种文化创新的范式，引领文化领域的创新发展，完善人类的文化结构，实现人类美好的文化生活。

1. 数字技术让文化传播变得更“聪明”

如新闻网站会推荐符合用户口味的新闻，视频网站会推荐用户偏爱的视频，音乐平台会推荐用户喜欢的个性化歌曲，等等。深究其根源是这些文化传播平台借助数字技术推荐算法，通过收集和整理用户大数据，利用数字技术的深度分析，给用户提供及时、准确、贴心的个性化服务，同时人们也更容易找到适合自己需求的文化产品，享受贴心的美好文化生活。

2. 数字技术为人类创造更多的文化产品

人类追求美好生活的实质就是使自己的生活质量得到改善，文化生活有所提高，最终实现自己的自由全面发展。数字技术的产生和发展给人类生活带来巨大变化，为人类的文化生活增添了更丰富的内容和方式。借助算法、互联网、大数据、云计算等的综合运用，数字技术通过深度学习，正逐渐成为人类创造的主体力量。

数字技术创造的文化产品将服务于人类，提升人类的文化生活质量。如“微软小冰”发布了多首接近人类演唱水平的歌曲，丰富了人类的歌曲库，出版了第一部数字技术诗集——《阳光失了玻璃窗》，丰富了人类的诗歌；“九歌”所作之诗，得到了诗友们的广泛好评，等等。文化产品不断丰富，人们收获了更多的知识与文化，文化生活质量也随之提高。

（四）数字技术赋能民生

习近平总书记说：“科学技术从来没有像今天这样深刻影响着国家前途命运，从来没有像今天这样深刻影响着人民生活福祉。”① 数字技术赋能民生的表现如表 1–7 所示。

表 1–7　数字技术赋能民生的表现

表现	举例
促进新型基础设施的发展与完善，提高人民群众的生活质量	以推荐算法、新型网络通信和数据中心为代表的数字技术信息基础设施建设，使人民群众普遍享受数字技术产品的服务； 对水利、电力、燃气系统等传统基础社会的智能化改造，为管理者和用户都提供了便利； 对司法、行政和城市进行智能化管理，有利于管理者和决策者借助数字技术，实现快速反应、科学决策和精细管理。
“数字技术 +”服务体系解决民生问题，提升公共服务质量	“数字技术 + 教育”，解决人民群众关心的上学难问题； “数字技术 + 医疗”，解决人民群众关心的看病难问题； “数字技术 + 健康”，解决人民群众关心的健康养生问题； “互联网 + 智慧养老”，解决人民群众关心的养老难问题。
助力民生和社会资源分配，促进公共利益均等化	通过对民生数据进行实时更新、随时查看和观测，精准研判，有效记录与评估，数字技术为社会资源分配的决策提供大量有效数据支持，同时还能有效推动公共利益均等化。

（五）数字技术赋能环境治理

在新兴的数字技术文明中，知识和信息成为人类社会发展的重要资源，生态文明建设获得数字技术的支持。数字技术以信息、智能的开发取代了对自然的掠夺，推动社会各方面健康可持续发展。利用数字技术驱动生态发展，有利于破解生态难题，重构环境治理模式，满足人们对美好生活环境的向往。

1. 数字技术助力资源开发、配置和利用

人类过度地开发自然，造成了自然资源的过度消耗和浪费。自然界的生态平衡对人类实现美好生活有着直接影响。数字技术以对信息、智能的开发取代了对自然的掠夺，破解过度消耗和浪费难题。

2. 数字技术使环境治理手段多样化

习近平总书记说：“我们要建设的现代化是人与自然和谐共生的现代化，既要创造更多物质财富和精神财富以满足人民日益增长的美好生活需要，也要提供更多优质生态产品以满足人民日益增长的优美生态环境需要。”② 数字技术的应用可有效提升对环境信息的采集、分析与处理的能力。数字技术系统将采集到的环境数据输送至“云端”，

① 中共中央宣传部，国家发展和改革委员会．习近平经济思想学习纲要．北京：人民出版社，2022：105．

② 习近平．习近平谈治国理政．第三卷．北京：外文出版社，2020：39．

环境相关部门管理者可以及时捕捉环境的动态变化，并对环境风险进行预测和量化，科学有效地评估环境治理政策和措施实施的效果，及时优化环境治理解决方案，形成可持续的智能化环境治理机制。

课堂讨论 2

列举在某一个领域中，数字技术是如何推动数字社会发展的。

____

____

三、数字时代召唤数字化人才

由于数字技术带来的颠覆性影响，就业格局和就业岗位发生巨大变化，大量岗位消失，新职业、新岗位、新业态逐渐增加，劳动力市场的数字人才缺口巨大，数字素养和数字技能提升成为各岗位人员的刚性需求，与时俱进的学习能力和终身学习体制将成为必需品。

（一）数字化人才的定义

数字化人才是一个发展中的概念，目前没有一个确定的定义。各国对数字人才的定义，描述上虽有差异，但基本都是依据就业者是否拥有信息与通信技术（ICT）相关的数字技能来定义的。

根据数字经济发展的需求，ICT 技能分为三类：ICT 普通技能、ICT 专业技能和 ICT 补充技能。ICT 普通技能是指绝大多数就业者在工作中所使用的基础数字技能，例如使用计算机打字、使用常见的软件、浏览网页查找信息等技能。ICT 专业技能主要指开发 ICT 产品和服务所需要的数字技能，例如编程、网页设计、电子商务，以及最新的大数据分析和云计算等技能。ICT 补充技能是指利用特定的数字技能或平台辅助解决工作中的一些问题，例如处理复杂信息、与合作者和客户沟通、提供方案，等等。

综合上述观点，我们将“数字化人才”定义为：具有一定的数字化思维、素养和 ICT 技能，能够为数字经济业务提供支持的各色从业者。

（二）数字化人才的分类

数字化人才不局限于技术人才，涵盖企业从上到下的人才梯队，包括数字化领军人才、数字化管理人才、数字化应用人才和数字化技术人才等四种不同层级的人。

1. 数字化领军人才

主要是公司的核心管理层，他们不需要成为数字化技术的专家，但一定要对数字化的发展趋势有系统思考和整体认知，并能制定数字化转型的整体规划。

2. 数字化管理人才

主要是指根据业务场景应用新技术助力数字化转型的中层管理者，如战略、产品、营销、技术、生产、供应链、财务、人力资源业务负责人。他们也不需要是数字化技术专家，但需要对所在领域如何使用数字化技术有完整的了解，而且学会用数字化技术为负责的职能部门进行赋能，让数字技术助力业务发展，创造新的价值。

3. 数字化应用人才

主要是那些应用数字技术来支持自身工作或业务提升的基层管理者和员工。他们是一线员工，因此需要广泛掌握一些数字化的平台和技术，如所有员工都要会使用数字化协同管理平台，都要会使用在线学习平台。营销的专业人才要学会使用在线营销的工具，供应链的专业人才则需要使用智能供应链的专业工具等。

4. 数字化技术人才

主要是那些为企业定制数字化平台，为业务部门提供技术支持的技术人才。数字化技术人才就是互联网技术（IT）人才的升级，包括业务架构师、软硬件工程师等传统通信、IT、软件等专业人才，也包括用户体验设计、大数据开发等技术人才，他们聚焦技术专业能力，打造领先的数字化平台，支撑数字化转型的实现。

（三）提升数字技能，建设数字中国

进入数字化时代，数字经济蓬勃发展，数字技术快速迭代，在生活、工作中扮演着越来越重要的角色，从而对劳动者掌握的数字技能也提出了新的更高要求。当前我国数字化劳动力结构呈现高技能劳动力不足、普通技能劳动力基数大的金字塔型结构，数字化人才供给显著不足，具有较高数字化素养和技能的人才缺口大，成为制约数字化发展的瓶颈。

数字技能是指通过云计算、人工智能、物联网等信息通信技术，生产、获取、分析、传输信息，以解决复杂问题、确保数据安全的能力。根据数字技能使用和培养需求不同，可以将数字技能分为数字专业技能和数字应用技能两类。数字专业技能主要是针对专业人员而言，指云计算、大数据、物联网、区块链、人工智能、5G 通信等数字技术领域从业者需掌握的开发、分析、整合数字信息等的能力，具有复杂性和创新性。数字应用技能主要是针对非专业人员而言，指社会大众在工作、生活中，使用各种电子设备，获取、传输数字信息等的能力，具有基础性和普适性。

2021 年 4 月，人力资源和社会保障部发布了《提升全民数字技能工作方案》，该方案聚焦加强全民数字技能教育和培训，普及提升公民数字素养，提出将重点开展人工智能、大数据、云计算等数字技能培训。

2022 年 3 月，中共中央网络安全和信息化委员会办公室、教育部、工业和信息化部、人力资源和社会保障部联合印发《2022 年提升全民数字素养与技能工作要点》，部署了 8 个方面的 29 项重点任务。8 个方面具体如下：

（1）加大优质数字资源供给。拓展数字资源获取渠道，做优做强数字教育培训资源，推动数字资源开放共享，促进数字公共服务公平普及。

（2）打造高品质数字生活。培育数字生活新应用新场景，提高智慧社区和智慧家庭建设应用水平，深化数字应用适老化改造，加快推进信息无障碍建设。

（3）提升劳动者数字工作能力。培育数字领域高水平大国工匠，提高农民数字化“新农具”应用水平，发展壮大新兴职业群体人才队伍，增强妇女数字工作竞争力，提升领导干部和公务员学网、懂网、用网能力。

（4）促进全民终身数字学习。全方位提升学校数字教育教学水平，完善数字技能职业教育培训体系，搭建一批数字学习服务平台，加快提升退役军人数字技能。

（5）提高数字创新创业创造能力。激发企业数字创新活力，完善数据驱动的科研创新模式，培育高水平数字人才。

（6）筑牢数字安全保护屏障。增强网络安全、数据安全防护意识和能力，加强个人信息和隐私保护。

（7）加强数字社会文明建设。提高全民网络文明素养，强化全民数字道德伦理规范。

（8）加强组织领导和整体推进。加强统筹协调，举办提升全民数字素养与技能系列主题活动，开展理论研究和监测评估，组织工作试点和优秀案例征集，深化国际交流合作。

当今世界正经历百年未有之大变局，新一轮科技革命和产业变革深入发展，全球经济越来越呈现数字化特征。加快数字化发展，建设数字中国，是顺应数字时代发展趋势、构筑国家竞争新优势的战略选择，应准确把握数字化发展的机遇和挑战。作为时代青年，要努力提升自己的数字素养与技能，不断增强数字化适应力、胜任力、创造力，共同建设数字中国。

课堂讨论 3

“数字化转型并非只是一次技术浪潮，它从全方位改变着社会、企业和个人。数字化转型也不仅仅是一个技术命题，更是一个人才管理命题。”

说出你对上述这段话的理解。

____

____

知识加油站

下一代通信网络

4G时代到来之前，移动通信技术是落后于市场需求的，人们普遍期待网络泛在连接，实现从固定互联网到移动互联网的迁移，激活丰富的市场业态。目前进入5G时代，市场需求还没有被充分挖掘，各行业从4G向5G迁移的边际效益不明显。中国5G慢慢从导入期进入规模发展期，VR、工业互联网、8K高清、云桌面等各种应用的普及将拉动5G网络的需求。

相对于5G，6G将不仅是容量、带宽、时延大幅度的提升，而且是更紧密地与物理世界融合，与生产融合，与生活融合。6G将是太赫兹波时代，兼具微波通信以及光波通信的优点，即传输速率高、容量大、方向性强、安全性高及穿透性强等。太赫兹波在2004年由美国提出，被列为“改变未来世界的十大技术”之一。它的波长为30μm～3mm，而频率为100GHz～10THz，比5G使用的频率高出许多。6G系统的天线将是纳米天线。

在4G、5G移动互联网时代，手机可以实现位置定位、读取二维码、NFC功能，以及记录海拔高度、运动步数等。万物互联（IoE）定义为将人、流程、数据和事物结合，使得网络连接变得更加相关，更有价值，地面基站与卫星通信集成，从而真正做到覆盖全球。6G时代，网络将无处不在、无时不有，物就是网，网就是物，将是物网融合的新时代。

任务工单

<table>
<tr><td>任务名称</td><td colspan="4">适应数字社会</td></tr>
<tr><td>任务目的</td><td colspan="4">了解数字时代的人才需求，立强国之志，成技能人才。</td></tr>
<tr><td>任务内容</td><td colspan="4">1. 了解数字化人才的定义与类型，找准自己的位置；
2. 了解提升数字技能有哪些方式，规划自己技能提升的路径。</td></tr>
<tr><td rowspan="2">第（　）组</td><td>姓名</td><td></td><td></td><td></td></tr>
<tr><td>学号</td><td></td><td></td><td></td></tr>
<tr><td rowspan="8">任务实操</td><td colspan="4">数字化人才有哪些分类？你将如何适应数字社会？你能为数字经济做出哪些贡献？</td></tr>
<tr><td>分类</td><td colspan="3"></td></tr>
<tr><td>展望</td><td colspan="3"></td></tr>
<tr><td colspan="4">提升数字技能有哪些方式？规划自己的成长路径。</td></tr>
<tr><td>方式</td><td colspan="3"></td></tr>
<tr><td>规划</td><td colspan="3"></td></tr>
</table>

考核评价

评价说明：在本次任务完成后，由任课教师主导，采用学习过程评价与学习结果评价相结合的方法，综合运用自我评价、小组评价及教师评价三种方式，确定三种评价方式分别占总成绩的比例，并加权计算出学生本次任务的考核评价分。

任务完成考核评价表			
项目名称	走进数字时代	任务名称	适应数字社会
班级		学生姓名	
评价方式	评价内容	分值	成绩
自我评价	课堂讨论 1 完成情况	10	
	课堂讨论 2 完成情况	10	
	课堂讨论 3 完成情况	10	
	任务工单完成情况	40	
	对知识和技能的掌握程度	10	
	我胜任了小组内的工作	20	
	合计		
小组评价	本小组本次任务完成质量	30	
	该成员本次任务完成质量	30	
	该成员参与小组活动的态度	20	
	该成员的合作精神和沟通能力	20	
	合计		
教师评价	该成员所在小组的任务完成质量	30	
	该成员的本次任务完成质量	30	
	该成员对所在小组活动的参与度	20	
	该成员对本次任务的贡献度	20	
	合计		
总评 = 自我评价 ×（　）% + 小组评价 ×（　）% + 教师评价 ×（　）% =			

项目二

创建数字化空间

任务一 创建数字化空间——数字化建模

任务二 实时状态感知——物联网技术应用

任务三 实现虚实映射——数字孪生技术应用

任务四 认识元宇宙

项目导入

数字孪生（digital twin）又称“数字双胞胎”，是将工业产品、制造系统、城市等复杂物理系统的结构、状态、行为、功能和性能映射到数字化的虚拟世界，通过实时传感、连接映射、精确分析和沉浸交互来刻画、预测和控制物理系统，实现复杂系统虚实融合，使系统全要素、全过程、全价值链达到最大限度的闭环优化。

近年来，随着5G、物联网、云计算、大数据、人工智能和混合现实等新一代信息技术的发展，数字孪生在理论层面和应用层面均取得了快速发展。数字孪生与产业技术的深度融合，有力推动了相关产业数字化、网络化和智能化的发展进程，成为产业转型升级的强大推动力。

在工业产品研发领域，通过构建工业产品与装备的数字孪生，可以实现产品装备的服役监测和健康管理。例如，当航空飞行器在天上飞行的时候，地面的数字孪生系统就可以通过采集的飞行器实时传感数据，精确模拟飞行器的运行状态，预测飞行器的未来性能和潜在故障等，甚至可以提前15～30天发现一些潜在的故障。数字孪生深刻改变了未来产品的形态，未来企业交付给客户的产品将不仅仅是物理实体，而且是虚实共融的孪生形态。

在生产制造领域，通过数字孪生，在建设实体工厂的同时在电脑上构建一个虚拟工厂，把实体工厂的每个车间、每条流水线、每台设备、每个生产动作都映射在虚拟工厂上。在生产过程中，通过数字孪生实时监控实体工厂的生产状态，及时发现生产瓶颈，优化车间生产调度，从而提高工厂的生产效率和管控水平。基于数字孪生的智能工厂，将成为未来工厂的重要发展趋势。

在城市管理领域，通过构建城市的数字孪生，可以实现城市全景可视化和动态智能管理。例如，通过数字孪生对城市交通数据进行实时分析，可精准预测城市交通拥堵的关键节点，进而提前进行交通管制，缓解交通压力。未来的城市，将建立在数字孪生的基础上，具备自主学习的能力，演变为具有高度智慧的城市新形态。

除了上述领域之外，智慧医疗、智慧物流、智慧农业以及安全应急等众多行业领域都在大力发展数字孪生技术，数字孪生应用场景非常广阔。

数字孪生的实质是建立现实世界物理系统的虚拟数字镜像，贯穿于物理系统的全生命周期，并随着物理系统动态演化。所以数字孪生技术包含四个部分：

（1）对物理系统的数字化精确建模；

（2）对物理系统的状态信息实时传感；

（3）传感数据与数字化模型的连接映射；

（4）对系统当前状态的精确分析和未来状态的科学预测。

任务一 创建数字化空间——数字化建模

项目名称	创建数字化空间	任务名称	创建数字化空间——数字化建模
学习目标	知识目标	• 了解数字化建模的含义； • 掌握数字化建模核心技术； • 了解数字化建模技术的应用。	
	能力目标	• 掌握数字化建模核心技术的应用能力； • 掌握独立分析数字化建模技术特征的能力。	
	素养目标	• 体会生态、集约、智慧的城市建设理念； • 树立爱岗敬业的社会主义核心价值观； • 感悟脚踏实地、勤恳敬业、精益求精的大国工匠精神。	
任务描述	了解数字化建模核心技术及应用。		
任务准备	根据双胞胎的特征，理解数字孪生，了解物理世界与虚拟世界的关联特性。		
实施提醒	数字化建模是数字孪生底座构建的首要环节，是创立物理世界对应的数字化空间的重要步骤。		

知识准备

数字化建模

一、数字化建模

数字化建模是数字空间构建的首要环节，是底层空间信息数字化的过程。

以前管理者只能在物理空间中实地调研管理对象，需要消耗大量的时间和资源。基于数字化建模创建了数字孪生信息空间后，数字孪生体对物理实体高度写实，针对虚拟数字模型进行创新方案的预演和验证，基本无须承担物质成本，大幅降低创新风险，为大众创新提供最有力的支持。

（一）BIM 技术

BIM 是 building information modeling，building information model 或 building information management 的简称，代表建筑信息模型化、建筑信息模型或建筑信息管理。BIM 以工程项目信息数据为基础，建立起三维模型，通过数字信息仿真模拟所具有的真实信息，具有可视化、模拟性、协调性、优化性、可出图性等特点。BIM 模型可连接项目全生命周期不同阶段数据、过程和资源，是对工程对象的完整描述，可供建设项目各参与方共享使用。BIM 模型如图 2-1 所示。

经济新常态大背景下，我国工业化、信息化及数字化深度融合，BIM 作为建筑施工行业创新发展的重要技术手段，被广泛应用于建筑工程领域。随着对技术的深入研究与推广，BIM 技术如今在工业设计等领域亦有广泛涉及。目前全国大多数省市均出台了 BIM 相关技术政策，同时发布了很多指导意见，多数建筑企业已开展 BIM 技术在工程领域内的应用。我国建筑业体量大，但信息化水平低，基于我国建筑业现有的庞大体量测算，未来提升空间巨大。预计，未来五年我国各类企业对 BIM 技术人才的需求总量将达到 130 万。

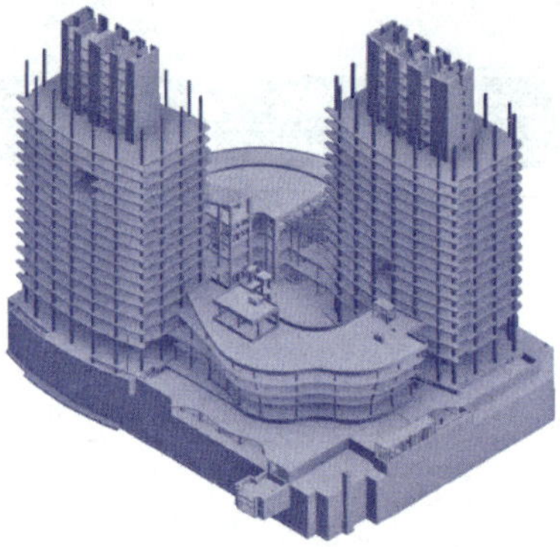

图 2-1　中国铁路物资股份有限公司总部大楼项目 BIM 模型

图片来源：佚名．中国铁物总部大楼项目 BIM 模型．土木在线，2016-08-03.

BIM 技术的应用与开发基于建筑专业与信息技术专业交叉融合，其所需要的 BIM 岗位也呈现出多专业复合型特点：要求同时掌握建模设计与 BIM 技术信息运维等方面的能力与知识。因此，BIM 人才代表全方位复合型人才，其行业需求持续时间长、应用范围广、需求数量大。建筑信息建模技术员于 2019 年被人社部确认为 15 个新职业之一，进一步推动数字化建模领域人才的培养与行业发展。

课堂讨论 1

通过了解 BIM 技术的内涵，在表 2-1 中勾选你认为 BIM 技术可应用的领域。

表 2-1　BIM 技术可应用的领域

领域	应用 BIM 技术	领域	应用 BIM 技术
智能制造		VR 虚拟现实	
场地分析		资产管理	
节能环保设计		灾难应急模拟	

（二）3S 技术

3S 技术是遥感（remote sensing，简称 RS）技术、地理信息系统（geography information systems，简称 GIS）和全球定位系统（global positioning systems，简称 GPS）的统称，是空间技术、传感器技术、全球导航卫星技术和计算机技术等相结合，多学科高度集成的对空间信息进行采集、处理、管理、分析、表达、传播和应用的现代信息技术。

遥感技术是指飞行器或人造卫星从高空或外层空间接收地表目标物的电磁波信息，通过对这些信息的扫描、摄影、传输和处理，最终控制和识别地表目标物的现代综合技术。相比传统的图像测绘技术，遥感技术具有探测范围广、数据传输速度快、实际应用局限小、精度效率高的特点。遥感技术在国土资源勘测、地籍勘察、植被资源调查、气候气象观测预报、病虫害预测、交通线路网络与旅游景点分布等方面均有广泛应用。

GIS 是遥感技术、地理学、地图学多学科集成，专门管理地理信息的计算机软件系统。GIS 具有数据采集与输入、数据预处理、数据编辑与计算分析、数据存储与管理、数据查询与检索、可视化显示与结果输出、数据更新等多种地理信息处理能力，具有较高的兼容性和自动化能力。GIS 技术在国土资源调查与评价、数据库建设与管理、区域规划、环境监测与生态规划、农业等方面得到广泛应用。

GPS 是美国从 20 世纪 70 年代开始研制，1994 年全面建成，具有海、陆、空全方位实时三维导航与定位能力的新一代卫星导航与定位系统。GPS 结合了卫星技术和通信技术，可快速、高效、准确地提供点、线、面要素的精确三维坐标，实现实时测量工作，具有自动化程度高、精度高、全时段、高效益等显著特点，广泛应用于军事、交通导航、测绘测量等不同领域。

数字孪生城市以及智慧城市解决方案底座的建设都是基于地理位置数据的，BIM 与 GIS 结合的数字孪生城市作为智能感知的容器和载体，通过物联网、大数据等新一代信息技术综合应用，实现将数据“搬运”到虚拟世界，从数字基础层打造全面的数字孪生。

课堂讨论 2

3S 技术关系模型如图 2-2 所示。3S 技术是三种技术的有机结合，在空间信息采集、动态分析与管理等方面各具特色，且具有较强的互补性。其中，RS 发挥传感作用，主要用于获取________信息，发现地表的各种变化，及时对 GIS 进行数据更新；GPS 发挥定位作用，主要用于获取________信息；GIS 是 3S 技术的核心，发挥数据分析的作用，通过空间信息平台，对 RS 和 GPS 及其他来源的时空数据进行综合处理、集成管理及动态存取等操作，并借助数据挖掘技术和空间分析功能提取有用信息，使之成为决策的科学依据。

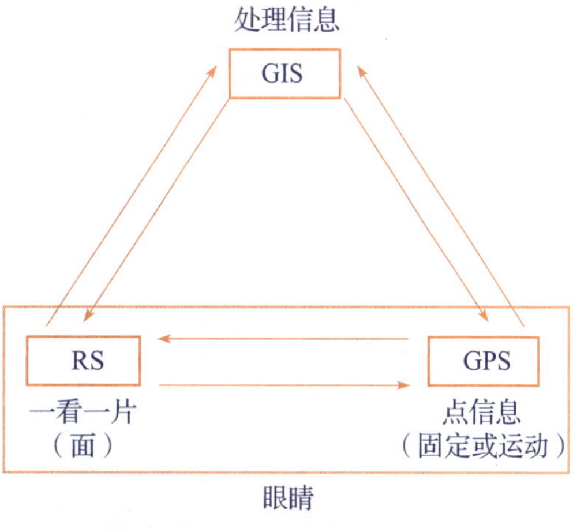

图 2-2　3S 技术关系模型

二、3D 模型的分类

（一）大尺度城市 3D 模型

大尺度城市 3D 模型通过无人机倾斜摄影和 3D 建模算法实现城市外轮廓的快速建模，形成逼真的城市建筑外轮廓模型，利用图像识别技术自动区分出河流、道路、建筑单体、建筑屋顶、树木、停车场、车位、移动物体等城市基本元素。目前数据采集手段可实现厘米级分辨率的模型及纹理构建。大尺度城市 3D 模型如图 2-3 所示。

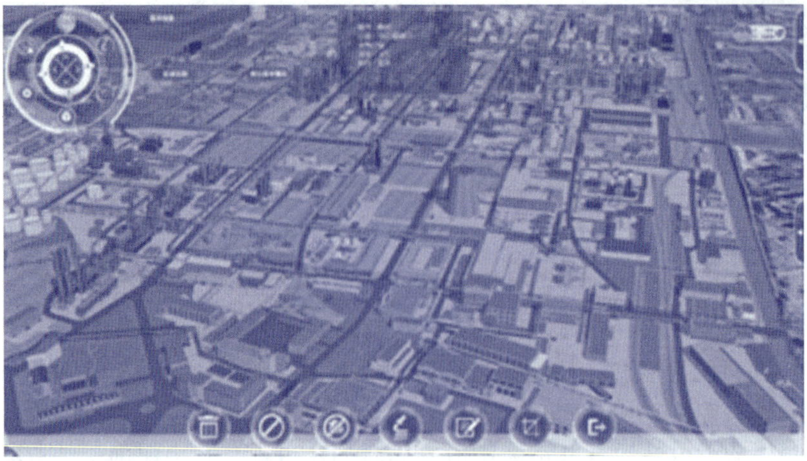

图 2-3　大尺度城市 3D 模型

（二）地面高精度 3D 模型

由于空中数据采集无法获取所有详尽的城市建筑物、基础设施等各类城市要素，因而需要地面数据采集提供高精度的近地面城市 3D 数据，作为空中采集数据的有效补充。地面数据采集一般将设备搭载在地面车辆上或者分布定点扫描，结合图像拍摄、激光扫描等技术，对城市地面、道路景观进行高精度扫描成像。现有地面数据精度可支持厘米甚至毫米级地面高精度 3D 模型，直接运用于智能交通等方面。地面高精度 3D 模型如图 2-4 所示。

图 2-4　地面高精度 3D 模型

（三）室内 3D 模型

室内 3D 模型的建立可分为两种：一是拥有配套 BIM 建模资料的建筑物；二是没有 BIM 模型数据的建筑。针对 BIM 建模资料齐全的建筑物，通过 BIM 进行数字化建模，技术成熟且快捷。对于没有 BIM 数据的建筑物建模，可通过激光扫描或专用室内 3D 模型数据采集设备捕捉室内空间信息，通过专用软件处理扫描获取的数据进行定位和模型拟合，形成高精度、覆盖室内外、近地表的3D模型逆向建模。室内3D模型如图2-5所示。

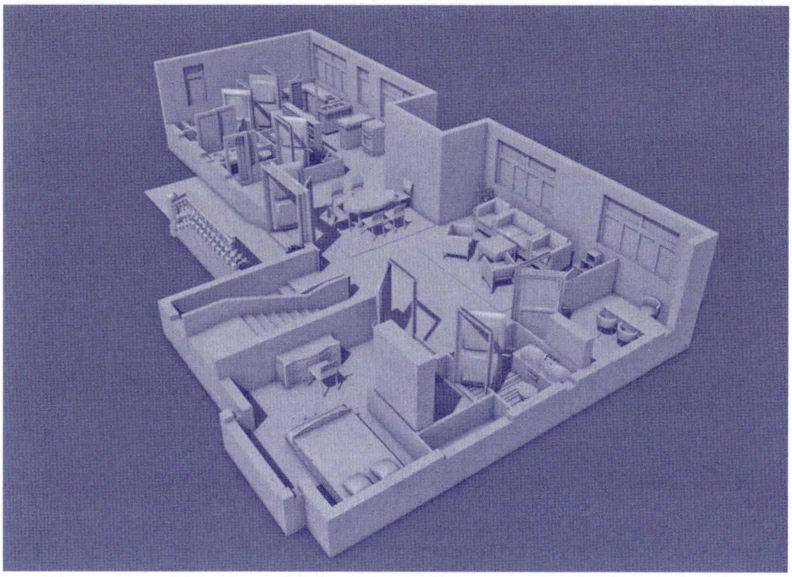

图 2-5 室内 3D 模型

图片来源：黄锦鸿. 让现实变得更神奇的4D打印智能材料. 搜狐网，2019-03-29.

课堂讨论 3

请通过互联网搜集各类3D模型，小组讨论各模型应属于哪种城市3D模型，并分析该模型的建立需运用到哪些技术，完成表2-2。

表 2-2 城市 3D 模型数据的应用

序号	模型场景	模型数据的类型及技术
1		
2		
3		
4		

知识加油站

巴黎圣母院修复

2019年4月15日下午6时50分，一场大火席卷了法国巴黎圣母院，燃烧持续长达14小时，火焰吞噬了标志性的塔尖，严重损伤了这座巴黎地标建筑。

法国国家科学研究中心（CNRS）的研究主任菲利普·迪尔曼（Philippe Dillman）展示了巴黎圣母院的高分辨率图像模型。他说，制作3D模型能帮助研究人员了解圣母院本身的建造结构以及古代建造教堂的方式，以便修复工程的开展。相关3D模型示意图如图2-6至图2-8所示。

图2-6　巴黎圣母院外部结构3D模型

图2-7　巴黎圣母院内部结构透视图

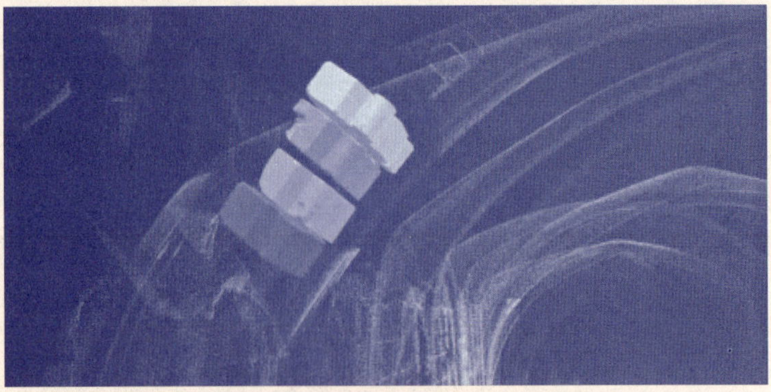

图2-8　模拟建筑碎片摆放位置

资料来源：佚名．巴黎圣母院修复到哪步了？3D模型、同位素，网友直呼等不及！．百家号，2021-12-27.

任务工单

<table>
<tr><td>任务名称</td><td colspan="4">创建数字化空间——数字化建模</td></tr>
<tr><td>任务目的</td><td colspan="4">了解数字化建模技术在智慧城市建设中的流程与地位。</td></tr>
<tr><td>任务内容</td><td colspan="4">1. 搜集数字孪生城市建设案例，了解其建设流程；
2. 对理想的智慧城市建设数字孪生环节进行个性化设计。</td></tr>
<tr><td rowspan="2">第（　）组</td><td>姓名</td><td></td><td></td><td></td></tr>
<tr><td>学号</td><td></td><td></td><td></td></tr>
<tr><td rowspan="11">任务实操</td><td colspan="4">搜集的案例建设流程</td></tr>
<tr><td>1</td><td colspan="3"></td></tr>
<tr><td>2</td><td colspan="3"></td></tr>
<tr><td>3</td><td colspan="3"></td></tr>
<tr><td>4</td><td colspan="3"></td></tr>
<tr><td colspan="4">数字化建模环节设计内容</td></tr>
<tr><td>1</td><td colspan="3"></td></tr>
<tr><td>2</td><td colspan="3"></td></tr>
<tr><td>3</td><td colspan="3"></td></tr>
<tr><td>4</td><td colspan="3"></td></tr>
<tr><td>5</td><td colspan="3"></td></tr>
</table>

考核评价

评价说明：在本次任务完成后，由任课教师主导，采用学习过程评价与学习结果评价相结合的方法，综合运用自我评价、小组评价及教师评价三种方式，确定三种评价方式分别占总成绩的比例，并加权计算出学生本次任务的考核评价分。

任务完成考核评价表			
项目名称	创建数字化空间	**任务名称**	创建数字化空间——数字化建模
班级		**学生姓名**	
评价方式	**评价内容**	**分值**	**成绩**
自我评价	课堂讨论 1 完成情况	20	
	课堂讨论 2 完成情况	20	
	课堂讨论 3 完成情况	20	
	任务工单完成情况	20	
	对知识和技能的掌握程度	10	
	我胜任了小组内的工作	10	
	合计		
小组评价	本小组本次任务完成质量	40	
	该成员本次任务完成质量	20	
	该成员参与小组活动的态度	20	
	该成员的合作精神和沟通能力	20	
	合计		
教师评价	该成员所在小组的任务完成质量	40	
	该成员的本次任务完成质量	20	
	该成员对所在小组活动的参与度	20	
	该成员对本次任务的贡献度	20	
	合计		
总评 = 自我评价 ×（ ）% + 小组评价 ×（ ）% + 教师评价 ×（ ）% =			

任务二

实时状态感知——物联网技术应用

项目名称	创建数字化空间	任务名称	实时状态感知——物联网技术应用
学习目标	知识目标	• 了解物联网的概念； • 了解物联网系统的技术构成； • 掌握物联网系统部署基本方法。	
	能力目标	• 能够理解物联网布控方案； • 具备根据应用场景设计感知数据获取方案的能力。	
	素养目标	从了解和应用物联网技术入手，感受信息化发展速度和我国的强大国力，培养具有社会责任感的高素质人才。	
任务描述	为了实现物理空间和信息空间的有机衔接，需要实现网络环境和应用环境的一体化。了解如何利用物联网技术，搭建全方位的智能感知环境。		
任务准备	• 了解物联网技术发展状况； • 了解智慧城市建设中物联网的应用。		
实施提醒	物联网被明确定位为我国新型基础设施（“新基建”）的重要组成部分，成为支撑数字经济发展的关键基础设施。物联网新基建主要展现了三类基础能力：（1）依托于感知设备的采集能力；（2）依托于网络的连接能力；（3）依托于平台的服务能力。围绕这三类能力，物联网新基建与其他信息基础设施进行有机融合，向边缘侧和应用支撑体系双向延伸，进而拓展出巨大的发展空间。		

知识准备

物联网技术应用

一、了解什么是物联网技术

物联网（internet of things，简称 IOT）是以感知技术和网络通信技术为主要手段，实现人、机、物的泛在连接，提供信息感知、信息传输、信息处理等服务的基础设施，以实现智能化识别、定位、跟踪、管理、控制和运营等功能。

物联网技术具有四个特点：

（1）参与者是各种设备和物体。互联网实现了人与人的连接，物联网则要实现人、机、物的连接，实现万物互联。

（2）通过感知技术采集数据。通过信息传感器、射频识别技术、全球定位系统、红外感应器、激光扫描器等各种装置与技术，实时采集任何需要监控、连接、互动的物体或过程，采集其声、光、热、电、力学、化学、生物、位置等各种需要的信息。

（3）通过网络通信技术实现连接和信息传输。可能涉及各类网络的接入，物联网是一个基于互联网、传统电信网等的信息承载体，它让所有能够被独立寻址的普通物理对象形成互联互通的网络。

（4）使用各种智能技术，对感知和接收到的数据、信息进行分析处理，实现监测与控制的智能化。

课堂讨论 1

物联网是提供各种感知技术广泛应用的平台，包括传感、连接以及智能信息处理三个基本部分。从实现原理来看，物联网可大致划分为三个层次：

第一层，感知层。在最底层，也叫作信息采集层，连接各种传感器，如射频识别、图像视频传感器、声音传感器、红外感应器、压力传感器等，实时采集其声、光、热、电、力学、化学、生物、位置等各种需要的信息。

第二层，网络层。在中间一层，负责传输采集到的信息，采用泛在网络，实现互联网、物联网以及涉密内网的跨网数据交换，在保证涉密信息安全的前提下实现三网逻辑融合。

第三层，应用层。最上面一层，实现对感知信息的智能处理与利用，如安防管理、人员管理、车辆管理、智慧服务和态势综合展现等业务功能和人机交互。

请描述一个物联网应用的案例（如智慧教室），说明该物联网应用系统中每一层技术是如何实现的，填入表 2-3 中。

表 2-3　物联网应用案例描述

应用场景	
实现功能	
感知层 数据采集方式	
网络层 数据传输模式	
应用层 信息处理方法	

二、了解物联网传感系统的部署

物联网借助相应的传感设备（传感器、摄像头等），将获取的数据信息通过网络进行连接，并且可以输出控制指令，实现智能化管理。以学校实训 1 号楼的智能楼宇方案为例，了解物联网传感系统部署的实现。

（一）需求分析

物联网部署之前，首先做调研，了解客户需求。实训 1 号楼是一个普通的实训教学楼，实施智慧楼宇的目的是将大楼内供配电总用量、空调用电量、空调运行状况、用水量及照明控制等系统进行统一监控，实现智慧节能，减少事故发生。

实训 1 号楼的实际情况如下：

（1）楼宇现有部署方案中，供水、用电、空调、照明等均为传统方式部署，无传感器以及物联平台实现信息化管控，水、电均需人工抄写记录，且无法实现远程开关需求，资源浪费现象较为严重。

（2）楼宇建设效果未紧跟当前信息化发展速度，信息化程度较低，水、电、空调、照明等均无法可视化呈现。

（二）设计物联网方案

以建筑楼宇的智能管控为重点，集成智能供电、智能供水管理系统，构建楼宇管理的监控、预警、诊断、分析一体化的 3D 可视化平台。

某公司绘制的实训 1 号楼空调、用电、供水等现有部署 CAD 图纸如图 2-9 至图 2-11 所示。

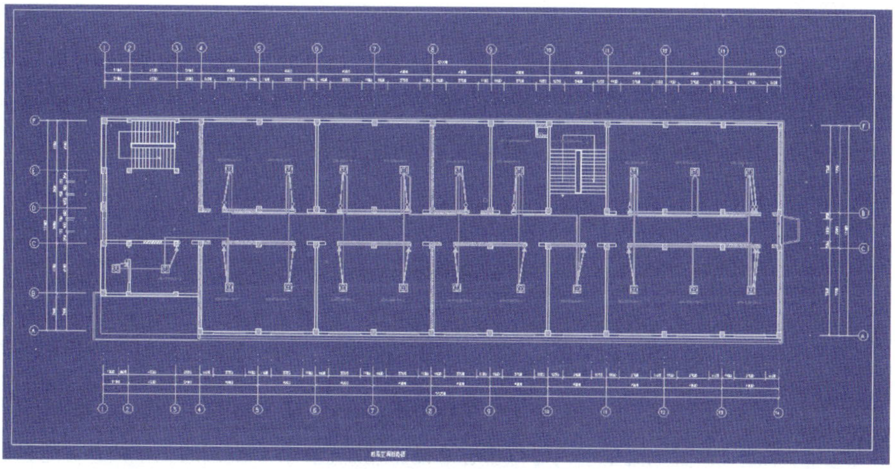

图 2-9　空调分布图

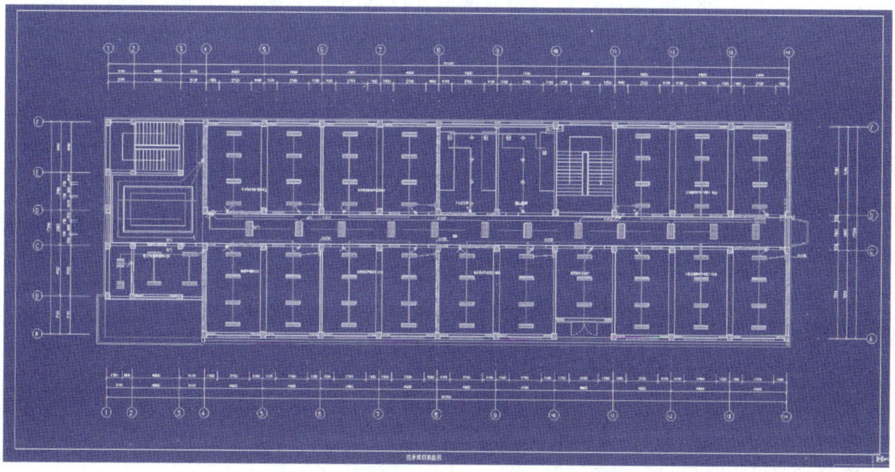

图 2-10　用电系统分布图

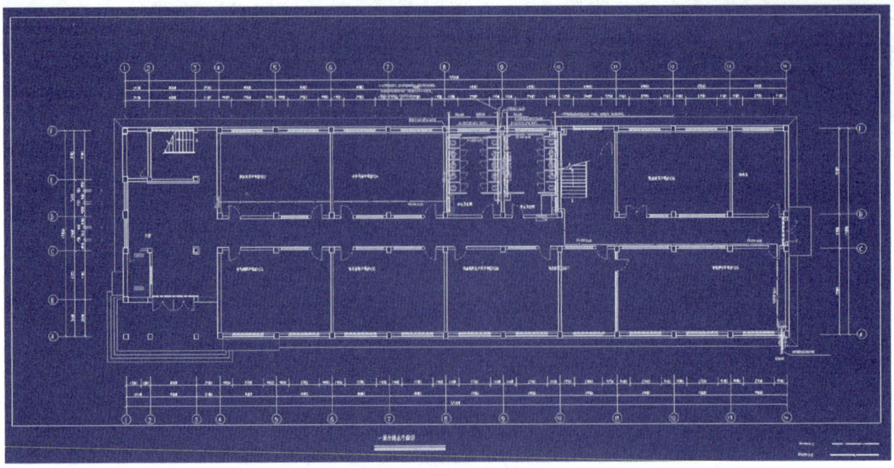

图 2-11　供水系统分布图

（三）物联网节点部署

将楼宇内供配电总用量、空调用电量、空调运行状况、照明控制及用水量等系统进行统一监控，需要在合适的位置部署传感节点与控制节点，其中传感节点用来采集数据，控制节点用于实现智能控制，具体实现功能如表 2-4 所示。

表 2-4　物联网节点功能实现

1. 楼宇用电	
智能电表	智能电表通过辅助电流互感器采集电压、电流、频率、功率、功率因数等电网参数。每层楼配置两套：一套监测楼层总用电，另一套监测楼层内空调总用电。
2. 空调系统	
运行状态采集	通过部署电流型空调运行状态采集器轻松监测每台空调的工作状态，通过数据远传可快速知晓非工作时间房间内空调运行情况。
温湿度采集	通过部署温湿度传感器对空调所在区域内的环境温度及相对空气湿度进行监测，通过数据远传快速知晓每个房间内的温湿度情况。
3. 照明系统	
照明控制器	通过部署智能照明控制器，实现楼宇内照明系统自动化控制，实现定时开启、关闭部分灯具及全部灯具，轻松解决人员离场灯具常亮等能源浪费问题。
触摸面板	部署智能型触摸控制面板，替换现有传统墙壁控制开关，轻松实现通过触摸开启或关闭灯具，实现一键开启或关闭全部灯具。
控制平台	通过部署智能照明管理软件，轻松实现远程查看各控制器状态及各灯具开关状态，并通过控制平台软件进行远程开关灯等操作。
4. 供水系统	
智能水表	数字智能型水流量计，电子式协议型水流量计，获取用水数据，通过集中管理软件轻松查看用水高峰、各时段用水量及累计用水量等。

（四）配套软件开发

依托数据管理平台，汇集建筑从主体到外观到内部结构的全方位数据，利用3D可视化技术，展示楼宇各区域的水、电及实训设备的状态和分布数据，实现危险预警、智慧节能、智能照明、设备管控等场景中更深层次的智能化应用。

课堂讨论 2

1. 请简述智慧楼宇的含义。

____

____

2. 请简述智慧楼宇智能感知的内容。

____

____

3. 根据自己的生活需求，设计智能宿舍的传感布控方案，确定布控节点，填写表2-5。

表2-5　宿舍物联网部署方案

序号	需求	节点类型	节点数目和位置
1			
2			
3			
4			
5			

任务工单

<table>
<tr><td>任务名称</td><td colspan="4">实时状态感知——物联网技术应用</td></tr>
<tr><td>任务目的</td><td colspan="4">了解物联网技术在智慧城市建设中的地位。</td></tr>
<tr><td>任务内容</td><td colspan="4">1. 搜集智慧社区 / 智慧交通 / 智能家居或其他建设案例，了解其中物联网的作用；
2. 对理想的智慧校园中的物联网部署进行个性化设计。</td></tr>
<tr><td rowspan="2">第（　）组</td><td>姓名</td><td></td><td></td><td></td></tr>
<tr><td>学号</td><td></td><td></td><td></td></tr>
<tr><td rowspan="11">任务实操</td><td colspan="4">搜集的案例建设流程</td></tr>
<tr><td>1</td><td colspan="3"></td></tr>
<tr><td>2</td><td colspan="3"></td></tr>
<tr><td>3</td><td colspan="3"></td></tr>
<tr><td>4</td><td colspan="3"></td></tr>
<tr><td colspan="4">智慧校园中的物联网建设的内容</td></tr>
<tr><td>1</td><td colspan="3"></td></tr>
<tr><td>2</td><td colspan="3"></td></tr>
<tr><td>3</td><td colspan="3"></td></tr>
<tr><td>4</td><td colspan="3"></td></tr>
<tr><td>5</td><td colspan="3"></td></tr>
</table>

考核评价

评价说明：在本次任务完成后，由任课教师主导，采用学习过程评价与学习结果评价相结合的方法，综合运用自我评价、小组评价及教师评价三种方式，确定三种评价方式分别占总成绩的比例，并加权计算出学生本次任务的考核评价分。

任务完成考核评价表			
项目名称	创建数字化空间	任务名称	实时状态感知——物联网技术应用
班级		学生姓名	
评价方式	评价内容	分值	成绩
自我评价	课堂讨论 1 完成情况	20	
	课堂讨论 2 完成情况	40	
	任务工单完成情况	20	
	对知识和技能的掌握程度	10	
	我胜任了小组内的工作	10	
	合计		
小组评价	本小组本次任务完成质量	40	
	该成员本次任务完成质量	20	
	该成员参与小组活动的态度	20	
	该成员的合作精神和沟通能力	20	
	合计		
教师评价	该成员所在小组的任务完成质量	40	
	该成员的本次任务完成质量	20	
	该成员对所在小组活动的参与度	20	
	该成员对本次任务的贡献度	20	
	合计		
总评 = 自我评价 ×（　）% + 小组评价 ×（　）% + 教师评价 ×（　）% =			

任务三
实现虚实映射——数字孪生技术应用

项目名称	创建数字化空间	任务名称	实现虚实映射——数字孪生技术应用
学习目标	知识目标	• 理解数字孪生的概念； • 了解工业数字孪生的应用和意义； • 了解数字孪生城市的相关技术。	
	能力目标	• 能够解析实际应用中数字孪生技术的实现方式； • 能够根据应用场景设计数字孪生方案。	
	素养目标	形成关注科技进步、与祖国发展同频共振的大格局。	
任务描述	数字孪生的简单解释就是现实世界的数字化，以数字化方式为真实世界建立虚拟模型，模拟其在现实环境中的行为。理解数字孪生技术与新一代信息技术的关系，并进而说明数字孪生技术在智慧城市建设、智能制造等领域发挥的作用。		
任务准备	• 了解数字孪生技术的概念及应用； • 了解我国在工业互联网、智慧城市建设方面的进展。		
实施提醒	2020 年 4 月，国家发展改革委、中央网信办发布《关于推进“上云用数赋智”行动培育新经济发展实施方案》，其中多次提及数字孪生技术。和云计算、人工智能、5G、物联网等前沿技术一样，数字孪生技术的受关注程度上升到国家高度。		

知识准备

数字孪生技术应用

一、工业数字孪生的特点和应用

数字孪生是通过对物理世界的人、物、事等所有要素进行数字化，在信息空间克隆复制一个与之对应的“数字世界”，形成物理实体与数字世界相互映射、同生共存、虚实融合的数字孪生双体。简单来说，就是在信息化平台上，创造一个数字版的“克隆体”，如图 2-12 所示。本体和孪生体之间，可以建立全面的实时或准实时联系，两者并不是完全独立的，映射关系也具备一定的实时性。

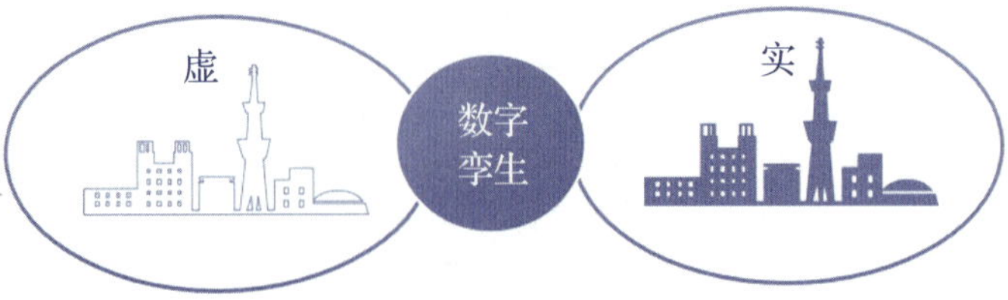

图 2-12　数字孪生示意图

在工业制造领域，数字孪生可以贯穿产品的设计、开发、制造、服务、维护乃至报废回收的整个周期。它并不仅限于帮助企业把产品更好地造出来，还包括帮助用户更好地使用产品。

本体和孪生体之间的数据流动是双向的，并不是只能本体向孪生体输出数据，孪生体也可以向本体反馈信息。企业可以根据孪生体反馈的信息，对本体采取进一步的行动和干预。如果需要做系统设计改动，或者想要知道系统在特殊外部条件下的反应，工程师们可以在孪生体上进行“实验”。这样一来，既避免了对本体的影响，也可以提高效率、节约成本。

数字孪生起源于工业制造领域，工业制造也是数字孪生的主要战场。

在产品研发的过程中，数字孪生可以虚拟构建产品数字化模型，对其进行仿真测试和验证。生产制造时，可以模拟设备的运转和参数调整带来的变化。数字孪生能够有效提升产品的可靠性和可用性，同时降低产品研发制造风险。在维护阶段，数字孪生也能发挥重要作用。

采用数字孪生技术，通过对运行数据进行连续采集和智能分析，可以预测维护工作的最佳时间点，也可以提供维护周期的参考依据。数字孪生体也可以提供故障点和故障概率的参考。数字孪生给工业制造带来了显而易见的效率提升和成本下降。

课堂讨论 1

简述工业数字孪生技术的应用，完成表 2–6。

表 2–6　工业数字孪生技术的应用

领域	场景	功能	意义

二、数字孪生城市的相关技术

数字孪生技术最典型的应用场景就是智慧城市。数据显示，目前全球约 1 000 个提出智慧化发展的城市中，有近 500 个中国城市。智慧城市建设成为我国下一阶段新型城市基础设施建设的集中承载平台。我国新型智慧城市建设投资规模保持较快速度增长，预计到2023年底市场规模将超过1.3万亿元。

智能感知数据与城市GIS/BIM空间数据相叠加，将静态的数字城市升级为可感知、动态在线的数字孪生城市（见图2–13）。

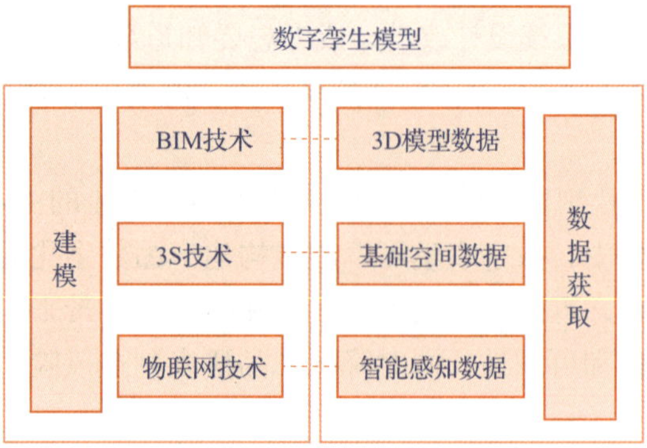

图 2–13　城市数字孪生的技术基础

（一）数字孪生城市的数据基础

1. 基础空间数据

基础空间数据是数字孪生城市建设过程中不可或缺的底层数据源，该类数据的获取包括现有城市管理各行业规划数据、现状数据、调查统计数据、多媒体数据、现场勘测、纸质图纸数字化、航测与卫星遥感、遥感影像解译、数据集成、在线地图下载等，并通过数据处理、转换、存储为满足时空地理数据统一基准的基础空间数据。

2. 城市3D模型数据

城市3D模型数据通过航空摄影测量、激光扫描、倾斜摄影、野外实地测量以及建筑信息模型等手段获取。

3. 智能感知数据

智能感知数据是指能够反映城市即时运行动态情况的数据，包括城市各种公共设施及专业传感器感知得到的具有时间标识的即时数据，分为以下几类：

（1）建筑物、桥梁、隧道、路面、管线等基础设施运维状态的感知数据；

（2）行人、车辆、地铁等位置速度信息的感知数据；

（3）光线、温度、湿度、空气颗粒密度等天气、水文、地震的感知数据；

（4）人文经济社会的感知数据和时空地理要素的位置感知数据等。

（二）基于数字孪生的城市管理

数字孪生城市，需要通过网络把植入于城市各个位置的智能传感器连接起来形成物联网，把物理城市的人、物、事件和水、电、气等所有要素数字化，在网络空间再造一个与之完全对应的“虚拟城市”，从而实现对物理世界的全面感知。

在数字孪生城市中，基础设施（水、电、气、交通等）的运行状态，市政资源（警力、医疗、消防等）的调配情况，都会通过传感器、摄像头、数字化子系统采集出来，并通过包括 5G 在内的物联网技术传递到云端。

课堂讨论 2

1. 请简述数字孪生技术的特点。

2. 请简述数字孪生技术与物联网的关系。

3. 数字孪生城市用到了哪些技术？

知识加油站

数字孪生为冬奥会“保驾护航”

在新冠疫情的影响下，2022 年北京冬奥会从筹备到举行，都面临着巨大的挑战。但是通过数字孪生技术，一些疫情带来的问题则迎刃而解：数字孪生技术搭建出了冬奥场馆、奥运村，运动员不需要去到现场，在数字模型里就可以选择自己心仪的房间；奥运会的转播团队不去现场，通过数字模型就可以提前模拟拍摄的角度，然后选择合适的机位；工作人员和志愿者也可以在虚拟场馆里进行场景化的、沉浸式的培训、演练……这些看似“不可能”的举措，在数字孪生技术的支持下，都成为本届冬奥会能够顺利举行的支撑力量。

在冬奥会主媒体中心和冬奥组委、冬奥会竞赛场馆、奥运村等多个场所，都配备了由英特尔联合北京电影学院、视伴科技等机构打造的名为 VSS（venue simulation services，场馆模拟服务）的数字孪生场馆模拟仿真系统。VSS 数字孪生场馆模拟仿真系统以云、边、端硬件平台为基础，对体育赛事场馆和赛事期间所发生事件，进行数字孪生与仿真的端到端全信息模拟，帮助竞赛组织团队在整个流程环节和场地部署上进行可视化的查漏补缺。

资料来源：佚名．数字孪生如何更好打通虚拟与现实？．腾讯网，2022-03-11.

课堂讨论 3

请说明上文中提到的看似“不可能”的举措是如何实现的。

任务工单

任务名称	实现虚实映射——数字孪生技术应用			
任务目的	了解数字孪生技术的地位和广阔应用前景。			
任务内容	1. 搜集冬奥会中数字孪生技术的应用案例，了解其中的关键技术； 2. 选择其中一个案例进行技术解析。			
第（　）组	姓名			
	学号			
任务实操	搜集的冬奥会中数字孪生技术的应用案例			
	1			
	2			
	3			
	4			
	解析其中一个案例（说明数字孪生实现的步骤和关键技术）			
	1			
	2			
	3			
	4			
	5			

考核评价

评价说明：在本次任务完成后，由任课教师主导，采用学习过程评价与学习结果评价相结合的方法，综合运用自我评价、小组评价及教师评价三种方式，确定三种评价方式分别占总成绩的比例，并加权计算出学生本次任务的考核评价分。

任务完成考核评价表			
项目名称	创建数字化空间	任务名称	实现虚实映射——数字孪生技术应用
班级		学生姓名	
评价方式	评价内容	分值	成绩
自我评价	课堂讨论 1 完成情况	20	
	课堂讨论 2 完成情况	20	
	课堂讨论 3 完成情况	20	
	任务工单完成情况	20	
	对知识和技能的掌握程度	10	
	我胜任了小组内的工作	10	
	合计		
小组评价	本小组本次任务完成质量	40	
	该成员本次任务完成质量	20	
	该成员参与小组活动的态度	20	
	该成员的合作精神和沟通能力	20	
	合计		
教师评价	该成员所在小组的任务完成质量	40	
	该成员的本次任务完成质量	20	
	该成员对所在小组活动的参与度	20	
	该成员对本次任务的贡献度	20	
	合计		
总评 = 自我评价 ×（ ）% + 小组评价 ×（ ）% + 教师评价 ×（ ）% =			

任务三

任务四

认识元宇宙

项目名称	创建数字化空间	任务名称	认识元宇宙
学习目标	知识目标	• 了解元宇宙的概念； • 掌握元宇宙核心技术； • 了解元宇宙产业发展。	
	能力目标	• 具备认知元宇宙概念的能力； • 具备分析元宇宙核心技术应用逻辑的能力。	
	素养目标	• 培养发明创造、探索创新的精神； • 坚定民族自信、文化自信、思想价值认同感。	
任务描述	了解元宇宙产品技术核心与产品应用。		
任务准备	“希壤”是一个平行于物理世界的沉浸式虚拟空间，是百度于 2020 年 12 月正式启动的元宇宙项目，2021 年 12 月 27 日在百度 AI 开发者大会上发布，项目的灵感来源于新冠疫情期间无法面对面举行会议的窘境。请搜集“希壤”相关资料，了解元宇宙产品的主要功能。		
实施提醒	元宇宙的爆火，是风口还是泡沫？要了解这个新概念的背后是否有支持产业持续发展的内在逻辑。		

知识准备

认识元宇宙

一、元宇宙的概念

“元宇宙”概念最早起源于 1992 年出版的科幻小说《雪崩》，作品中首次提出并描绘了元宇宙。元宇宙是人类数字化生存的最高形态。元宇宙让人有了数字世界的“分身”：一个虚拟数字人，既是现实世界数字孪生的镜像，又原生于数字世界，甚至比现实世界更丰富多彩。元宇宙是人的虚拟社会与数字世界。元宇宙概念如图 2-14 所示。

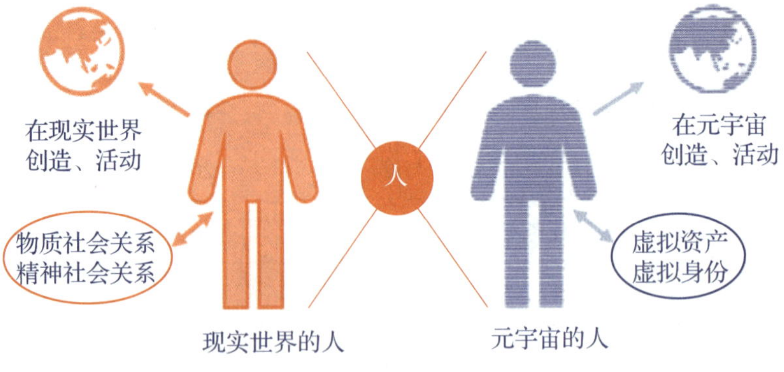

图 2-14　元宇宙概念

小说《雪崩》这样描述元宇宙："只要戴上耳机和目镜，找到一个终端，就可以通过连接进入由计算机模拟的另一个三维现实，每个人都可以在这个与真实世界平行的虚拟空间中拥有自己的分身。在这个虚拟世界中，现实世界的所有事物都被数字化复制，人们可以在虚拟世界中做任何现实生活中的事情，比如逛街、吃饭、发虚拟朋友圈。此外，人们还可以完成真实世界里不能实现的野心，比如瞬时移动。"

2021 首届元宇宙高峰论坛暨元宇宙系列新书发布会上有观点讲到"元宇宙不是下一代互联网，而是下一代网络——数字网络"。元宇宙是人类社会数字文明形态的核心和基础，是利益相关者的经济体，主要是由创作者经济驱动的。"数字化迁徙的运动正在网络世界、虚拟空间里建立一个数字化新世界——元宇宙，这个新世界可能蕴藏着比物理世界更大的财富宝藏。互联网、区块链、虚拟现实、增强现实、人工智能等新技术都是人类驶向数字世界的帆船。随着物联网的兴起，物理地球上的每一件物体或者绝大部分物体，在元宇宙中都会有对应的身份。物理地球上面的商务活动、社交活动、政务活动在元宇宙中也有对应。我们一定要争做元宇宙的新移民，千万不要做物理世界的旧遗民。"

专家学者这样定义元宇宙："元宇宙是利用科技手段进行链接与创造的，与现实世界映射与交互的虚拟世界，具备新型社会体系的数字生活空间。"

到目前为止，元宇宙还尚未形成统一的定义。元宇宙仍是一个不断发展、演变的概念，不同参与者不断地从时空性、真实性、独立性、连接性四个方面去交叉思考或定义元宇宙，也始终以自己的方式不断丰富着元宇宙的内涵。

课堂讨论 1

通过了解元宇宙的概念以及相关影视作品对于元宇宙的畅想，请在表 2-7 中描述你认为的元宇宙对人类生活的影响。

表 2-7 元宇宙的影响

	短期影响	中长期影响
第一产业		
第二产业		
第三产业		

二、元宇宙的核心技术

清华大学新闻与传播学院沈阳教授表示："元宇宙本身不是一种技术，而是一个理念和概念，它需要整合不同的新技术，如 5G、6G、人工智能、大数据等，强调虚实相融。”元宇宙主要有以下几项核心技术：

（一）数字孪生与扩展现实技术

数字孪生技术与扩展现实技术相结合，打造出一个比现实世界镜像更为立体丰富的虚拟世界，是实现物理世界虚拟化、数字化的基础，而我们每个用户个体亦是其中一员。在元宇宙中，我们以虚拟数字人的身份在虚拟世界活动。

（二）物联网技术

物理世界数字化过程中的数据采集，以及虚实共生的虚拟世界管理控制物理世界的过程都离不开物联网技术。物联网技术打通了虚拟世界与物理世界的数据通道，使得元宇宙具有真实、精准的特点。

（三）交互技术

交互技术是元宇宙底层技术之一，通过计算机输入、输出设备，以有效的方式实现信息传递。优秀的人机交互是影响元宇宙沉浸感的重要因素。

（四）网络及运算技术

元宇宙真实流畅的沉浸感体验需要强大的基础网络设施做支撑，提供元宇宙高速度、低时延、高算力、高 AI 的规模化接入。伴随着元宇宙规模的扩展和数据积累，数据量极速增长，对算力的需求持续提升，运算技术的发展成为助力元宇宙发展的重要因素。

（五）人工智能技术

人工智能技术为元宇宙的多样性与沉浸感体验赋能。例如 AI 识别、语音识别与沟通、区块链里的智能合约、物联网里的数据 AI 等，在元宇宙中各个场景无处不在。

（六）区块链技术

区块链技术是支撑元宇宙经济体系的重要基础。元宇宙是去中心化的，这跟起初元宇宙游戏中用户个体组织方式一致，非同质化代币（NFT）、智能合约等也成为打造元宇宙清结算平台、价值流转与变现的关键区块链技术及应用。

课堂讨论 2

“华智冰”（见图 2-15）是基于“悟道 2.0”诞生的中国原创虚拟学生，可以作诗、作画、创作音乐，还具有一定的推理和情感交互的能力。请查阅资料，了解虚拟数字人的相关技术及其应用实例，填写表 2-8。

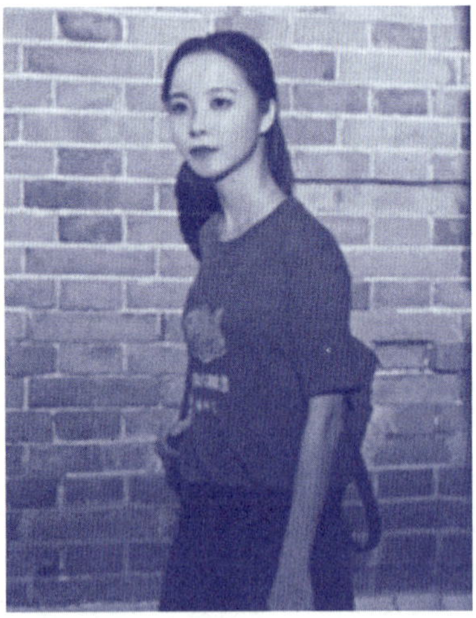

图 2-15　虚拟学生“华智冰”

表 2-8 虚拟数字人技术

技术	应用	技术	应用

三、元宇宙的应用

元宇宙虽尚待成熟，但不论是现有的市场产品，还是影视作品的介绍，人们对元宇宙的期待是一个开放、分享、无处不在、沉浸式体验的虚拟世界，与人们生活高度融合的数字空间。[①]

（一）社交体验

元宇宙世界的虚拟身份及空间，将使我们能够通过“真实”活动感受沉浸式社交。

（二）虚拟办公与教育

新冠疫情期间，远程办公帮助企业复工复产，线上教育成为学生学习的主要渠道。但线上办公和教育方式与面对面的方式相比，仍然面临着沟通低效、缺少互动、情绪传达不直接等问题和困难。随着元宇宙的概念进入大众的视野，虚拟世界中的线上办公和教育将大大助力现有远程沟通方式的转变，大幅度提升线上作业的效率和质量。

（三）文旅体验

传统的文旅体验中，游客以一维的游览体验为主，很难形成多维度、多空间的游览感受。而元宇宙的文旅体验，每个个体通过交互形成多线性、多重叙事的体验，每位游客可以享受到迥异的场景、故事情节、角色身份，助其产生强烈的自我代入感，获得更有品质的文旅体验。

2021 年 12 月，百度公司发布的元宇宙产品“希壤”就融入了中国特色城市设计，通过交互增强沉浸式体验，让人们真切感受中国的历史文化和山水情怀。

四、元宇宙的产业生态

产业元宇宙的发展大概分为数字孪生、数字伴生及数字原生三个技术阶段。目前元宇宙的发展仍处于初级阶段，现阶段的元宇宙与成熟理想的未来元宇宙仍有距离，元宇宙相关产业仍有巨大的可扩展空间。元宇宙产业主要包括感知层、网络层、平台层及应用层（见表 2-9）。

---

① 佚名．盘点元宇宙所带来的新型应用场景．百家号，2022-04-26.

任务四

表 2–9　元宇宙产业

层级	内容	代表企业
感知层	摄像头、传感器、AR/VR 头显、体感设备等输入输出设备	微软、华为、小米、360、科大讯飞等
网络层	通信网络、物联网、互联网、云计算、人工智能、区块链、边缘计算等	国际商业机器公司、谷歌、百度、华为、阿里云、商汤、高通等
平台层	基础设计构建、开发工具平台、操作系统等	苹果、索尼、华为、微软等
应用层	游戏、数字经济、文旅活动、人文社交等	腾讯、优美缔、艺龙、企鹅电竞、脸书等

资料来源：邢杰，赵国栋，徐远重，等．元宇宙通证．北京：中译出版社，2021.

感知层、网络层及平台层中的基础设施建设部分主要是物理世界产品，基础设施以上则为虚拟世界产品。元宇宙与不同产业深度融合，以新模式、新业态带动相关产业跃迁升级。

课堂讨论 3

《元宇宙通证》中提出元宇宙成熟度是经济系统、虚拟身份、强社交性、开放自由创作和沉浸式体验的加权结果，并对比了几款产品的元宇宙成熟度。请观察图 2–16，写出结论。

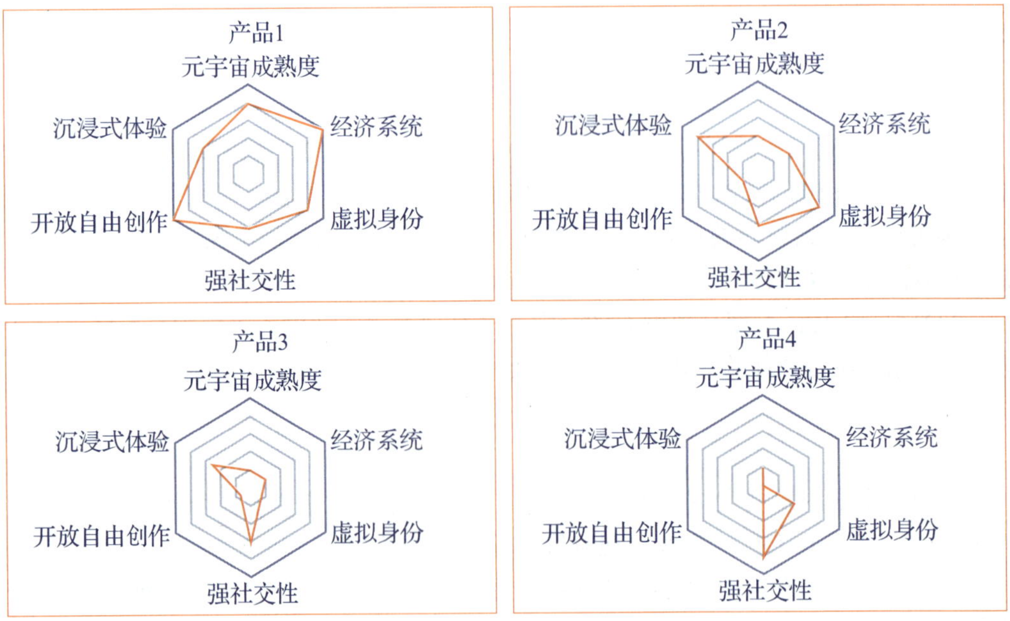

图 2–16　元宇宙产品成熟度对比

图 2–16 的产品中，________的元宇宙化程度最高，________的元宇宙化程度最低。

________项目是元宇宙化中最难完成的部分。________项目是元宇宙化中最易完成的部分。

课堂讨论 4

虚拟现实（VR），看到的场景和人物全是假的，是把你的意识代入一个虚拟的世界。增强现实（AR），看到的场景和人物一部分是真、一部分是假，是把虚拟的信息带入到现实世界中。请观察图 2-17 中的三幅图片，辨析图片中的场景哪些是 VR 场景，哪些是 AR 场景。

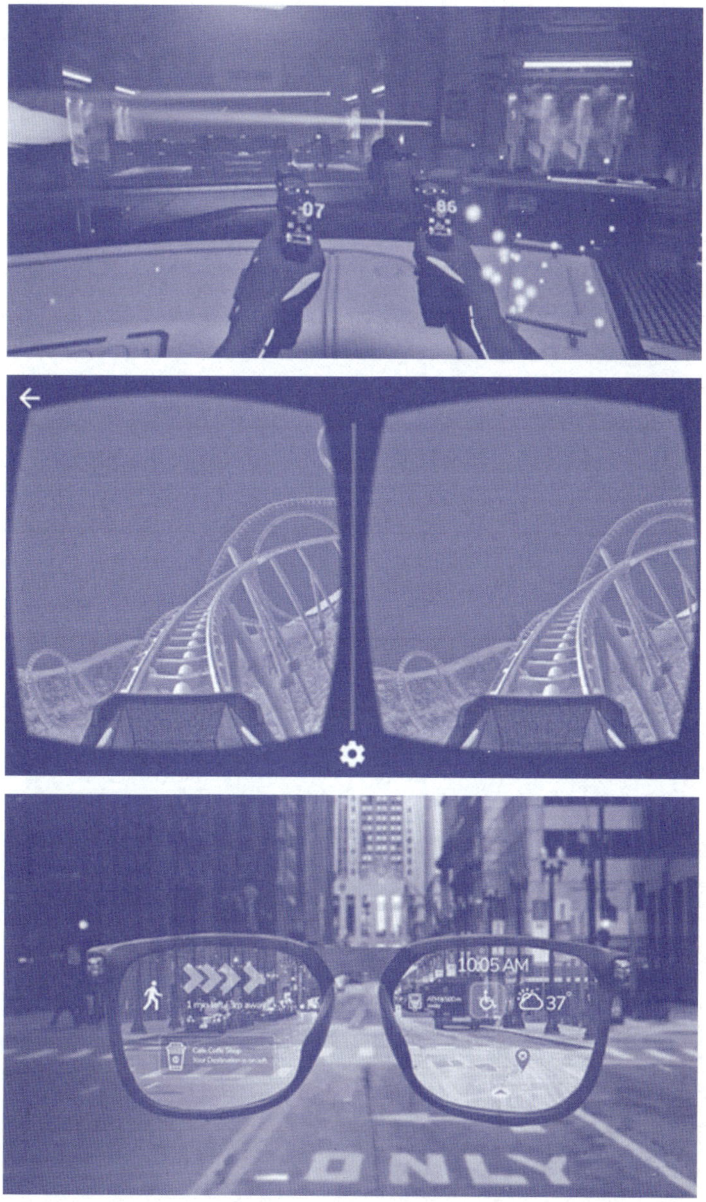

图 2-17　VR 与 AR 场景

任务工单

<table>
<tr><td>任务名称</td><td colspan="4">认识元宇宙</td></tr>
<tr><td>任务目的</td><td colspan="4">了解元宇宙产品技术核心与产品应用。</td></tr>
<tr><td>任务内容</td><td colspan="4">观看电影《头号玩家》，梳理电影中出现的元宇宙虚拟世界内容、虚拟世界与现实世界连接的设备。</td></tr>
<tr><td rowspan="2">第（　）组</td><td>姓名</td><td></td><td></td><td></td></tr>
<tr><td>学号</td><td></td><td></td><td></td></tr>
<tr><td rowspan="11">任务实操</td><td colspan="4">虚拟世界内容</td></tr>
<tr><td>1</td><td colspan="3"></td></tr>
<tr><td>2</td><td colspan="3"></td></tr>
<tr><td>3</td><td colspan="3"></td></tr>
<tr><td>4</td><td colspan="3"></td></tr>
<tr><td colspan="4">虚拟世界与现实世界连接的设备</td></tr>
<tr><td>1</td><td colspan="3"></td></tr>
<tr><td>2</td><td colspan="3"></td></tr>
<tr><td>3</td><td colspan="3"></td></tr>
<tr><td>4</td><td colspan="3"></td></tr>
<tr><td>5</td><td colspan="3"></td></tr>
</table>

考核评价

评价说明：在本次任务完成后，由任课教师主导，采用学习过程评价与学习结果评价相结合的方法，综合运用自我评价、小组评价及教师评价三种方式，确定三种评价方式分别占总成绩的比例，并加权计算出学生本次任务的考核评价分。

任务完成考核评价表			
项目名称	创建数字化空间	任务名称	认识元宇宙
班级		学生姓名	
评价方式	评价内容	分值	成绩
自我评价	课堂讨论 1 完成情况	20	
	课堂讨论 2 完成情况	20	
	课堂讨论 3 完成情况	20	
	课堂讨论 4 完成情况	20	
	任务工单完成情况	10	
	对知识和技能的掌握程度	5	
	我胜任了小组内的工作	5	
	合计		
小组评价	本小组本次任务完成质量	40	
	该成员本次任务完成质量	20	
	该成员参与小组活动的态度	20	
	该成员的合作精神和沟通能力	20	
	合计		
教师评价	该成员所在小组的任务完成质量	40	
	该成员的本次任务完成质量	20	
	该成员对所在小组活动的参与度	20	
	该成员对本次任务的贡献度	20	
	合计		
总评 = 自我评价 ×（ ）% + 小组评价 ×（ ）% + 教师评价 ×（ ）% =			

项目三

感受智慧生活

项目导入

随着数字技术和数字经济的发展，我们的生活方式发生了很大的改变。我们的居住环境、学习方式、消费方式、医疗行为、出行方式等发生了根本性变化，智能家居、智慧课堂、智慧消费、智慧医疗、智慧交通等概念越来越普及，人类正享受着5G、物联网、大数据、云计算、区块链、人工智能等各项数字技术带来的极大便利。

任务一 智能家居

任务导入

你听说过智能家居吗？智能家居运用了很多高科技的技术，可以根据主人和客人的不同需求进行个性化设置。比如室温、光线可以随着天气和日光的变化而变化；会根据来访客人的喜好播放不同的音乐；智能浴室系统可以实现远程控制，在主人回家之前就自动放水，同时设置好浴缸的水的温度；智能灌溉设备能够自动实现植物的浇灌。

看到智能家居，你有没有心动呢？目前智能家居正逐渐融入我们的生活之中。那么智能家居如何实现呢？本任务从数据感知、传输、控制三个子任务入手，帮助大家了解智能家居的含义及相关技术，掌握设计智能家居系统的能力。

子任务一 设计门禁识别数据感知方案

任务名称	智能家居	子任务名称	设计门禁识别数据感知方案
学习目标	知识目标	• 熟悉智能家居的基本概念； • 了解智能家居的设计原则； • 了解门禁系统的组成结构及原理； • 熟悉门禁数据采集方式； • 了解门禁设备的要求。	

续表

	能力目标	• 具备根据实际需求选取门禁识别数据方式的能力； • 具备设计门禁识别数据感知方案的能力。
	素养目标	体会科技进步带来的生活方式的改变，进行门禁数据感知方案设计，培养安全意识和创新意识。
任务描述	设计门禁识别数据感知方案，对进入宿舍的人员身份通过门禁进行识别。	
任务准备	• 现有的门禁识别的方式是什么？有哪些弊端？ • 你认为理想的门禁识别方式是什么？ • 你所在学校目前宿舍管理方面存在的问题是什么？	
实施提醒	注意观察宿舍、校园、写字楼等的门禁识别方式，考虑实现门禁识别的多种方式。	

知识准备

一、理解智能家居

智能家居就是利用计算机技术、网络通信技术、综合布线技术，将与家居生活有关的家电连接在一起，根据用户的个性化的设置，通过管理系统，给用户提供更加舒适、便捷的生活环境。

智能家居系统以住宅为平台，通过物联网技术将家中的各种设备，如灯光、窗帘、门锁等连接到一起，实现灯光控制，影音控制，背景音乐控制，窗帘、门窗控制等的智能化（见图 3–1）。

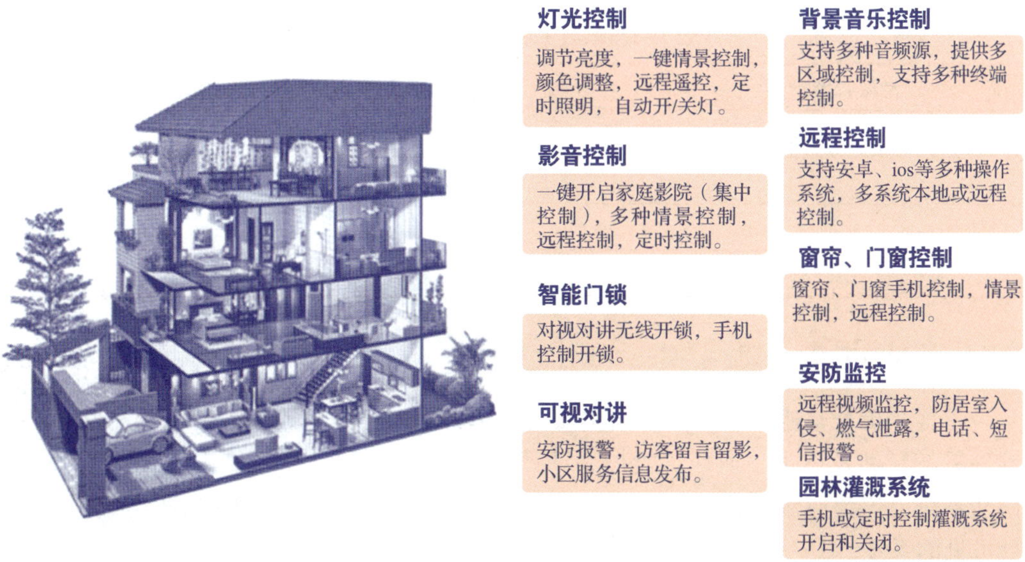

图 3–1　智能家居系统

智能家居设计通常要满足以下原则。

（一）实用性原则

智能家居的设计要从实用性的角度出发。我们提倡以人为本，所有的设计都是为了更好地服务人们，所以智能家居在设计上要结合实际需求，实现家居基本功能的智能化设计。比如智能灯光控制、智能家电控制，通过语音或者手势，实现开关和控制功能，提高人们使用的舒适度。

（二）可靠性原则

家居是我们生活的重要场所，它的安全性必须有保障。我们在设计智能家居系统时，要遵循可靠性原则，使设备、电源、系统等都有良好的性能，同时具有容错纠错能力，避免出现特殊情况时不堪一击。

（三）标准性原则

任何产品都有标准，我们在进行家居系统设计时，需要按照一定的国家或者地区标准进行，使系统能够适用多种厂商的设备。否则，选用了特殊标准的产品或系统，后期维护成本会变得巨大。

（四）方便性原则

在进行整体家居设计时，需要考虑方便性原则。比如布线的一些操作，可以在布置宽带时一起施工，节省人力成本和时间成本。

课堂讨论 1

讨论家居生活中常用的智能产品，完成表 3-1。

表 3-1　家居生活中常用的智能产品

常见智能产品	已具备或希望增加哪些智能化功能

二、认识门禁系统

设计宿舍门禁系统

门禁系统是智能家居最基本的单元。它是管理人员进出的一种数字管理系统，涉及电子、通信、机械、计算机、光学等很多领域的技术。门禁系统已广泛应用于各单位、部门和住宅区，是生活中不可或缺的随处可见的系统。

门禁系统对门禁设备有一定的要求。要求采集设备的采集准确率高、速度快、安全。要求闸门具有红外防夹、机械防夹、电流防夹、消防联动、紧急逃生，以及反向闯入、2 厘米尾随检测声光报警等功能。

常见的门禁系统有：密码门禁系统，非接触 IC 卡（感应式 IC 卡）门禁系统，指纹、虹膜、掌形、人脸等生物识别门禁系统。

课堂讨论 2

讨论门禁系统的应用场景，完成表 3-2。

表 3-2　门禁系统应用场景及具体功能

常见场景	具体功能
小区	
学校	
写字楼	
企业	
政府	

三、门禁控制原理

门禁系统由进门读卡器、出门读卡器、控制器、门锁等组成。以刷卡进门为例，当进门读卡器读取到刷卡信号后，将数据转换成电信号送到门禁控制器中。控制器判断接收到的数据是否存在于系统的信息库中。如果存在，则控制门锁完成开锁；如果不存在，则控制门锁保持闭锁。对于联网的门禁系统，控制器还可以接收管理计算机发送的信息，同时向计算机传送进出门的信息。可以根据需求，选择一个或多个控制器来实现一两个门禁或整个建筑门禁的控制。门禁控制系统见图 3-2。

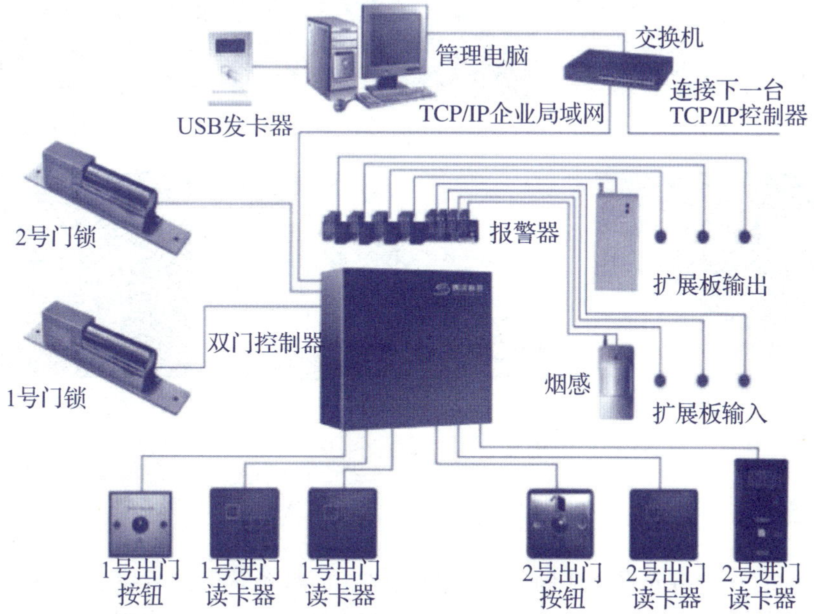

图 3-2　门禁控制系统示意图

课堂讨论 3

讨论门禁系统的构成，完成表 3-3。

表 3-3　门禁系统的功能模块、硬件设备和软件支持

序号	功能模块	硬件设备	软件支持
1			
2			
3			
4			
5			

四、门禁数据采集技术

目前由多种方式数据采集技术来实现门禁身份数据的采集，如 IC 卡、指纹识别、人脸识别、虹膜识别、静脉识别、声纹识别等（见图 3-3）。

IC卡

指纹识别

人脸识别

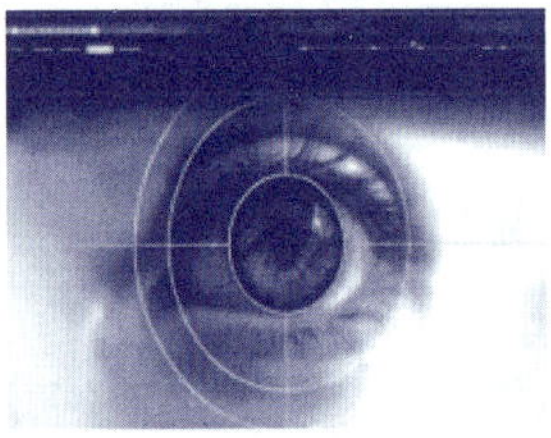

虹膜识别

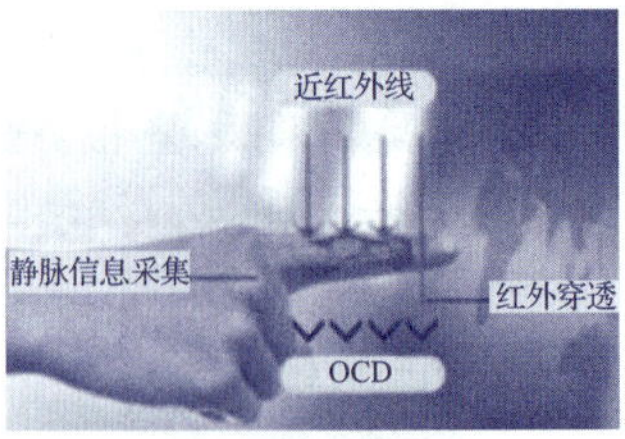

静脉识别

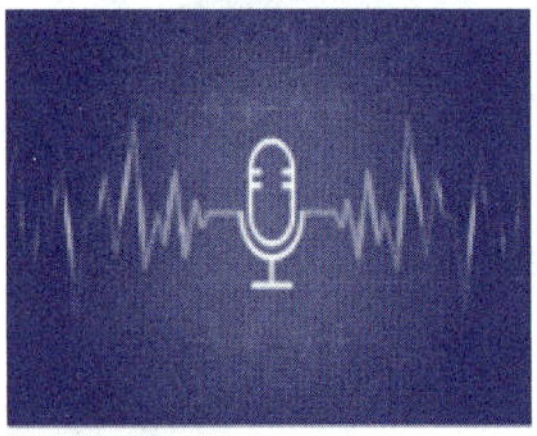

声纹识别

图 3-3　门禁数据采集技术

（一）IC 卡

IC 卡的芯片中事先存入了特定的人员信息。门禁系统的读卡器启动后，会发射固定的载波信号。当用 IC 卡刷卡时，IC 卡处在门禁读卡器的信号发射范围内，其中的谐

振回路能够收到载波信号，通过这个信号，IC 卡中的射频接口模块激活芯片。IC 卡中的读取模块将芯片上的特定人员信息数据传到载波上，回传到门禁系统读卡器中。门禁读卡器对接收到的信号数据进行信号处理后，传到后台计算机上，计算机根据 IC 卡内的信息做出相应的控制。

（二）指纹识别

指纹门禁系统是通过在指纹采集仪上输入指纹，完成指纹识别，从而进行身份识别。指纹门禁系统操作方便快捷，避免了传统方式的问题（比如忘带钥匙或者 IC 卡）。指纹门禁系统主要由指纹识别模块、微处理器、液晶显示模块、键盘、实时时钟 / 日历芯片、电控锁和电源等组成。指纹识别模块完成指纹的采集、比对、存储、删除。微处理器控制整个系统，根据输入指纹的特征决定门禁设备的开闭状态。

（三）人脸识别

人脸识别门禁系统首先用摄像机采集出入人员的人脸面像文件，生成面像档案。当有人员出入门禁系统时，通过摄像头采集面像，将面像文件进行面纹编码，用当前的面纹编码与面像档案库中的面像文件进行检索比对，根据比对结果，执行相应的开关门操作。

（四）虹膜识别

人的眼球壁分为三层，位于中层的虹膜的形态、颜色、结构由遗传基因决定。虹膜在胎儿发育到 8 个月左右的时候形成并在余生中保持不变。所以虹膜可以作为身份识别的较稳定的依据。当人员进入时，将重新采集的虹膜信息与事先采集的虹膜数据进行比对，根据比对结果，决定门禁系统的开关状态。

（五）静脉识别

人体的静脉分布图像有着独特性。人类流动的血液可以吸收特定波长的光线，当用特定波长的光线进行照射时，就可以得到清晰的静脉图像。可以事先采集不同出入人员的静脉分布图像，构成图像库。当有人员进入门禁系统时，将采集到的静脉信息与图像库中的数据进行比对，从而确认进入人员的身份，控制门禁系统的开关状态。

（六）声纹识别

声纹与人脸、虹膜、指纹、静脉等一样，也是每个生物所具有的独一无二的特性。在全球新冠疫情期间，需要安全有效且能更大程度阻断病毒的识别方式，由于声纹的“非接触”特性，比起其他生物特征更具有优势。声纹识别是通过采集出入人员的声音，分析特定的声音特征和发声习惯，来识别说话人的身份。

课堂讨论 4

掌握门禁方式的工作原理，完成表 3-4，并回答问题。

表 3-4　分析不同门禁方式的工作原理

门禁方式	身份识别的依据	优点	缺点
IC 卡			
指纹识别			
人脸识别			
虹膜识别			
静脉识别			
其他			

你青睐的门禁方式为________，请说明理由________________________________。

知识加油站

门禁考勤测温系统

门禁考勤测温系统主要是基于人脸识别的技术应用，结合人脸识别的深度学习算法，通过在各门禁考勤点部署智能人脸识别终端（人脸门禁一体机），有效满足单位对人员门禁考勤管理需求。

通过人脸识别设备和相关软件管控，将门禁与考勤功能合二为一，既能阻止外来人员随意进出，又能同时通过软件管理，将内部人员的进出情况转化成考勤数据，以报表的形式呈现出来。传统门禁机没有对讲功能，如果添加对讲功能，可以联动对讲分屏，与到访人员进行可视对讲，实现远程开门，增强了人员管控效率。如果在门禁系统上增加测温功能，可以在门禁考勤的同时检测进入人员的体温，体温正常便可入内，体温异常就产生语音报警，同时拒绝入内，提高安全性。

任务工单

<table>
<tr><td>任务名称</td><td colspan="4">设计门禁识别数据感知方案</td></tr>
<tr><td>任务目的</td><td colspan="4">了解门禁系统的基本原理和数据采集方式，能够结合应用场景进行个性化感知方案设计。</td></tr>
<tr><td>任务内容</td><td colspan="4">1. 搜索市面上门禁系统的功能需求；
2. 根据自己的生活经验和知识技能选取合适的门禁数据采集方式；
3. 对门禁识别数据感知方案进行个性化设计。</td></tr>
<tr><td rowspan="2">第（　）组</td><td>姓名</td><td></td><td></td><td></td></tr>
<tr><td>学号</td><td></td><td></td><td></td></tr>
<tr><td rowspan="12">任务实操</td><td colspan="4">搜索宿舍门禁管理系统的相关方案，了解相应功能需求，选择合适的方案。</td></tr>
<tr><td>1</td><td colspan="3"></td></tr>
<tr><td>2</td><td colspan="3"></td></tr>
<tr><td>3</td><td colspan="3"></td></tr>
<tr><td colspan="4">根据所学选择不同的宿舍门禁数据采集方式。</td></tr>
<tr><td>1</td><td colspan="3"></td></tr>
<tr><td>2</td><td colspan="3"></td></tr>
<tr><td>3</td><td colspan="3"></td></tr>
<tr><td colspan="4">对门禁识别数据感知方案进行个性化设计。</td></tr>
<tr><td>1</td><td colspan="3"></td></tr>
<tr><td>2</td><td colspan="3"></td></tr>
<tr><td>3</td><td colspan="3"></td></tr>
</table>

考核评价

评价说明：本次任务完成后，由教师主导，采用学习过程评价与学习结果评价相结合的方法，综合运用自我评价、小组评价及教师评价三种方式，确定三种评价方式分别占总成绩的比例，并加权计算出学生本次任务的考核评价分。

任务完成考核评价表			
任务名称	智能家居	子任务名称	设计门禁识别数据感知方案
班级		学生姓名	
评价方式	评价内容	分值	成绩
自我评价	课堂讨论 1 完成情况	7	
	课堂讨论 2 完成情况	7	
	课堂讨论 3 完成情况	8	
	课堂讨论 4 完成情况	8	
	任务工单完成情况	40	
	对知识和技能的掌握程度	10	
	我胜任了小组内的工作	20	
	合计		
小组评价	本小组本次任务完成质量	30	
	该成员本次任务完成质量	30	
	该成员参与小组活动的态度	20	
	该成员的合作精神和沟通能力	20	
	合计		
教师评价	该成员所在小组的任务完成质量	30	
	该成员的本次任务完成质量	30	
	该成员对所在小组活动的参与度	20	
	该成员对本次任务的贡献度	20	
	合计		
总评 = 自我评价 ×（ ）% + 小组评价 ×（ ）% + 教师评价 ×（ ）% =			

子任务二

理解智能家居中的通信与交互

任务名称	智能家居	子任务名称	理解智能家居中的通信与交互
学习目标	知识目标	• 了解智能家居中的通信与交互方式； • 熟悉几种典型通信方式的原理及优缺点； • 掌握常见的人机交互方式。	
	能力目标	• 能够根据实际智能家居场景选取合适的通信方式； • 能够根据实际智能家居场景选取合适的人机交互方式； • 能够对智能家居主要系统通信和交互方式进行方案设计。	
	素养目标	从智能家居行业入手，了解我国人工智能技术发展情况，体会人工智能技术对人民生活的巨大改善作用，激发国家荣誉感和专业自豪感。	
任务描述	智能家居是在互联网影响之下物联化的体现，通过物联网技术将家中各个设备和系统进行互联互通，是未来的发展趋势。需要我们深入了解智能家居的通信和交互，拥抱互联互通的智能时代。		
任务准备	• 观察身边智能化家居设备，了解其原理和通信方式； • 准备一部智能手机，安装米家 App 或华为智慧生活 App，了解其功能和特点。		
实施提醒	当前智能家居系统的通信方式基于物联网技术，在探索智能家居系统通信方式时，我们应该结合技术基础进行研究。而智能家居的人机交互方式也是多种多样的，我们应该结合实际的生活场景进行探索。		

知识准备

一、了解智能家居中的近距离通信

随着技术的发展和完善，智能家居越来越多地融入了人们的生活。总体来说，智能家居系统包括网络功能系统、安防功能系统、远程抄表系统、环境控制系统、家庭网络系统、家庭管理系统、远程控制系统、设备控制系统等（见图 3-4）。

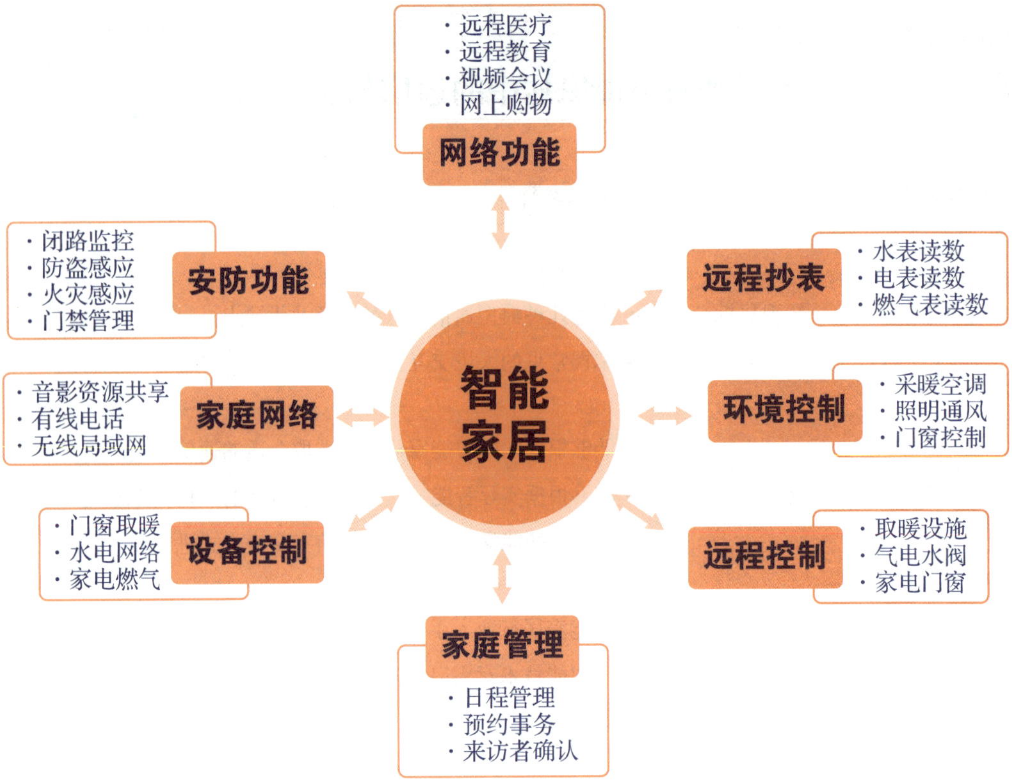

图 3-4　智能家居系统

课堂讨论 1

回顾智能家居的设计原则，结合生活常识，思考各个智能家居应用场景中都是用什么方式实现通信的，完成表 3-5。

表 3-5　智能家居通信方式

智能家居应用场景	所属系统	通信方式

智能家居中实现系统间互相通信需要用到无线通信技术，由于智能家居场景通信范围较小，因此近距离无线通信成为其主要的通信方式。近距离无线通信一般是指通信收发双方通过无线电波进行信息传输并且传输距离较短（一般在几十米以内）的通信方式。当前，常见的近距离无线通信方式有 Wi-Fi、蓝牙（bluetooth）、IrDA、ZigBee、

UWB 超宽带、RFID、NFC 等。

（一）Wi-Fi

Wi-Fi 是以太网的一种无线扩展，是当前常用的一种近距离通信方式，诸如商场、酒店、校园、机场等公共场所大多都有 Wi-Fi 覆盖，成本相较于大量铺设电缆的方式大大减少。但是由于容易受墙壁阻隔，在建筑物内的有效传输距离小于户外。

（二）蓝牙

蓝牙是一种无线数据与语音通信的开放性全球规范，传输频段为全球通用的 2.4GHz ISM（工业、科学、医学）频段。传输速率能达到 1Mbps，通信距离一般在 10 米以内。但这种近距离通信方式抗干扰性能较差，传输距离相对较短，容易造成信息安全问题。

（三）IrDA

IrDA 是一种利用红外线进行点对点通信的技术。红外线通信功耗小，成本低，传输安全性高并且技术成熟，因此常应用于个人手机、笔记本电脑等小型移动设备中。但是红外线通信要求通信设备间不能被任何物体遮挡阻隔，只能用于两两设备通信。IrDA 目前的研究方向是如何解决视距传输问题及提高数据传输率。

（四）ZigBee

ZigBee 和蓝牙相似，同样使用 2.4GHz 频段，采用跳频技术实现通信。因跳频技术类似于蜜蜂间通过 Z 字形飞行来进行群体通信，而命名为 ZigBee。比蓝牙更具优势的是，ZigBee 速率更低，功率及费用更低，联网节点量大，更适合用于游戏、仪器和智能家居。ZigBee 在很多领域都有非常好的发展前景。

（五）UWB 超宽带

UWB 是一种无线载波通信技术，所占频谱范围很宽，利用纳秒级的非正弦波窄脉冲传输数据，因此在充分利用频谱资源的同时几乎不会对常规窄带无线通信系统造成干扰。UWB 具有功耗低、复杂度低、定位精度高、对信道衰落不敏感，以及能够穿透墙壁、地面和人体等优势，因此非常适用于密集多径场所的高速无线接入。但是 UWB 对速率要求非常高，因此投入昂贵。UWB 更多地应用于 10 米左右距离的室内，较适合家庭无线消费市场的需求，特别适用于将视频信号从机顶盒无线传送到数字电视等场景中。

（六）无线射频识别技术（RFID）

无线射频识别技术（RFID）通过无线射频方式实现非接触双向数据通信，当前已被广泛应用到各个产业和领域。RFID 依靠电磁波通信，传播不受障碍物限制，读写速度快，信息传输效率高。RFID 结构简单，所需读取设备简单，尤其是随着 NFC 技术在智能手机上逐渐普及，每个用户的手机都可以成为最简单的 RFID 阅读器。但是当前 RFID 安全性不强，电子标签信息容易被非法读取和恶意篡改。

（七）NFC

NFC 是一种采用双向识别和连接的短距离无线通信技术标准。NFC 可以快速自动建立无线网络，使电子设备在短距离范围内进行通信。NFC 使电子设备间互相访问更直接、更安全和更清楚。NFC 置入接入点后，只需要通过靠近就可以实现交互，极大地简化了配置信息，同时也能够极大地保证数据安全。NFC 使多设备之间互联互通交互数据或者服务提供了很好的实现思路，因此在未来的智能家居中具有很大的发展潜力。

常见的近距离无线通信方式对比见表 3-6。

表 3-6　常见近距离无线通信方式对比

名称	Wi-Fi	蓝牙	IrDA	ZigBee	UWB 超宽带	RFID	NFC
传输速率	11～54Mbps	1Mbps	115.2kbps～4Mbps	100kbps	53～480Mbps	1kbps	424kbps
通信距离	20～200 米	10 米以内	3 米以内（不能有任何障碍阻挡）	和功率相关，几米到几千米不等	0.2～40 米	几米到几十米	小于 10 米
频段	2.4GHz	2.4GHz	无	2.4GHz	3.1～10.6GHz	无	13.56GHz
安全性	低	高	中等	中等	高	较低	极高
功耗	10～50mA	20mA	小于 5mA	5mA	10～50mA	10mA	10mA
成本	高	较低	较低	较低	高	低	较低
主要应用	无线上网、PC、PDA	通信、汽车、IT、多媒体、工业、医疗、教育	家庭数字电视、机顶盒、军事红外制导、手持设备、计算机外设等	无线传感器、医疗	高保真视频、无线硬盘等	读取数据、取代条形码	手机、近距离通信

目前通用的近距离无线通信技术都有各自的特点和优势，适用于不同的特定场景。但是没有一种技术能够完美到足以满足所有的需求，因此在智能家居建设中，作为设计者，要充分考虑不同技术的优缺点，针对不同的需求选取相对最优的技术组合。

二、了解智能家居中的人机交互技术

目前，随着越来越多的智能家居产品的普及，人们对智能家居产品的要求也越来越高，人机交互的便捷、高效是众多智能家居产品竞争的关键。近年来，人机交互成为科学研究的重中之重，那么，现在已经落地的智能家居人机交互方式有哪些？

课堂讨论 2

日常生活中大家使用过哪些智能家居产品？通过什么方式和机器进行互动？完成表 3-7。

表 3-7　智能家居产品人机互动方式

智能家居产品	互动方式

（一）手动交互

手动交互就是通过手动开关和调节设备，是最传统的交互方式。智能家居产品致力于智能交互取代手动交互，但目前市场上的智能家居产品仍然保留了传统的手动交互，因为到目前为止手动交互仍然是最可靠的交互方式。

（二）手机交互

手机交互是目前最常见的智能家居交互方式。通过一部手机，可以实现定时控制和远程控制。目前市场上有多种多样的手机 App，不仅可以实现定时控制和远程控制，还可以远程监控室内环境，大大提高家居安全性。

（三）跨屏幕交互

手机交互完全依赖于手机，当手机不在身边或不便使用手机时，就无法完成人机交互。而此时，跨屏幕交互就可以帮助解决这一问题。跨屏幕交互就是通过手表、电脑、笔记本、电视、平板电脑等设备对目标进行控制。

（四）语音交互

当前市场上的智能家居通过直接语音与间接语音两种形式实现语音交互。直接语音，就是直接对设备发出语音指令。市场上智能音箱大多采用的就是直接语音交互方式。间接语音就是通过一款中间设备和其他设备展开交互。各种手机的语音助手大多采用间接语音交互方式。

（五）手势交互

手势交互是智能设备通过摄像头等传感设备感知用户姿势或识别手势的方式接收用户发出的指令并完成指令的过程。比如通过设置挥手关灯的方式实现家庭灯光控制。但是目前手势交互仅仅适用于某些特定场景，不适用于整个智能家居场景中。

知识加油站

智能家居中智能交互国内外研究概况

智能家居的智能交互有操作繁杂、老年人使用不够方便、语音识别率低、交流呆板和数据传输速度慢的问题。为解决以上问题，国内外学者进行了大量的研究。

苏本跃等提出了物联网技术和Kinect深度传感器相结合的新思路，在家用立体空间中利用三维体感摄像传感器识别人体姿态并进行一些语音识别，但暂时不支持中文语音控制，有一定的局限性。胡端坚提出了单片机微控制器下的物联网智能家居系统，全面阐述了物联网技术的发展水平，利用物联网技术、手机App等对家电进行控制，但其在人机交互方面比较烦琐，手机App等功能不是特别完善，对于高龄用户考虑得不够全面。在语音识别和物联网相结合方面，盛振涛等提出了语音识别的智能家居助手的设计，将物联网技术和语音识别技术进行结合，简化了人机交互的方式，但其仅仅是利用LD3320语音模块作为命令开关来使用，没有把语音数据上传到云端服务器，交流会比较呆板，数据的处理能力不够强大。刘钧火等利用LD3320和Cortex-M3内核进行语音交互控制，但由于单个芯片的计算能力和储存空间都有限，会限制运算速度，影响用户的体验感。

为了更好地提升人们对智能家居的体验感，将语音识别和自学习算法应用到智能家居中是一种有效的解决方法。李如玮等提出了基于深度学习的语音端点检测，描述了关于声纹识别算法的硬件和软件算法研究，其中端点识别、多分辨率听觉倒谱系数（multi-resolution aural cepstrum coefficient，简称MRACC）、深度神经网络（deep neural network，简称DNN）等算法的提出对提升智能家居的体验感具有很好的借鉴作用。龚晟和王磊也在物联网人工智能声纹识别技术应用方面做了很多尝试，全面地将物联网技术和声纹识别技术相结合，但只是针对该技术进行了探讨，并没有实际的解决方案。余亚东等提出了一种智能语音与物联网系统相融合的新型系统，该系统将语音预处理和小波包变换理论应用到智能家居物联网系统中，有效地提高了物联网系统的智能化水平。

资料来源：余亚东，李春江，杨丽．基于语音识别的智能家居物联网系统．计算机应用，2022，42：391-394．

任务工单

任务名称	理解智能家居中的通信与交互			
任务目的	了解智能家居各个系统的特点，并能够根据实际情况选取合适的通信及交互方式。			
任务内容	1. 查阅相关资料，了解智能家居的各个系统及详细功能； 2. 对详细功能进行分析，确定其通信方式及可用的交互方式。			
第（　）组	姓名			
	学号			
任务实操	系统	功能模块	通信方式	交互方式

考核评价

评价说明：本次任务完成后，由任课教师主导，采用学习过程评价与学习结果评价相结合的方法，综合运用自我评价、小组评价及教师评价三种方式，确定三种评价方式分别占总成绩的比例，并加权计算出学生本次任务的考核评价分。

任务完成考核评价表			
任务名称	智能家居	子任务名称	理解智能家居中的通信与交互
班级		学生姓名	
评价方式	评价内容	分值	成绩
自我评价	课堂讨论 1 完成情况	10	
	课堂讨论 2 完成情况	10	
	任务工单完成情况	30	
	对知识和技能的掌握程度	25	
	我胜任了小组内的工作	25	
	合计		
小组评价	本小组本次任务完成质量	30	
	该成员本次任务完成质量	30	
	该成员参与小组活动的态度	20	
	该成员的合作精神和沟通能力	20	
	合计		
教师评价	该成员所在小组的任务完成质量	30	
	该成员的本次任务完成质量	30	
	该成员对所在小组活动的参与度	20	
	该成员对本次任务的贡献度	20	
	合计		
总评 = 自我评价 ×（　）% + 小组评价 ×（　）% + 教师评价 ×（　）% =			

子任务三

设计智能家居控制方案

任务名称	智能家居	子任务名称	设计智能家居控制方案
学习目标	知识目标	● 了解智能家居的控制方式； ● 掌握语音控制模块的构成及原理。	
	能力目标	● 具备设计智能家居控制方案的能力； ● 具备利用语音控制模块设计智能产品的能力。	
	素养目标	通过智能家居控制方案的设计，体会打造新型数字中国生活、建设数字中国的理念，体会国家为提升人民幸福感所做的努力。	
任务描述	智能家居中，通过开关、手势、语音等可以控制家电设备，为人们的生活提供了便利。你所在的宿舍里也有灯、空调等设备，请选取合适的控制方式对其改造，实现某一设备的智能控制。		
任务准备	● 关注智能家居产品； ● 了解智能控制的常用方式。		
实施提醒	注意智能产品控制方案个性化设计。		

知识准备

语音控制
智能电器

一、智能家居控制方式

你在生活中有没有遇到类似的问题？想看电视，找不到遥控器了；出门才想起来家里还开着空调；不确定家里的门窗是否关好。

想解决这些问题，先来了解一下智能家居的控制方式。不同的人机交互方式对应不同的智能家居控制方式，如智能开关控制、无线遥控控制、远程网络控制、感应控制、定时控制、语音控制、手势控制等。

（一）智能开关控制

智能开关控制是利用智能面板、智能插座等智能开关对家电进行控制，可以实现一个按键对多个电器的控制。

（二）无线遥控控制

无线遥控控制利用无线遥控器对家电进行控制，或者与红外转发器及控制主机配合使用，可以控制家中空调、冰箱、电视机等智能家电。

（三）远程网络控制

远程网络控制可以在远离智能家居的地方，通过手机及网络对电器进行控制，需要在相应的设备上安装相关控制软件。

（四）感应控制

感应控制是通过安装红外感应器，通过感应人体的红外信号，控制灯光等设备的打开和关闭。

（五）定时控制

定时控制是在控制主机上提前对电器进行循环周期或者工作时长的设定，如定时开关窗帘、定时开关电饭煲、定时开关电视、定时开关照明等。

（六）语音控制

语音控制是直接对设备发出语音指令，让设备进行一定的操作。比如说“开灯”，灯就自动打开；说“关窗帘”，窗帘会自动关上。

（七）手势控制

手势控制是通过感应用户体感或者通过摄像头识别用户的手势来判断并执行用户的命令。这种方式有一定的局限性，不能应用在整个智能家居场景中。

课堂讨论 1

比较智能家居的不同控制方式，填写表 3-8。

表 3-8　智能家居控制方式比较

控制方式	工作原理	优点	缺点
智能开关控制			
无线遥控控制			
远程网络控制			
感应控制			
定时控制			
语音控制			
手势控制			

二、语音控制

语音控制的实现主要依靠语音识别模块和主控制器两个部分完成。

（一）语音识别模块

语音识别模块的主要功能是使接收机能够快速识别语音内容，并通过传输语音接收相应的信息。具体有语音采集模块、语音前级处理模块、语音训练模块和功放模块。图 3-5 所示就是某语音识别模块，可以实现 5 米远距离语音唤醒、修改唤醒词等功能。

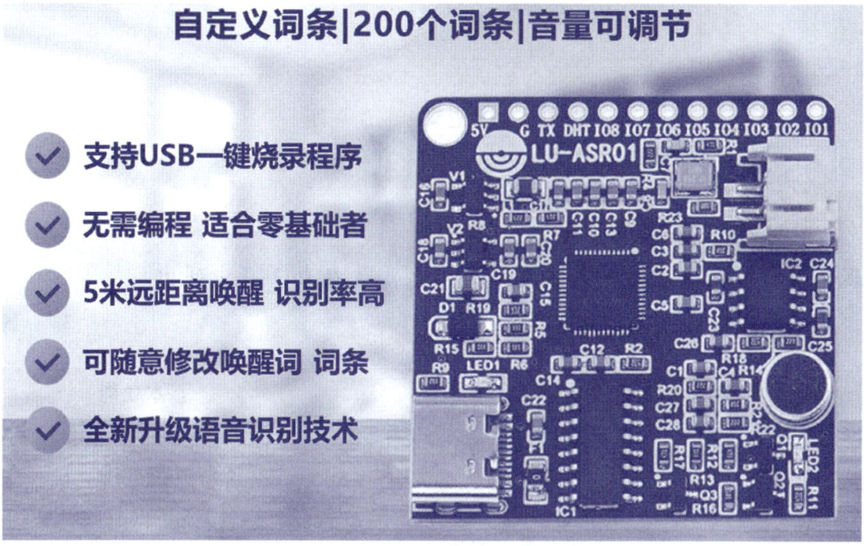

图 3-5 某语音识别模块

1. 语音采集模块（麦克风）

这个模块主要进行语音信号的采集、处理和转换。涉及信号的调理和采样等，并将采集到的语音转换成电信号。

2. 语音前级处理模块

这个模块主要是对接收到的语音信号进行处理，过滤掉干扰信号，同时对语音特征矢量进行提取，将其处理成标准的语音特征矢量。

3. 语音训练模块

这个模块是在计算语音特征矢量后，算出语音标准特征矢量的概率，进行参数评估，找出说话人最好的语音特征矢量，提高语音识别的准确率。

4. 功放模块

即功率放大器模块，能放大声音，使用户能够听到更清晰的声音。

（二）主控制器

语音识别模块将识别后的用户控制指令传给主控制器，主控制器处理后，发出命令，控制相应电器，比如灯或空调的开关控制。

语音控制流程如图 3-6 所示，用户发出语音指令，语音识别模块通过内部的各个子模块对语音指令进行处理，将处理后的指令传给主控制器，由主控制器来控制电器设备的开关等。

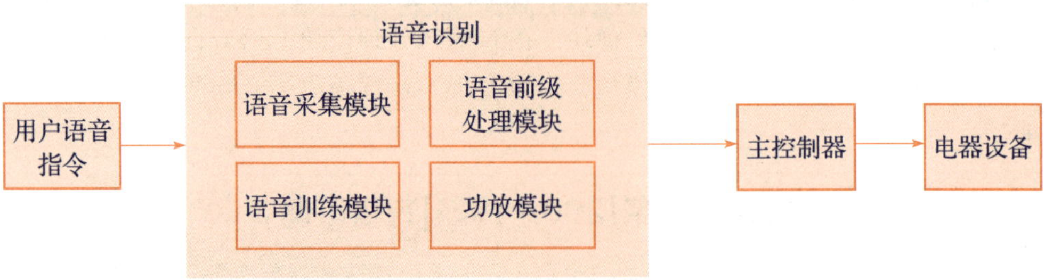

图 3-6 语音控制流程图

课堂讨论 2

实现语音控制所需模块的基本功能是什么？请在表 3-9 中列出。

表 3-9 语音控制

语音控制模块		基本功能
主控制器		
语音识别模块	语音采集模块	
	语音前级处理模块	
	语音训练模块	
	功放模块	

知识加油站

智能家居语音控制系统

智能家居语音控制系统是智能家居控制系统的一部分，通过远场语音识别、云端语义辨识、人工智能应用等相关技术，为智能家居提供新的控制入口。

智能家居语音控制系统的优势在于可以实现常用词数米距离的语音识别，用户可以在任意的位置和角度对语音控制系统发送语音指令，比如开关空调、电视、窗帘等，无须手动操作。同时用户可以设置语音提醒，在规定的时间语音提醒用户相关事项，还可以作为语音助手使用，实现与用户的语音对话。

任务工单

<table>
<tr><td>任务名称</td><td colspan="4">设计智能家居控制方案</td></tr>
<tr><td>任务目的</td><td colspan="4">了解智能家居的概念，能够结合宿舍场景进行智能家居控制方式的选择和设计。</td></tr>
<tr><td>任务内容</td><td colspan="4">1. 搜索智能家居控制方案；
2. 根据自己的生活经验和所学知识技能选取合适的智能家居产品及控制方式；
3. 完成智能家居控制方案的设计。</td></tr>
<tr><td rowspan="2">第（　）组</td><td>姓名</td><td></td><td></td><td></td></tr>
<tr><td>学号</td><td></td><td></td><td></td></tr>
<tr><td rowspan="4">任务实操</td><td colspan="2">搜索智能家居控制方案</td><td colspan="2"></td></tr>
<tr><td colspan="2">根据所学，选取合适的智能电器</td><td colspan="2">选择的智能电器为________，技术参数为________</td></tr>
<tr><td colspan="2">选取合适的控制方式</td><td colspan="2"></td></tr>
<tr><td colspan="2">设计智能家居控制方案，画出方案流程图</td><td colspan="2"></td></tr>
</table>

考核评价

评价说明：在本次任务完成后，由任课教师主导，采用学习过程评价与学习结果评价相结合的方法，综合运用自我评价、小组评价及教师评价三种方式，确定三种评价方式分别占总成绩的比例，并加权计算出学生本次任务的考核评价分。

<table>
<tr><th colspan="4">任务完成考核评价表</th></tr>
<tr><td>任务名称</td><td>智能家居</td><td>子任务名称</td><td>设计智能家居
控制方案</td></tr>
<tr><td>班级</td><td></td><td>学生姓名</td><td></td></tr>
<tr><td>评价方式</td><td>评价内容</td><td>分值</td><td>成绩</td></tr>
<tr><td rowspan="6">自我评价</td><td>课堂讨论 1 完成情况</td><td>15</td><td></td></tr>
<tr><td>课堂讨论 2 完成情况</td><td>15</td><td></td></tr>
<tr><td>任务工单完成情况</td><td>40</td><td></td></tr>
<tr><td>对知识和技能的掌握程度</td><td>10</td><td></td></tr>
<tr><td>我胜任了小组内的工作</td><td>20</td><td></td></tr>
<tr><td colspan="2">合计</td><td></td></tr>
<tr><td rowspan="5">小组评价</td><td>本小组本次任务完成质量</td><td>30</td><td></td></tr>
<tr><td>该成员本次任务完成质量</td><td>30</td><td></td></tr>
<tr><td>该成员参与小组活动的态度</td><td>20</td><td></td></tr>
<tr><td>该成员的合作精神和沟通能力</td><td>20</td><td></td></tr>
<tr><td colspan="2">合计</td><td></td></tr>
<tr><td rowspan="5">教师评价</td><td>该成员所在小组的任务完成质量</td><td>30</td><td></td></tr>
<tr><td>该成员的本次任务完成质量</td><td>30</td><td></td></tr>
<tr><td>该成员对所在小组活动的参与度</td><td>20</td><td></td></tr>
<tr><td>该成员对本次任务的贡献度</td><td>20</td><td></td></tr>
<tr><td colspan="2">合计</td><td></td></tr>
<tr><td colspan="4">总评 = 自我评价 ×（　）% + 小组评价 ×（　）% + 教师评价 ×（　）% =</td></tr>
</table>

任务二　智慧课堂

任务导入

回顾人类发展历史，每一次时代变革都对人的能力提出更高的要求。因此，与之对应的培养人才的教学方式也在不断变化。你喜欢现在的教学方式吗？你对你的课堂学习满意吗？

课堂是教育教学的主阵地。传统课堂的弊端主要表现在：第一，学生的参与机会不均衡，上课时更容易走神，甚至出现扰乱课堂秩序的现象；第二，教学方式不灵活，老师更多地侧重讲授法，很难让课堂在思考、讨论和交流中活跃起来，不能激发学生积极探索问题、提出困惑和发展创造性。

智慧教室是一种新型的教育形式，个性化教学管理系统、云录播管理系统、基于5G、VR 技术的虚拟课堂等智能系统引入整个教学过程，让课堂变得简单、高效、智能，有助于开发学生的自主思考与学习能力。

子任务一

设计个性化教学管理系统

<table>
<tr><td>任务名称</td><td>智慧课堂</td><td>子任务名称</td><td>设计个性化教学管理系统</td></tr>
<tr><td rowspan="3">学习目标</td><td>知识目标</td><td colspan="2">● 了解个性化教学管理系统的功能与关键技术；
● 了解数字图像的成像方式；
● 掌握计算机视觉的定义和系统工作流程。</td></tr>
<tr><td>能力目标</td><td colspan="2">● 能够描述数字图像的几种成像方式；
● 能够描述计算机视觉系统的工作流程；
● 能够团队合作完成个性化管理系统的设计。</td></tr>
<tr><td>素养目标</td><td colspan="2">在平时学习中，发现并总结传统教学管理系统的不足，设计更智能的个性化管理系统，体现现代教育的“以人为本，因材施教”的人文关怀思想。</td></tr>
<tr><td>任务描述</td><td colspan="3">为了解决传统课堂中个性化教学的困境，利用人工智能等技术，构建智慧课堂教学环境，进行实时的学情分析以及教学路径规划，实施动态的教学质量管理及教学调整，为个性化的高职教育奠定技术基础。该任务以基于计算机视觉技术的教学管理系统为例，要求对个性化教学管理系统有深入的了解，能够对该系统进行个性化设计。</td></tr>
<tr><td>任务准备</td><td colspan="3">● 了解计算机视觉的基础知识；
● 了解个性化管理系统的结构组成。</td></tr>
<tr><td>实施提醒</td><td colspan="3">实施过程中，需要注意智能个性化教学管理系统与传统教学管理系统的区别。</td></tr>
</table>

知识准备

一、教学管理系统介绍

个性化教学管理系统是了解学生真实学习状态和想法的有效途径，为提高教学质量、优化教育决策、指导教育工作提供科学依据和数据支撑。针对不同的需求，常见的基于计算机视觉技术的教学管理系统有以下几种。

（一）智能教育系统

该系统有以下功能。

1. 学校课堂行为监测

可以实时接收并显示同一间教室内所有学生课堂状态信息，对于状态有问题的学生进行实时提醒。监测指标包括学生的面部表情、头部运动、举手及其频次、发言及其频次等。

2. 教师教学质量反馈与干预

实时抓拍课堂整体情况与每位学生的精彩瞬间，并实时反馈给授课教师，提示教师及时干预个别学生，或者调整授课策略。

3. 校方课堂教学管理

对课堂教学内容进行监测，包含关键词识别、授课时间与课堂互动时间监测等。针对每位学生的参与度、专注度与情绪度等指标生成分析报表。分析报表不仅可以辅助校方进行精细化管理，同时也可以连接家庭教育与学校教育，提升家长对学生学习状况的知悉程度。

4. 教师教态自测

教师自行录下影像，进行综合正向情绪占比与细分指数分析（细分指数包含专注指数、好感指数、笑容指数、放松指数，以及妆容、姿态等），然后给予评语和改进建议，帮助教师提升教学能力。

（二）课堂行为识别系统

该系统结合智能视频分析、深度学习和神经网络等技术，依据人类身体 18 个关键点实时监测并捕捉人体姿态结果和运动方向，监测学生课堂听课、出勤、起立、举手、走动、睡觉、玩手机、互动、小组讨论等情况。

（三）基于微表情识别课堂管理系统

在课堂教学中，教师根据每个学生的学习状态和情绪变化来调节教学策略，有效提升教学质量。微表情课堂管理系统主要通过基于深度学习的人脸监测技术和微表情识别技术，分析学生的课堂状态，对教学过程中的学生专注度进行监控和分析，并进行课堂评价。

课堂讨论 1

以上介绍的三种基于计算机视觉技术的教学管理系统采用了哪些识别技术？这些技术在识别过程中有哪些共同点？

____

____

以上教学管理系统都有对行为、动作、表情等的识别，这些行为识别、姿态识别、微表情识别等技术都需要对采集的数字图像进行处理。那么，什么是数字图像？它是怎么生成的？

二、数字图像的表示与来源

（一）认识数字图像

数字图像，又称数码图像或数位图像，是由模拟图像数字化得到的、以像素为基本元素的、可以用数字计算机或数字电路存储和处理的图像[①]。数字图像是二维图像用有限数字数值像素的表示，由数组或矩阵表示，其光照位置和强度都是离散的。图 3-7 为在图像中获取像素块逐渐放大的过程，最后可以看出图像像素是以矩阵的形式表示的。

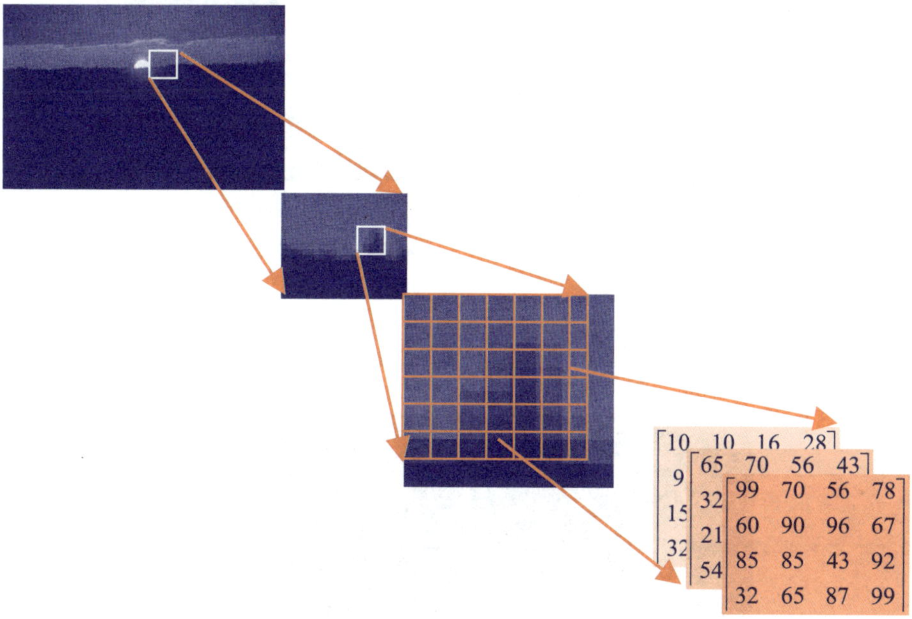

图 3-7　像素块放大的过程

我们获取的数字图像可以很庞大，也可以很微小，大到银河系的图像，小到显微

① 陈炳权，刘宏立，孟凡斌．数字图像处理技术的现状及其发展方向．吉首大学学报（自然科学版），2009（1）：8．

镜下观察的图像。

（二）了解数字成像技术

数字图像的常见来源有：电磁波成像、声波成像、计算机绘图和混合成像。下面以电磁波成像为例，认识电磁波各波段成像的特点。

为了对各种电磁波有全面的了解，人们将这些电磁波按照波长或频率、波数、能量的大小顺序进行排列，这就是电磁波谱。电磁波谱可大致分为：γ射线、X射线、紫外线、可见光、红外线、微波、无线电波。电磁波谱的每个频段都可以成像，并且有各自不同的用途和使用场景。

1. γ射线成像

γ射线频率最高，γ射线成像的主要应用领域是核医学和天文观测。

2. X射线成像

CT就是用X射线照射物体，由于生物组织或者工程组件的不同部位对X射线的吸收率不一样，从而得到不同的衰减以成像。图3–8为人体胸部和头部的CT图像。

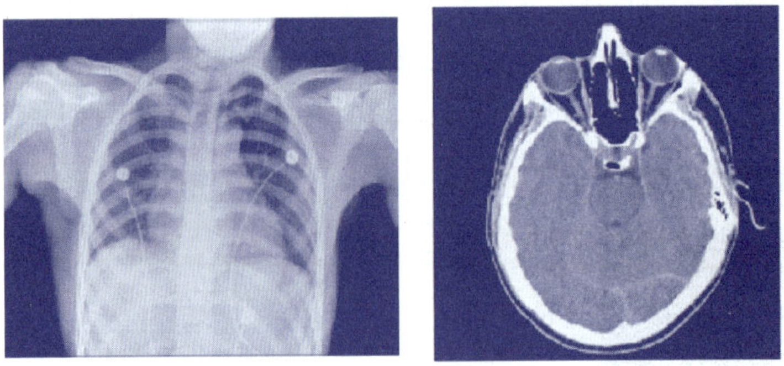

胸部　　头部

图3–8　X射线成像

3. 紫外线成像

紫外线成像多用于生物领域。图3–9是紫外线成像下的正常玉米和患黑穗病的玉米。

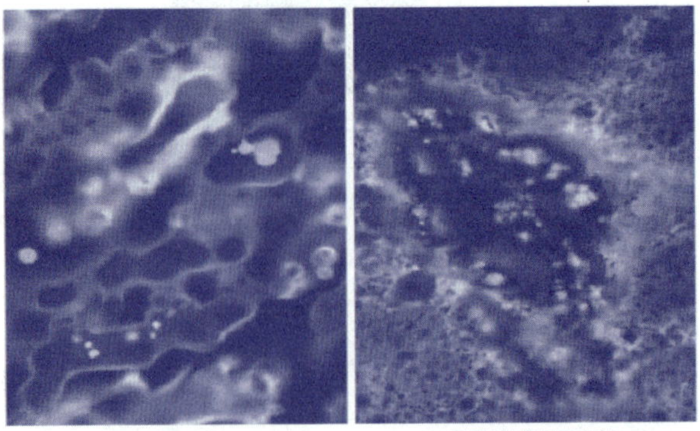

正常玉米　　患黑穗病的玉米

图3–9　紫外线成像

4. 可见光成像

我们平常看见的所有物体、场景都是可见光成像，是频率在可见光频段中的电磁波，也就是各色光照射在物体上，光线再反射到人眼中从而成像的。手机、照相机拍的照片都是可见光成像。

5. 红外线成像

红外线成像又叫红外热成像。红外热成像通过红外热敏感电荷耦合元件（CCD）对物体进行成像，能反映出物体表面的温度场。红外热在军事、工业、汽车辅助驾驶、医学领域都有广泛的应用。图 3-10 为人体红外热成像。

图 3-10　人体红外热成像

6. 微波成像

微波成像也称雷达成像。图 3-11 为微波成像呈现的山区沟壑的景象。

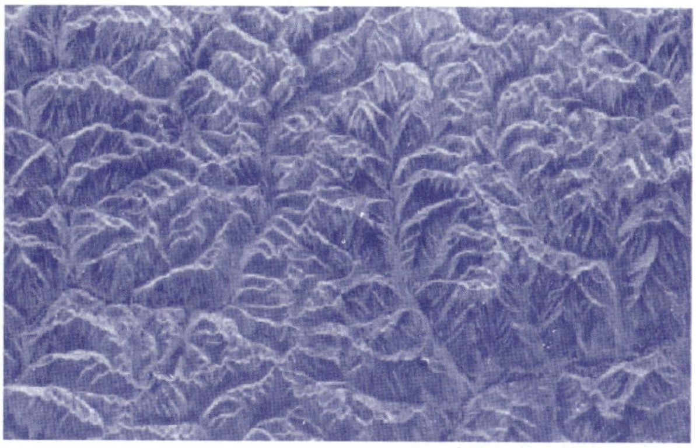

图 3-11　微波成像

7. 无线电波成像

无线电波成像也称射频成像，主要用于无线通信，也能用于医学成像。磁共振成像是常见的利用无线电波成像的影像诊疗手段。图 3-12 为对人体膝盖、脊柱、头部的磁共振成像。

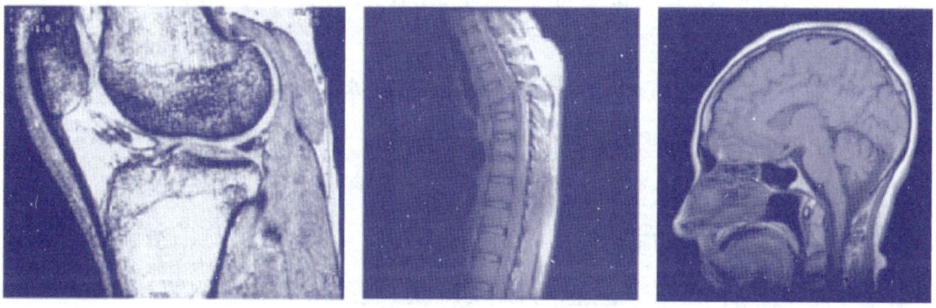

图 3-12　磁共振成像

课堂讨论 2

除了电磁波谱的每个频段都可以成像以外，还有其他的成像方式吗？该方式有哪些作用呢？

____

____

三、计算机视觉系统

个性化教学管理系统中采用的行为识别、姿态识别、微表情识别等技术都是基于计算机视觉系统来对数字图像进行处理后实现的。

（一）认识计算机视觉

计算机视觉是一门研究如何使机器“看”的科学，更进一步地说，就是指用摄影机和电脑代替人眼对目标进行识别、跟踪和测量等，并进一步做图像处理，使电脑将图像处理成为更适合人眼观察或传送给仪器检测的图像。主要作用可以总结为：

（1）让计算机具有人类视觉的所有功能；

（2）让计算机从图像数据中提取有用的信息。

（二）了解计算机视觉系统的工作流程

计算机视觉就是用各种成像系统代替视觉器官作为输入手段，由计算机来代替大脑，使计算机能像人那样通过视觉观察和理解世界，具有自主适应环境的能力。为了实现该功能，需要建立一种视觉系统，这个系统能依据视觉敏感性和反馈的某种程度的智能信息来完成一定的任务。

计算机视觉系统的工作流程如下。

1. 图像获取

图像获取是指为了能在计算机上对图像进行加工处理而将目标通过扫描仪等设备转换成数字图像信息的过程。

一幅数字图像是由一个或多个图像感知器产生，这里的感知器可以是各种光敏摄像机，包括遥感设备、X 射线断层摄影仪、雷达、超声波接收器等。不同的感知器产生的图片可以是普通的二维图像、三维图组，或者一个图像序列。

2. 图像预处理

在对图像实施具体的计算机视觉方法提取某种特定的信息前，往往需要采用一种或一些预处理，使图像满足后继流程的要求。例如：

（1）二次取样，保证图像坐标的正确；

（2）平滑去噪，滤除感知器引入的设备噪声；

（3）提高对比度，保证相关信息可以被检测到；

（4）调整尺度空间，使图像结构适合局部应用。

图 3-13 中的黑白色的点就是图像中的噪声，图 3-14 为去除噪声后的图像。可以明显看出，图 3-14 清晰了很多。

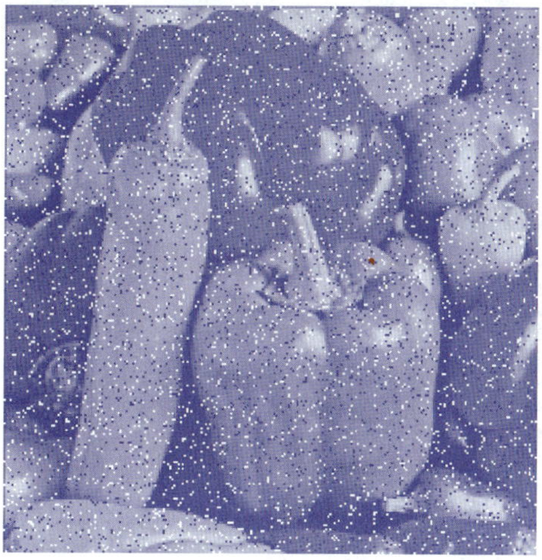

图 3-13　有噪声的图像

图 3-14　去除噪声后的图像

3. 图像分割

在图像处理过程中，有时需要对图像进行分割，从而提取有价值的用于后继处理的部分，例如：

（1）筛选图像中目标物体的特征点（比如颜色特征、纹理特征等）；

（2）根据特征点，分割出图像中的目标物体。

图 3-15 为原始图像，把手部和环形物作为目标物体，提取它们的特征点，再根据特征点分割出目标物体，得到如图 3-16 所示的分割后的图像。

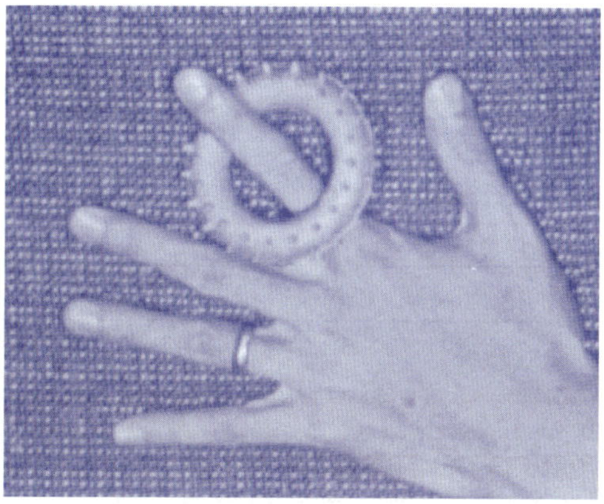

图 3-15　原始图像

图 3-16　分割后的图像

4. 特征提取

在图像识别之前，还需要采用更复杂的算法对目标物体的特征进行提取，以便提高识别的精确度。有时需要几种算法相结合，从图像中提取各种复杂的特征。例如：

（1）根据线、边缘特征提取；
（2）局部化的特征点检测，如边角检测、斑点检测；
（3）更复杂的特征可能与图像中的纹理形状或运动有关。

图 3-17 中的红点为从图片中提取的猩猩面部的特征信息。

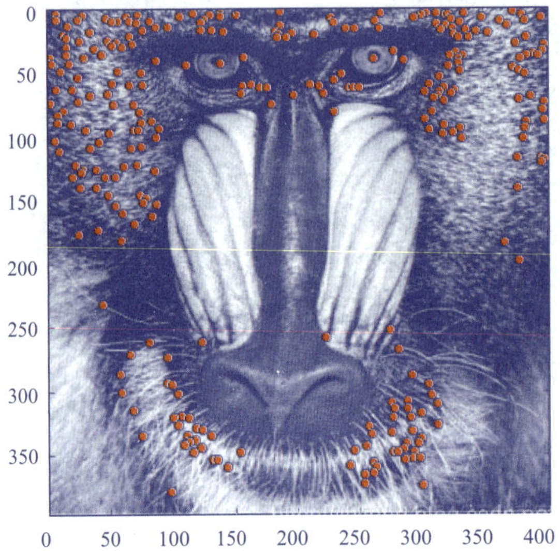

图 3-17　猩猩面部特征信息提取

5. 图像识别

图像识别，是指利用计算机对图像进行处理、分析和理解，以识别各种不同模式的目标和对象的技术[①]。图像识别主要通过将上一步提取的特征信息与特征库进行比对得出结果。在个性化教学管理系统中通过图像识别功能，可以实现行为识别、姿态识别、微表情识别等技术。

课堂讨论 3

根据以上介绍内容，写出计算机视觉系统的工作流程。

____

____

知识加油站

图像处理、图像分析和图像编码的概念辨析

计算机视觉系统的实现需要基于图像处理、图像分析、图像编码等技术。下面分别对这几个概念进行介绍。

① 吉文帅．计算机图像识别智能化处理技术的分析．山东工业技术，2017（15）：1.

图像处理是对图像进行分析、加工，使其满足视觉、心理以及其他要求的技术。图像处理是信号处理在二维信号（图像域）上的一个应用。目前大多数的图像是以数字形式存储，因而图像处理很多情况下指数字图像处理[①]。

图像分析和图像处理关系密切，两者有一定程度的交叉，但又有所不同。图像处理侧重于信号处理方面的研究，比如图像对比度的调节、图像编码、去噪以及各种滤波的研究。图像分析更侧重于研究图像的内容，包括但不局限于使用图像处理的各种技术，它更倾向于对图像内容的分析、解释和识别。因而，图像分析和计算机科学领域中的模式识别、计算机视觉关系更密切一些[②]。

图像编码也称图像压缩，其目的是节约存储空间和实现快速图像传输。图像编码的本质就是对将要处理的图像源数据按照一定的规则进行变换和组合，从而用尽可能少的符号来表示尽可能多的信息。

①② 张洪刚，陈光，郭军．图像处理与识别．北京：北京邮电大学出版社，2006.

任务工单

<table>
<tr><td>任务名称</td><td colspan="4">设计个性化教学管理系统</td></tr>
<tr><td>任务目的</td><td colspan="4">了解行为识别、姿态识别、微表情识别等技术，能够结合应用场景进行个性化教学管理系统设计。</td></tr>
<tr><td>任务内容</td><td colspan="4">1. 根据自己的学习环境，搜集个性化教学管理系统的功能需求，并查阅相关资料，考证实现方法；
2. 对教学管理系统进行个性化设计。</td></tr>
<tr><td rowspan="2">第（　）组</td><td>姓名</td><td></td><td></td><td></td></tr>
<tr><td>学号</td><td></td><td></td><td></td></tr>
<tr><td rowspan="15">任务实操</td><td colspan="4">教学管理系统需求分析</td></tr>
<tr><td>1</td><td colspan="3"></td></tr>
<tr><td>2</td><td colspan="3"></td></tr>
<tr><td>3</td><td colspan="3"></td></tr>
<tr><td>4</td><td colspan="3"></td></tr>
<tr><td colspan="2">核心功能模块</td><td>硬件</td><td>软件</td></tr>
<tr><td>1</td><td></td><td></td><td></td></tr>
<tr><td>2</td><td></td><td></td><td></td></tr>
<tr><td>3</td><td></td><td></td><td></td></tr>
<tr><td colspan="4">描述设计出的个性化教学管理系统的工作流程：</td></tr>
</table>

考核评价

评价说明：在本次任务完成后，由任课教师主导，采用学习过程评价与学习结果评价相结合的方法，综合运用自我评价、小组评价及教师评价三种方式，确定三种评价方式分别占总成绩的比例，并加权计算出学生本次任务的考核评价分。

任务完成考核评价表			
任务名称	智慧课堂	子任务名称	设计个性化教学管理系统
班级		学生姓名	
评价方式	评价内容	分值	成绩
自我评价	课堂讨论 1 完成情况	10	
	课堂讨论 2 完成情况	10	
	课堂讨论 3 完成情况	10	
	任务工单完成情况	40	
	对知识和技能的掌握程度	10	
	我胜任了小组内的工作	20	
	合计		
小组评价	本小组本次任务完成质量	30	
	该成员本次任务完成质量	30	
	该成员参与小组活动的态度	20	
	该成员的合作精神和沟通能力	20	
	合计		
教师评价	该成员所在小组的任务完成质量	30	
	该成员的本次任务完成质量	30	
	该成员对所在小组活动的参与度	20	
	该成员对本次任务的贡献度	20	
	合计		
总评 = 自我评价 ×（　）% + 小组评价 ×（　）% + 教师评价 ×（　）% =			

子任务二

设计简易的云录播管理系统

任务名称	智慧课堂	子任务名称	设计简易的云录播管理系统
学习目标	知识目标	• 了解云录播管理系统的技术构成； • 了解图像跟踪技术； • 了解云录播管理系统中的教师跟踪系统和学生定位系统； • 熟悉云计算技术。	
	能力目标	• 能够描述云录播管理系统中各子系统的功能； • 能够设计云录播管理系统框架图。	
	素养目标	了解云录播管理系统的组成，通过分析各子系统的功能，了解各个组成部分是一个相互联系、相互作用、相互依托、不可分割的系统有机整体，培养全局意识和合作意识。	
任务描述	云录播管理系统将资源管理共享、课程录制存储以及课件直播点播等技术与网络技术进行融合，是一种具有强大监控管理能力的辅助教学应用系统。该系统通过网络把多个教学点的授课画面和教学视频场景以标准的流媒体编解码技术进行实时采集压缩、集中存储及监控管理。云录播管理系统为学校的教学管理等工作提供便利，在有效控制费用的同时极大地提高工作效率，成为学校信息化建设的重要组成部分。该任务要求对云录播管理系统有深入的了解，能够设计云录播管理系统框架图。		
任务准备	• 了解图像跟踪技术的实现； • 了解云录播管理系统的结构组成。		
实施提醒	实施过程中，需要注意云录播管理系统中的智能录播跟踪系统分为两大部分：教师跟踪系统和学生定位系统。		

知识准备

智能云录播管理系统，其“智能”主要体现在录播自动化上，即无人工参与操作，因此对于课堂上的复杂场景，需要系统能够正确捕捉画面、正确拍摄、正确切换视频源，这些都必须由图像跟踪技术来完成。

图像跟踪

一、认识图像跟踪

（一）图像跟踪技术及系统

对于智能云录播系统而言，其核心技术之一就是图像跟踪，其主要功能在于跟踪课堂授课过程当中的教师和学生，图像定位的准确度和图像跟踪的速度会对录播画面的质量产生最为直接的影响。如果发生诸如因摄像机不稳定造成画面抖动、图像跟踪不及时、录制画面频繁且无意义地切换以及定位错误等问题，不但无法达到图像跟踪的效果，而且录制出来的多媒体素材也不能被受众所接受，使授课质量大大降低。授课过程中聚焦画面切换频繁，不仅不利于学生跟上教师的讲授思路，而且会造成较大的视觉干扰，因此对于“智能”云录播系统而言，其“智能”的核心在于图像跟踪技术。

图像跟踪技术主要有以下几种：红外线感应跟踪、超声波定位跟踪、空间网格定位跟踪、图像识别跟踪。我们主要学习图像识别跟踪。

图像识别跟踪利用的是图像定位原理，运动目标无须特殊配备专门的信号采集与发射装置，就可对运动目标进行准确的定位。如图 3-18 中，通过图像识别跟踪定位出不同运动目标的位置（如狗、人、车等），并用不同颜色的方框加以区分。图像识别技术不需要额外新增设备，就可以对目标进行识别，甚至能进行标记区分。这意味着如果将图像识别跟踪运用到智能云录播管理系统当中，可以自动识别教师与学生，并实现动态跟踪定位。

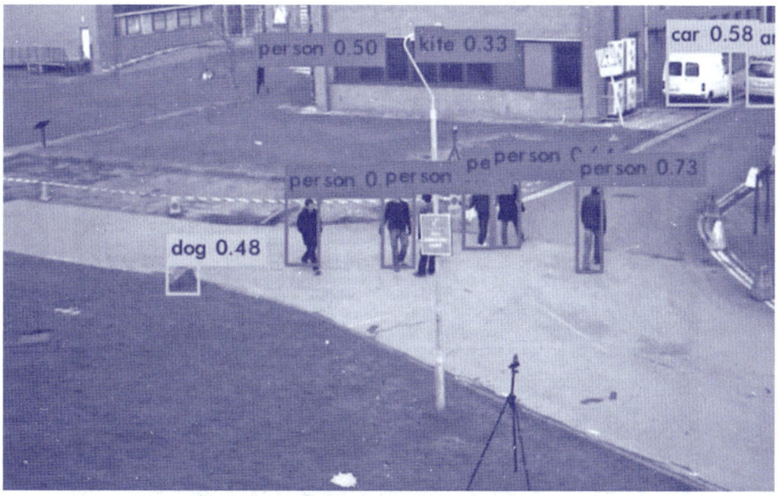

图 3-18　图像识别跟踪演示

目前，图像识别跟踪技术不仅技术含量高，而且是智能云录播系统众多跟踪技术当中最为行之有效的手段，对于大部分的智能云录播系统厂商而言，这种技术是最佳的选择。

（二）智能云录播管理系统

智能云录播管理系统中的图像跟踪技术主要是对教师和学生的跟踪定位。

1. 教师跟踪系统

教师跟踪系统在整个工作过程中无须人为参与，相对于传统录制系统大大减少了对教师进行专门摄像的要求，从而减少了人力投入。上课时教师无须佩戴使用任何设备来完成跟踪拍摄，可以专注于教学活动，消除不适感。教师跟踪系统具有突出的跟踪性能，无论教师在写板书还是快速走动，系统均能采用不同策略自动变焦，准确无误地跟踪拍摄。在效果上，整个跟踪过程展示的画面连续、流畅、稳定。图 3-19 为教师跟踪系统示意图。

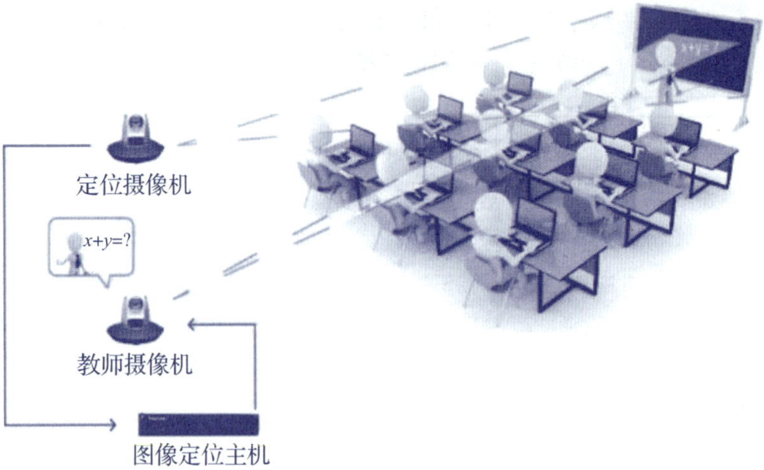

图 3-19　教师跟踪系统示意图

跟踪策略为：

（1）当教师在课堂中走动时，跟踪系统自动调焦并进行近景拍摄，如图 3-20 所示。

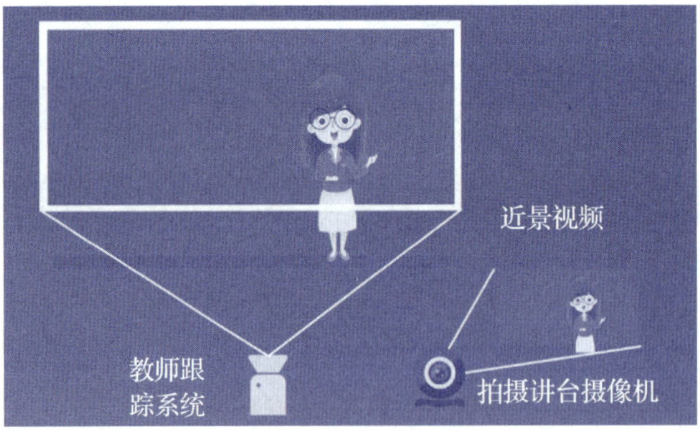

图 3-20　跟踪系统近景拍摄示意图

（2）当多人同时出现在讲台时，跟踪系统自动调焦并进行全景拍摄，如图 3-21 所示。

图 3-21　跟踪系统全景拍摄示意图

2. 学生定位系统

学生定位系统可以自动对发言的学生进行定位，并拍摄特写。当学生发言或回答问题时，学生定位系统可以自动调用学生摄像机对正在发言的学生进行定位，并采用特写镜头进行拍摄，如图 3–22 所示。

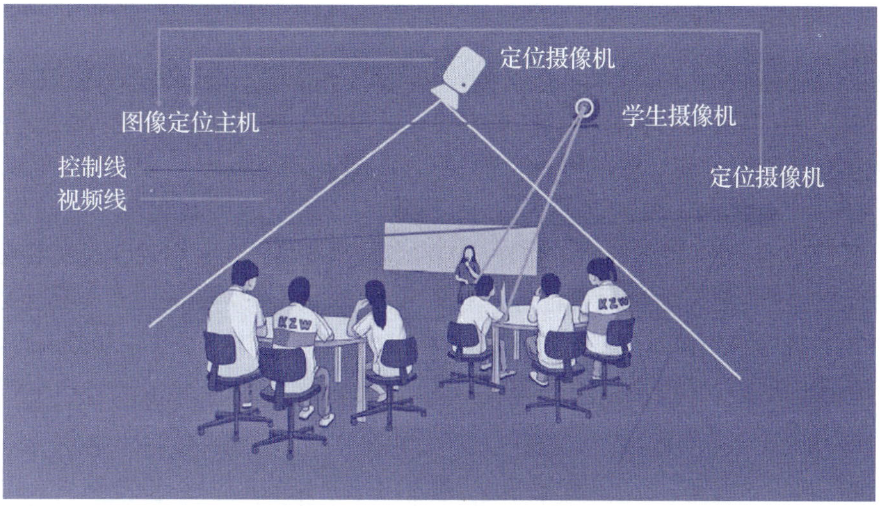

图 3–22　学生定位系统拍摄示意图

定位策略为：当学生回答问题时，教师跟踪系统自动交由学生定位系统进行控制，学生定位系统自动定位回答问题的学生，同时进行特写拍摄，学生回答完毕，系统自动返回到教师跟踪系统。

课堂讨论 1

1. 图像跟踪技术主要有哪些？(　　)

A. 红外线感应跟踪　　B. 超声波定位技术

C. 空间网格定位跟踪　　D. 图像识别技术

2. 图像识别技术利用的是（　　）原理，运动目标无须特殊配备专门的信号采集与发射装置，就可对运动目标进行准确的定位。

A. 图像校正　　B. 中值滤波　　C. 图像定位　　D. 图像模糊

3. 智能录播跟踪系统中包含（　　）系统和（　　）系统。

A. 教师跟踪　　B. 学生定位　　C. 图像定位　　D. 图像跟踪

4. 教师跟踪系统完全采用（　　）的操作模式，整个跟踪工作过程（　　）人为干预。

A. 人为跟踪　　B. 不需要　　C. 需要　　D. 无人值守

5.（　　）是一套能够自动实时对正在发言的学生进行定位并采用（　　）拍摄的智能化系统。

A. 整体　　B. 教师定位系统

C. 学生定位系统　　D. 特写

二、了解云计算技术

云录播管理系统录制的视频会作为课程资源上传到云服务平台。在云服务平台中有丰富的教学资源，比如课件、讲稿、视频、试题库等，这些大量的数据都需要云计算技术进行管理，使资源在统一管理调配下，为用户提供高效服务。

（一）认识云计算

云计算中所指的“云”实际上是关于互联网一种隐喻，在云的背后隐藏着大量的计算资源。“云”的核心就是资源的集中共享，即将所有资源集中在一个先进的平台上，利用云计算技术使资源在统一管理调配下，具备最大的灵活性和利用效率，最终以服务的形式提供给用户。

“云”强调计算的泛在性和分布性，能将各地服务器连接，实现大规模数据处理。智慧教学环境下，云计算能动态记录不同学校学生在终端的学习表现及学习行为数据，为大数据挖掘提供资源基础。云计算与大数据相辅而行，让教学获取有意义的动态生成性内容成为现实。云计算如图 3–23 所示。

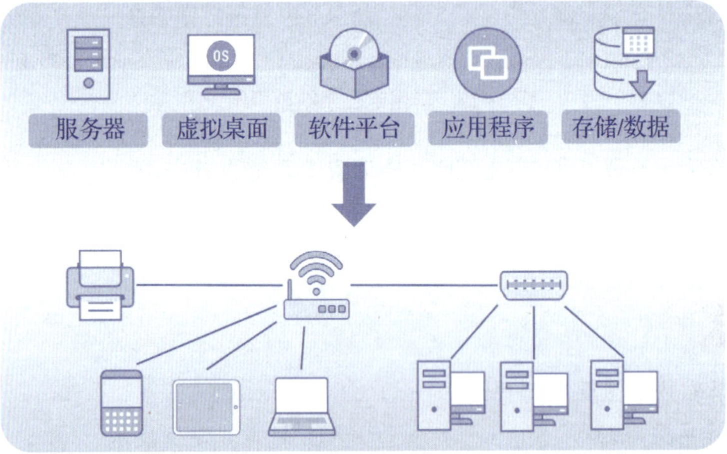

图 3–23　云计算示意图

云计算不仅是人工智能的能力集成到千万应用中的便捷途径，也是人工智能的基础计算平台，是人工智能与大数据之间的桥梁。人工智能的自我学习需要海量数据进行训练，云计算支撑了大数据和人工智能的这些计算存储密集型任务，是获得海量大数据的重要方式。

（二）了解智慧教室中云计算技术的应用

云计算具有虚拟化、成本低、高可靠性等优点，在构建智慧教室环境时起到非常重要的作用。云计算所提供的各种服务和资源均采用虚拟化技术，将各种资源整合到统一的平台，该平台支持用户资源共享，能够节约建设成本，为用户提供智能化、人性化的便利服务。利用云计算技术构建智慧教室，能够统一配置管理教育资源，建成资源节约型的教学环境。

1. 云服务平台

智慧教室可以利用智能化技术构建教学环境，让师生能够更加有效地利用教学资源开展教学活动，实现教与学的最优化，有效提高教学质量。云计算在智慧教室中的应用主要是以云服务平台的形式提供教与学的各种服务。云平台能够促进用户之间的信息沟通，是学生、教师、管理员之间有效交流、相互促进、高效协作的信息化平台。它包含了教育信息化所需要的一切软硬件计算资源，这些资源通过虚拟化手段，向学生、教师以及教学管理人员提供各种教学资源和各种形式的服务。

2. 云服务平台功能设计

云服务平台主要包含教学资源库、教学互动平台、教学设备管理、虚拟实验室、网络课堂、虚拟实践等功能。平台不仅与底层教室网络有效连接，实现教学设备的管理，而且整合了云端优质的教学资源（视频、讲稿、课件、试题库等），为教师开放性教学、学生自主性学习提供平台，学生的理论学习和实践学习都可以在平台上进行，同时方便教师开展多种教学模式和教学方法的改革与实践。图 3-24 为云平台的功能结构图。

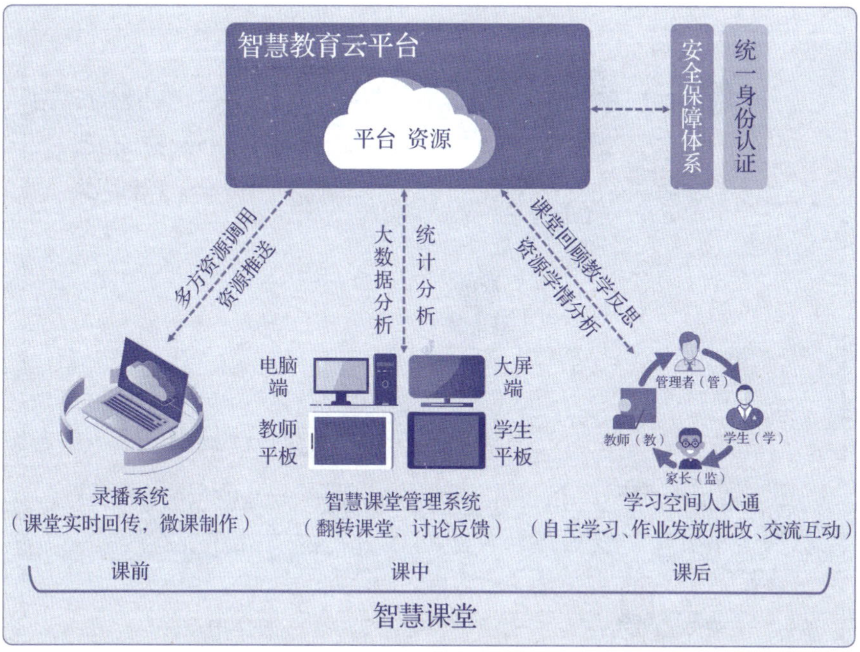

图 3-24　云平台功能结构图

云服务平台的构建使学生不再局限于课堂学习，而是逐渐向网络在线学习、移动学习和泛在学习等方向发展。最近热门的网络视频公开课、慕课、翻转课堂等一系列在线学习新模式均可通过云服务平台进行。同时，教师利用云平台，建立自己的云桌面，利用云计算有效辅助教学活动开展，提高上课效率与效果。

课堂讨论 2

1.(　　　)在智慧教室中的应用主要是以云服务平台的形式提供教与学的各种服务。

A. 人工智能　　B. 大数据　　C. 物联网　　D. 云计算

2. 云服务平台主要包含教学设备管理、(　　)、(　　)、(　　)、(　　)、虚拟实践等功能。

A. 教学资源库　　B. 教学互动平台　　C. 网络课堂　　D. 虚拟实验室

知识加油站

流媒体技术

流媒体就是指采用流式传输技术在网络上连续实时播放的媒体格式，如音频、视频或多媒体文件。流媒体技术也称流式媒体技术[①]。

流媒体技术是一种网络传输技术，它可以把连续的声音和影像信息经过压缩处理后上传到网站服务器，由视频服务器向用户计算机实时地、顺序地传送各个压缩包，如图 3–25 所示。它可以让用户一边下载一边观看，不需要等整个压缩文件全部下载到自己的计算机上才可以观看。

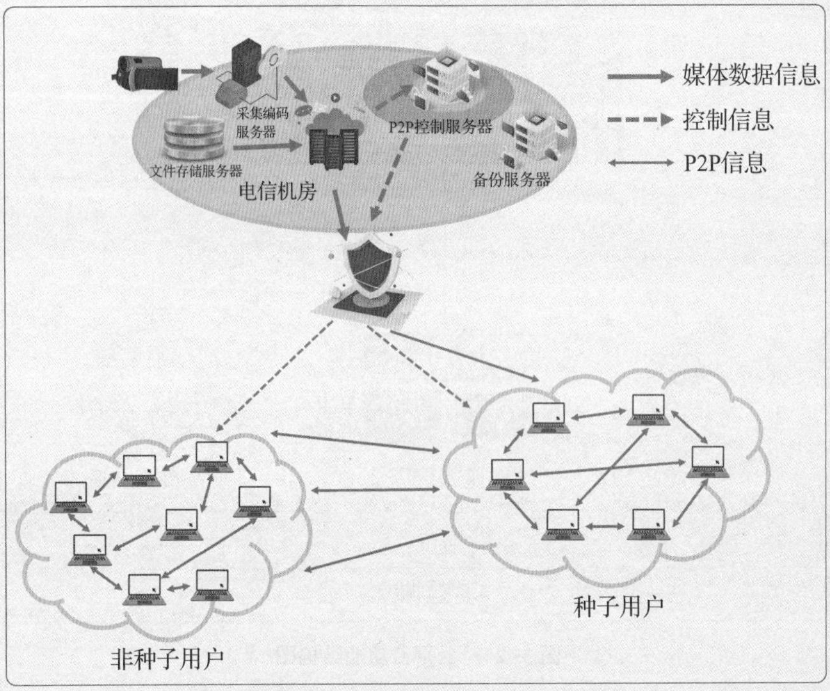

图 3–25　流媒体技术示意图

流媒体技术需要先在使用者的计算机上创建一个缓冲区，在准备播放前预先下载一段数据作为缓冲，当播放所耗的速度大于网络实际连线速度时，播放程序就会获取一小段缓冲区内的数据，从而避免播放的中断，以保证播放品质。

① 涂阳. 崭露头角的流媒体技术. 中国标准导报，2002（1）：2.

任务工单

<table>
<tr><td>任务名称</td><td colspan="4">设计简易的云录播管理系统</td></tr>
<tr><td>任务目的</td><td colspan="4">了解云录播管理系统结构，能够结合应用场景进行个性化系统设计。</td></tr>
<tr><td>任务内容</td><td colspan="4">1. 根据自己的学习环境，搜集云录播管理系统的功能需求，并查阅相关资料，考证实现方法；
2. 对云录播管理系统进行个性化设计。</td></tr>
<tr><td rowspan="2">第（　）组</td><td>姓名</td><td></td><td></td><td></td></tr>
<tr><td>学号</td><td></td><td></td><td></td></tr>
<tr><td rowspan="10">任务实操</td><td colspan="4">任务引导</td></tr>
<tr><td colspan="4">云录播管理系统有六大子系统，请分别简述各子系统的功能</td></tr>
<tr><td>录播中控系统</td><td colspan="3"></td></tr>
<tr><td rowspan="2">智能录播跟踪系统</td><td>教师跟踪系统</td><td colspan="2"></td></tr>
<tr><td>学生定位系统</td><td colspan="2"></td></tr>
<tr><td>智能导播系统</td><td colspan="3"></td></tr>
<tr><td>智能音频系统</td><td colspan="3"></td></tr>
<tr><td>课件实时录制系统</td><td colspan="3"></td></tr>
<tr><td>课堂直播系统</td><td colspan="3"></td></tr>
<tr><td colspan="4">设计云录播管理系统框架图</td></tr>
</table>

考核评价

评价说明：在本次任务完成后，由任课教师主导，采用学习过程评价与学习结果评价相结合的方法，综合运用自我评价、小组评价及教师评价三种方式，确定三种评价方式分别占总成绩的比例，并加权计算出学生本次任务的考核评价分。

任务完成考核评价表			
任务名称	智慧课堂	子任务名称	设计简易的云录播管理系统
班级		学生姓名	
评价方式	评价内容	分值	成绩
自我评价	课堂讨论 1 完成情况	15	
	课堂讨论 2 完成情况	15	
	任务工单完成情况	40	
	对知识和技能的掌握程度	10	
	我胜任了小组内的工作	20	
	合计		
小组评价	本小组本次任务完成质量	30	
	该成员本次任务完成质量	30	
	该成员参与小组活动的态度	20	
	该成员的合作精神和沟通能力	20	
	合计		
教师评价	该成员所在小组的任务完成质量	30	
	该成员的本次任务完成质量	30	
	该成员对所在小组活动的参与度	20	
	该成员对本次任务的贡献度	20	
	合计		
总评 = 自我评价 ×（　）% + 小组评价 ×（　）% + 教师评价 ×（　）% =			

子任务三

搭建基于 5G、VR 技术的虚拟课堂

<table>
<tr><td>任务名称</td><td>智慧课堂</td><td>子任务名称</td><td>搭建基于 5G、VR 技术的虚拟课堂</td></tr>
<tr><td rowspan="3">学习目标</td><td>知识目标</td><td colspan="2">● 了解 5G、VR 技术；
● 掌握 5G、VR 技术的特点和两者的关系。</td></tr>
<tr><td>能力目标</td><td colspan="2">● 能够描述 5G、VR 技术的特点；
● 能够设计简易的虚拟课堂。</td></tr>
<tr><td>素养目标</td><td colspan="2">通过学习 5G 和 VR 相关知识，感受身临其境的课堂，增强对科学研究的兴趣，达到科技兴教的目的。</td></tr>
<tr><td>任务描述</td><td colspan="3">VR 技术营造了沉浸式交互体验和全真的虚拟环境，VR 虚拟课堂生成的虚拟超大型教学设备可以模拟各种实验现场，能够让学生体验在真实生活中无法感受的场景。VR 虚拟课堂的沉浸性、互动性和构想性教学是提升学习兴趣，调动学习主动性的“神器”。该任务要求对虚拟课堂有深入的了解，能够根据教学环境设计简易的虚拟课堂。</td></tr>
<tr><td>任务准备</td><td colspan="3">● 了解 5G、VR 技术的关系及作用；
● 了解虚拟课堂的环境搭建。</td></tr>
<tr><td>实施提醒</td><td colspan="3">实施过程中，需要注意虚拟课堂有很多不同的应用场景，不仅是虚拟授课环境，还有虚拟实验室等教育教学环境。</td></tr>
</table>

知识准备

5G和VR技术

一、了解 5G 技术

虚拟课堂的实现离不开 5G 技术，通过 5G 的大带宽、低时延，将虚拟现实的渲染功能放到云端，让学生能够更好地沉浸到虚拟现实教育内容中，提升学习效果。

（一）认识 5G

移动通信技术的发展经历了以下几个阶段（见图 3-26）：

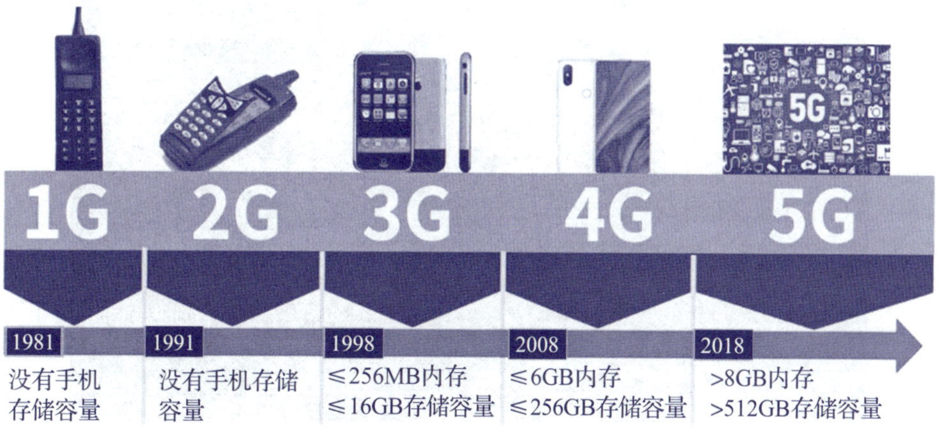

图 3-26　移动通信技术的发展

1. 1G

第一代移动通信技术，出现于 20 世纪 80 年代初。这个阶段具有了语音通话功能。

2. 2G

第二代移动通信技术，出现于 20 世纪 90 年代初。这个阶段不仅可以进行语音通话，还可以进行消息传递。从 1G 到 2G，实现了模拟通信到数字通信的过渡，移动通信走进了千家万户。

3. 3G

第三代移动通信技术，出现于 20 世纪 90 年代末。这个阶段能够同时传送声音及数据信息（多媒体、文本）。3G 是将无线通信与国际互联网等多媒体通信结合的一代移动通信系统。

4. 4G

第四代移动通信技术，于 2008 年推出。该技术将 WLAN 技术和 3G 通信技术进行结合，使图像的传输速度更快，并且更加清晰。在智能通信设备中应用 4G 技术网速高达 100M，能够实现实时数据传输，包括车载导航、视频共享等。

5. 5G

第五代移动通信技术，于 2018 年推出，是 4G 技术的延伸，是具有高速率、低时延和大连接特点的新一代宽带移动通信技术。5G 通信设施是实现人机物互联的网络基础设施，将强力推动 VR、无人驾驶汽车等物联网技术发展。

从模拟通信到数字通信，从文字传输、图像传输到视频传输，移动通信技术极大地改变了我们的生活。前四代移动通信技术专注于移动通信，5G 在此基础上还包括了工业互联网和人工智能等诸多应用场景。

（二）5G 技术的特点

5G 的性能目标是节省能源、降低成本、减少延迟、高数据速率、提高系统容量和大规模设备连接。5G 的到来，使更低的延迟、更大的带宽、更高的速率成为可能。图 3-27 结合应用场景展示了 5G 技术的特点。

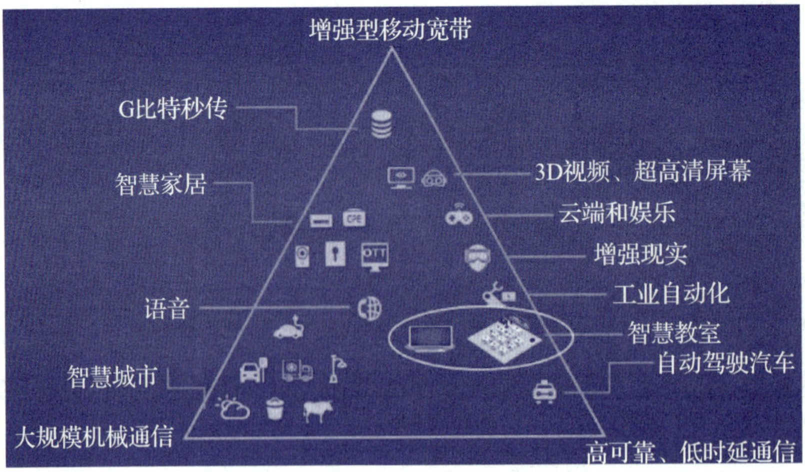

图 3-27　5G 技术的特点

5G 智慧教室充分结合了 5G、AI、大数据技术，并搭载先进的智慧课堂系统以及高科技的配套硬件设施，最大的特色在于结合了 5G 网络，利用 5G 网络高带宽、低时延特性，摆脱时空限制，实现异地无感知教学，让学生足不出户就可以享受学校的优质教学资源。

课堂讨论 1

1. 利用前四代通信技术，无法完成的应用场景是（　　）。

A. 人工智能　　B. 工业互联网　　C. 移动通信　　D. 语音通话

2. 以下属于 5G 技术的性能目标的是（　　）。

A. 高数据速率　　B. 减少延迟　　C. 节省能源　　D. 降低成本

二、了解 VR 技术

在虚拟课堂的实现过程中，VR 技术集多种技术于一体，充分发挥各种优势，通过计算机技术和传感技术的融合营造虚拟环境，让学生可以“身临其境”感受教学环境，实现人机互动。

（一）认识 VR

虚拟现实（virtual reality，简称 VR）是一种能够创建和体验虚拟世界的计算机系统，它可以利用计算机技术生成逼真的，具有视、听、触等多种感知的虚拟环境，用户通过各种交互设备，同虚拟环境中的实体进行交互，产生身临其境的感觉。

虚拟现实中的“现实”是指在功能意义上或物理意义上存在于世界上的任何事物或环境，它可以是实际上难以实现或无法实现的，也可以是可实现的。而“虚拟”的意思是用计算机生成。

将虚拟现实技术与教学相融合，以优质教学资源为核心，集平台、内容、终端、应用系统于一体，将抽象概念具体化，为学习者打造沉浸式、可交互、高仿真的三维互动学习环境。

VR 技术利用电脑或其他智能设备模拟出一个三度空间的虚拟世界，提供用户关于听觉、视觉、触觉等感官的模拟，让用户如同身临其境一般。图 3-28 为 VR 的工作原理。

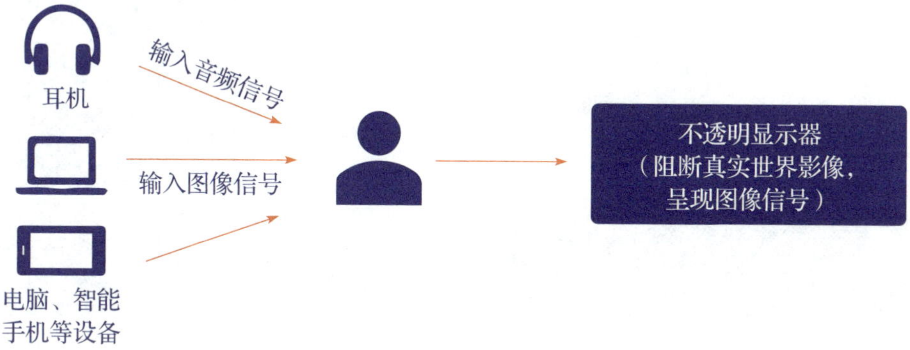

图 3-28　VR 工作原理

我们人类是把耳朵感知的听觉信号、眼睛感知的视觉信号、肌肉和皮肤感知的触觉信号、手感知的力觉信号等，通过神经传递给大脑，再由大脑整合在一起，让我们感受到周围的世界。通过 VR 技术，这些信号由预先设计好的电脑程序产生，通过神经传给大脑，并且“欺骗”我们的大脑，使我们感觉处在一种跟实际完全一样的环境中。图 3-29 为 VR 驾驶飞机的场景。

图 3-29　VR 驾驶飞机

（二）认识 VR 设备

在虚拟现实中最容易实现的是通过视觉来“欺骗”大脑，一个 3D VR 眼镜就能让我们体会到立体的效果，如图 3-30 所示。图 3-31 是加入了听觉系统的 VR 眼镜，可使眼睛和耳朵合伙“欺骗”大脑。

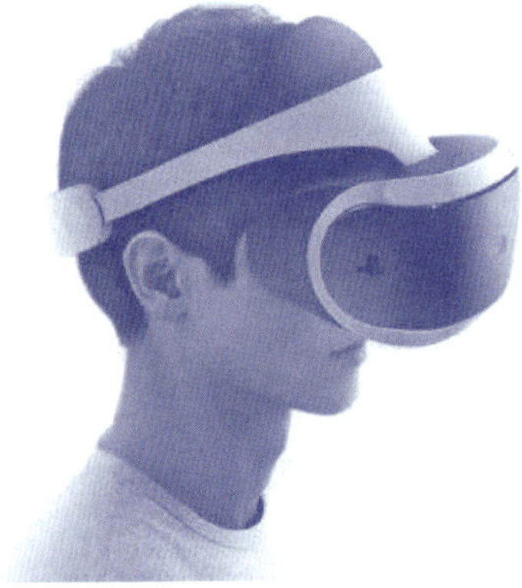

图 3-30　VR 眼镜

图 3-31　加入听觉系统的 VR 眼镜

加入触觉系统的 VR 技术可以实现人与周边环境的互动，如图 3-32 所示。图 3-33 是加入了运动系统的 VR 设备，能让体验者产生“身临其境”的感受。

图 3-32　加入触觉系统的 VR 眼镜

图 3-33　加入运动系统的 VR 设备

课堂讨论 2

1.(　　)利用计算机技术生成逼真的，具有视、听、触等多种感知的虚拟环境，用户通过各种交互设备，同虚拟环境中的实体相互作用，产生身临其境的感觉。

A. 虚拟现实　　B. 大数据　　C. 物联网　　D. 云计算

2. VR 技术利用电脑或其他智能设备模拟产生一个(　　)的虚拟世界，提供用户关于视觉、听觉、触觉等感官的模拟，让用户如同身临其境一般。

A. 三度空间　　B. 二维空间　　C. 一维空间　　D. 多维空间

3. 以下哪些属于 VR 设备？(　　)

A. 头戴式立体显示器　　B. VR 手柄

C. VR 蛋椅　　D. VR 跑步机

三、5G 和 VR 的关系

随着 5G 的推广和普及，VR 的沉浸式和触觉交互业务需要的高速率数据传输和低时延等问题迎刃而解。在 5G 的支持下，多人互动教学和设备实操演示等场景中对宽带要求高的 VR 教育应用，甚至可以和当前的短视频一样，让非专业用户快速更新产品，让没有编程专业背景的用户创造设计 VR 内容。

在 VR 体验中，由于 VR 技术对图像的要求非常高，使得相关的图像素材所占的空间非常大。早期的技术还不能满足 VR 教育对网络的高标准传输要求，而 5G 网络为 VR 的发展提供了“基础设施”建设。在 5G 时代，VR 在传输方面的屏障被打破，VR 技术在移动端应用也成为现实。

课堂讨论 3

5G 可以为 VR 技术解决哪些技术难题？

____

____

知识加油站

全息投影技术

全息投影技术（front-projected holographic display）是 3D 技术的一种，也称虚拟成像技术。该技术原指利用干涉原理记录并再现物体三维图像的技术，而后随着商业宣传和科幻电影的引导，全息投影的概念逐渐延伸到展览展示、舞台表演等商用活动中。我们平时所接触的全息投影是使用边缘消隐、佩珀尔幻象等方法实现 3D 效果的一种类全息投影技术①。

① 周皓．数字全息成像技术应用研究．苏州：苏州大学，2015.

该技术的第一步是利用干涉原理记录物体光波信息，此即拍摄过程：被拍摄物体在激光照射下形成漫射式的物光束，另一部分激光作为参考光束照射到全息底片上，和物光束叠加产生干涉，把物体光波上各点的振幅和位相转换成在空间上变化的强度，从而利用干涉条纹间的间隔和反差将物体光波的全部信息记录下来。记录着干涉条纹的底片，经过定影、显影等处理后，便成为一张全息图，或全息照片。

该技术的第二步是利用衍射原理再现物体光波信息，这是成像过程：全息图犹如一个复杂的光栅，在相干激光照射下，一张线性记录的正弦型全息图的衍射光波一般可给出两个象，即原始像（又称初始像）和共轭像。再现的图像立体感强，具有真实的视觉效应。全息图的每一部分都记录了物体上各点的光信息，所以原则上它的每一部分都能再现原物的整个图像，通过多次曝光还可以在同一张底片上记录多个不同的图像，而且能互不干扰地分别显示出来。

任务工单

<table>
<tr><td>任务名称</td><td colspan="4">搭建基于 5G、VR 技术的虚拟课堂</td></tr>
<tr><td>任务目的</td><td colspan="4">了解虚拟课堂的结构，能够结合应用场景进行环境搭建。</td></tr>
<tr><td>任务内容</td><td colspan="4">1. 根据特定的学习场景，搜集搭建虚拟课堂的相关资料，并考证实现方法；
2. 对基于 5G、VR 技术的虚拟课堂进行个性化设计。</td></tr>
<tr><td rowspan="2">第（　）组</td><td>姓名</td><td></td><td></td><td></td></tr>
<tr><td>学号</td><td></td><td></td><td></td></tr>
<tr><td rowspan="5">任务实操</td><td colspan="4">任务引导</td></tr>
<tr><td colspan="4">需要收集哪些建设实时交互式虚拟课堂所需的资料和数据？（如教室的立体模型、教室装饰的布局、各功能模块的外观等）</td></tr>
<tr><td colspan="4"></td></tr>
<tr><td colspan="4">如何搭建实时交互式虚拟课堂的环境？可从以下两个方面描述：一是网络环境的构建，实现信息交互的网络通信功能；二是建立实时交互式虚拟课堂的三维模型，作为虚拟课堂的环境背景。（200 字以上）</td></tr>
<tr><td colspan="4"></td></tr>
</table>

考核评价

评价说明：在本次任务完成后，由任课教师主导，采用学习过程评价与学习结果评价相结合的方法，综合运用自我评价、小组评价及教师评价三种方式，确定三种评价方式分别占总成绩的比例，并加权计算出学生本次任务的考核评价分。

任务完成考核评价表			
任务名称	智慧课堂	子任务名称	搭建基于5G、VR技术的虚拟课堂
班级		学生姓名	
评价方式	评价内容	分值	成绩
自我评价	课堂讨论 1 完成情况	10	
	课堂讨论 2 完成情况	10	
	课堂讨论 3 完成情况	10	
	任务实施完成情况	40	
	对知识和技能的掌握程度	10	
	我胜任了小组内的工作	20	
	合计		
小组评价	本小组本次任务完成质量	30	
	该成员本次任务完成质量	30	
	该成员参与小组活动的态度	20	
	该成员的合作精神和沟通能力	20	
	合计		
教师评价	该成员所在小组的任务完成质量	30	
	该成员的本次任务完成质量	30	
	该成员对所在小组活动的参与度	20	
	该成员对本次任务的贡献度	20	
	合计		
总评 = 自我评价 ×（ ）% + 小组评价 ×（ ）% + 教师评价 ×（ ）% =			

任务三
智慧消费

任务导入

我们去食堂吃饭或是去电影院买票的时候，大都有过这样的经历：排队的人很多，而消费结算速度很慢，大家都等得不耐烦。为了解决这个问题，能否应用人工智能技术建立快速高效的消费结算系统呢？

智慧消费是现代社会一种新型的消费形式，有别于传统现金消费。本任务以智慧就餐为例，学习自主设计刷脸消费登记、问答系统和结算系统，让消费变得简单、高效、快捷。

子任务一
设计刷脸消费登记系统

任务名称	智慧消费	子任务名称	设计刷脸消费登记系统
学习目标	知识目标	• 了解刷脸消费的整体流程和关键技术； • 理解人脸识别技术原理及应用； • 了解机器学习和深度学习。	
	能力目标	• 具备根据实际需求设计刷脸消费系统关键步骤的能力； • 能够描述机器学习的工作流程； • 能够团队协作完成刷脸消费登记系统设计。	
	素养目标	从自主搭建刷脸消费登记系统入手，感受人脸识别技术对人们生活消费的巨大影响，激发学习人工智能知识的动力，并增强专业自信。	
任务描述	人脸识别在生活中随处可见。那么，刷脸消费是怎样实现的？其中应用了哪些机器视觉的原理？这就要求我们对刷脸消费登记系统有深入的了解，能够对该系统进行个性化设计。		
任务准备	• 去刷脸消费场地实地观察，直观了解人脸识别的软硬件组成； • 查阅相关电子资源，了解刷脸消费登记系统的结构组成等。		
实施提醒	与传统的现场消费相比，刷脸消费系统有着明显的区别。虽然刷脸消费系统有着通用的结构和核心技术，但由于应用场景的不同，需要开发很多不同的功能。		

知识准备

一、初识人脸识别

人脸识别技术的应用

人脸识别，是基于人的脸部特征信息进行身份识别的一种生物识别技术。人脸识别是用摄像机采集含有人脸的图像或视频流，并自动对图像进行检测和跟踪，进而对检测到的人脸进行脸部特征识别的计算机科学技术，通常也称之为人像识别或面部识别。

人脸识别按其识别顺序，可分为图像预处理、人脸检测、特征提取和匹配识别四个步骤，见图 3–34。

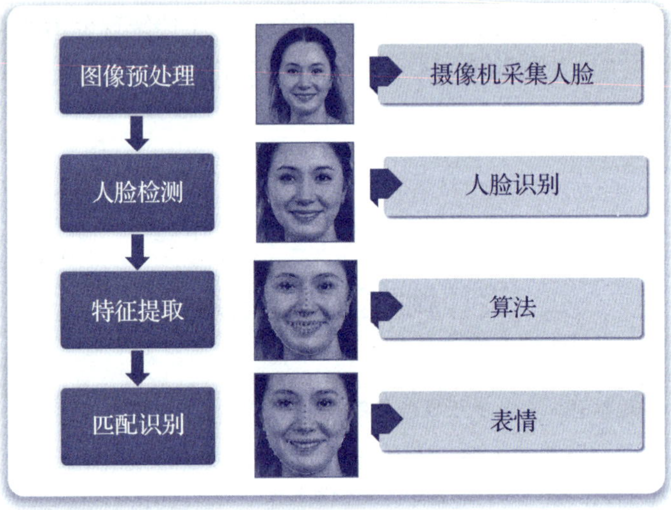

图 3–34　人脸识别流程图

（一）图像预处理

人脸检测时获得的原始图像，因为受到各种条件的限制，通常不能直接使用，需要对原始图像进行光线增强、改变图像的灰度分布、变换图像格式、增强图像的边缘轮廓等预处理后才能使用。

（二）人脸检测

人脸检测在实际应用中主要用于预处理之后，即从输入图像中检测并提取人脸图像，标定出人脸的位置和大小。目前常用的人脸图像模式特征主要有：灰度分布统计特征、颜色特征、结构特征和边缘对角特征等。基于上述特征采用计算机程序挑选出最能代表人脸的矩形特征，并按加权投票的方式，按级构造级联分类器。进行检测时，级联分类器对图像中的每一小块都进行分类并最终把通过级联分类器的图像判定为人脸图像。

（三）特征提取

特征提取在人脸识别中最为关键。通俗地讲，它是通过一系列数字来表征人脸信息，而这些数字就是要提取的特征，如图 3–35 所示。

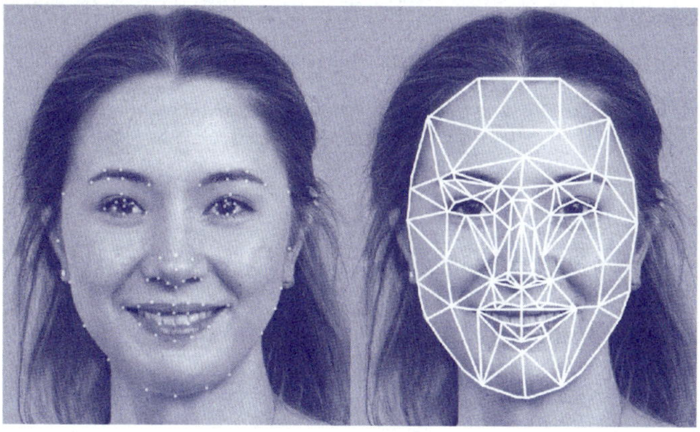

图 3–35 人脸特征提取

根据人类视觉特性，人脸特征的整个几何结构足够用于识别。常用的方法有提取眼、口、鼻、眉等几个特征，利用它们之间的距离比例关系来区别人脸。

对于一幅人脸图像，通过定位特征点可以提取人脸的各部分特征，若以这些特征点为基准对提取的各个特征值进行归一化，则这些特征值具有平移、旋转和尺度上的不变性，通过这样对人脸进行规范化处理，可以将不同大小、方向和水平旋转等情况的人脸统一起来，扩大人脸库的入库范围，提高人脸识别的速度。

人脸关键特征点的定位方法：选取人脸的 9 个特征点，这些特征点的分布具有角度不变性，分别为 2 个眼球中心点、4 个眼角点、2 个鼻孔的中点、2 个嘴角点。在此基础上可以容易地获得与识别有关的人脸各器官特征以及扩展的其他特征点位置，用于进一步识别。

（四）匹配识别

所谓匹配识别就是把提取到的待识别人脸特征与数据库里的人脸特征进行对比，并根据相似程度对人脸的身份信息进行判断。这一过程通常可分为两类：一对一验证和一对多辨认。

一对一验证是指将待识别者的特征信息与历史采集特征信息进行两两比对，若两者的相似度不小于事先给定的阈值，则通过验证，否则验证失败。这种模式下通常采用错误拒绝率（false non-match rate，简称 FNMR）和错误接受率（false match rate，简称 FMR）两个指标来衡量生物特征识别的技术性能，其具体计算公式如下：

$$\text{FNMR}=\frac{\text{比对相似分低于阈值的生物特征数}}{\text{所有参与测试的正确生物特征对数}}$$

$$\text{FMR}=\frac{\text{比对相似分不低于阈值的生物特征对数}}{\text{所有参与测试的仿冒生物特征对数}}$$

一对多辨认相对复杂，它是利用未知身份生物特征在已知的大量身份生物特征数据库中查询，设置相似度阈值，并返回列表长度，来识别未知生物特征者的身份。我们通常用错误匹配率（false positive identification rate，简称 FPIR）和正确识别率（true positive identification rate，简称 TPIR）这两个指标来衡量识别率。其具体计算公式如下：

$$\text{FPIR}=\frac{\text{识别为已注册任意身份的查询次数}}{\text{未注册身份生物特征的查询次数}}$$

$$\text{TPIR}=\frac{\text{识别为正确身份的查询次数}}{\text{已注册身份生物特征的查询次数}}$$

在人脸识别性能测试中为了衡量人工查看的工作强度，还定义了选择性（selectivity，简称 SEL）指标衡量一对多辨认性能，计算公式如下：

$$\text{SEL}=\frac{\text{查询返回结果相似度不低于阈值且排名不超设定候选人数目}}{\text{未注册身份生物特征的查询次数}}$$

当光照条件或是人脸姿态发生变化时，人脸识别率就会大幅度降低。基于以上技术缺陷，在人脸识别技术领域，各大高校和科研机构都进行了更为深入的研究。各种各样的新技术、新算法不断涌现。例如，基于多线索的人脸识别技术通过在认知判别中引入各种有效的特征信息和理论推理方法，以全面、准确地认识和区分对象。

课堂讨论 1

人脸识别有哪些步骤？分别需要什么硬件设备和软件支持？填写表 3-10。

表 3-10　人脸识别的实现

序号	人脸识别步骤	硬件设备	软件支持
1			
2			
3			
4			

二、机器学习与深度学习

（一）机器学习技术

机器学习

机器学习（machine learning，简称 ML）是一门多领域交叉学科，涉及概率论、统计学、逼近论、凸分析、算法复杂度理论等多门学科。机器学习专门研究计算机如何模拟或实现人类的学习行为，以获取新的知识或技能，重新组织已有的知识结构，使之不断改善自身的性能。机器学习是人工智能的核心，也是计算机具有智能的最基本途径。机器学习如图 3-36 所示。

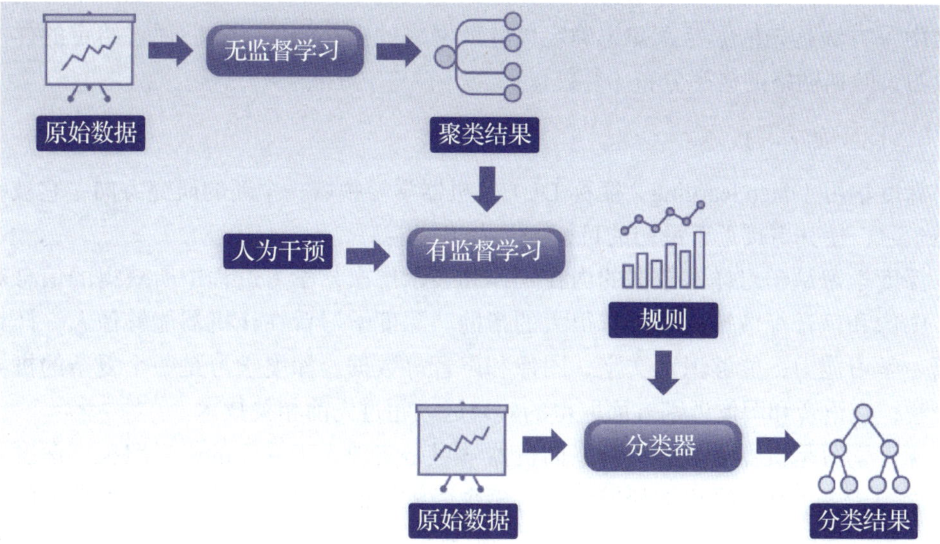

图 3-36　机器学习示意图

机器学习基于学习方式可分为：

（1）监督学习（有导师学习）：输入数据中有人为标注，以概率函数或人工神经网络为基函数模型，采用迭代计算方法，学习结果为函数形式。

（2）无监督学习（无导师学习）：输入数据中无须人为标注，采用聚类方法，学习结果为类别。典型的无导师学习有发现学习、聚类学习、竞争学习等。

（3）强化学习（增强学习）：以环境反馈（奖 / 惩信号）作为输入，以统计和动态规划技术为指导。

机器学习基于数据形式可分为：

（1）结构化学习：以结构化数据作为输入，以数值计算或符号推演为方法。典型的结构化学习有神经网络学习、统计学习、决策树学习和规则学习。

（2）非结构化学习：以非结构化数据作为输入。典型的非结构化学习有类比学习、案例学习、解释学习、聚类学习、图像挖掘和 Web 挖掘等。

机器学习基于学习目标可分为：

（1）概念学习：学习的目标和结果为概念，或者说是为了获得概念的学习。典型的概念学习主要有示例学习。

（2）规则学习：学习的目标和结果为规则，或者说是为了获得规则的学习。典型的规则学习主要有决策树学习。

（3）函数学习：学习的目标和结果为函数，或者说是为了获得函数的学习。典型的函数学习主要有神经网络学习。

（4）类别学习：学习的目标和结果为对象类，或者说是为了获得类别的学习。典型的类别学习主要有聚类分析。

（5）贝叶斯网络学习：学习的目标和结果是贝叶斯网络，或者说是为了获得贝叶斯网络的学习。其又可分为结构学习和参数学习两个阶段。例如，比较简单的贝叶斯网络学习方法是先依据专家知识确定贝叶斯网络的拓扑结构，然后通过给定的样本数据学习贝叶斯网络的概率分布（参数）。

（二）深度学习技术

深度学习（deep learning，简称 DL）是机器学习领域一个新的研究方向，它被引入机器学习，使其更接近于最初的目标——人工智能。

深度学习是学习样本数据的内在规律和表示层次，学习过程中所获得的信息对文字、图像和声音等数据的解释有很大的帮助。深度学习旨在让机器能够像人一样具有分析、学习能力，能够识别文字、图像和声音等数据。深度学习是一个复杂的机器学习算法，在语音和图像识别方面取得的效果远远超过先前相关技术。

深度学习是机器学习的一种，而机器学习是实现人工智能的必经路径。深度学习的概念源于人工神经网络的研究，含有多个隐藏层的多层感知器就是一种典型的深度学习结构。深度学习通过组合低层特征，形成更加抽象的高层，表示属性类别或特征，以发现数据的分布式特征。研究深度学习的动机在于建立模拟人脑进行分析学习的神经网络，它通过模仿人脑机制来解释数据，比如图像、声音和文本等。深度学习模型如图 3-37 所示。

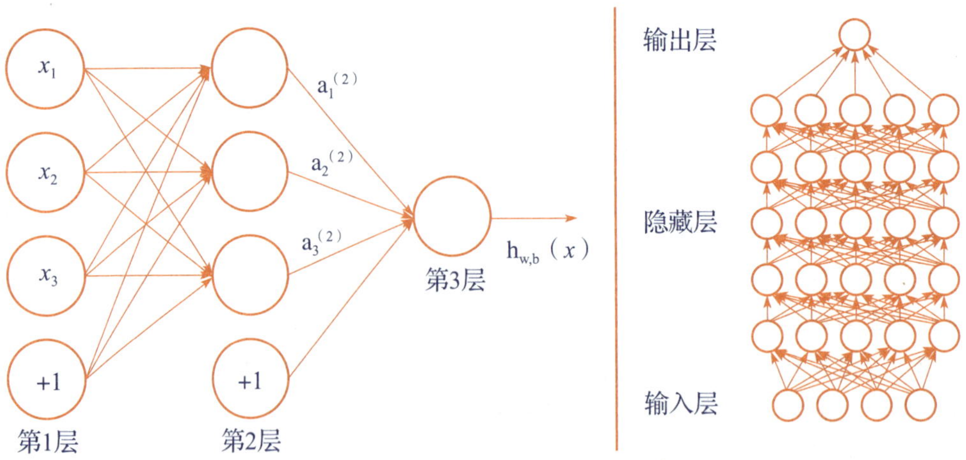

图 3-37　含多个隐藏层的深度学习模型

从一个输入中产生一个输出所涉及的计算可以通过一个流向图（flow graph）来表示。流向图是一种能够表示计算的图，在这种图中，每一个节点表示一个基本的计算以及一个计算的值，计算的结果被应用到这个节点的子节点。值得注意的是，输入节点没有父节点，输出节点没有子节点。

（三）深度学习与机器学习的关系

二者的学习过程有区别，如图 3–38 所示。

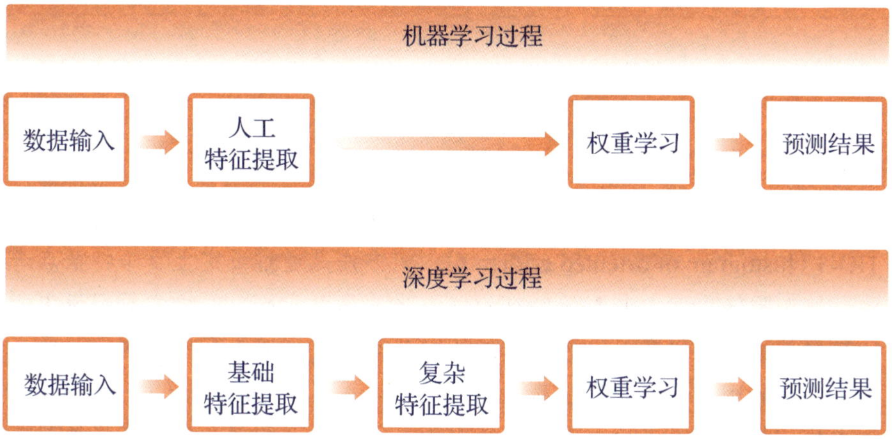

图 3–38　机器学习、深度学习的学习过程

二者并不相互独立。由图 3–39 可见，深度学习是机器学习的一个子集，而机器学习又是人工智能的一个子集，因此深度学习是人工智能的一个子技术分支。

图 3–39　深度学习与机器学习的关系

课堂讨论 2

机器学习与深度学习的区别是什么？两者有着怎样的关系？完成表 3–11。

表 3-11　比较机器学习与深度学习

序号	相同点	不同点
1		
2		
3		
4		

知识加油站

戴了口罩，还能否进行高准确度的人脸识别？

目前人脸识别的方法主要是基于人脸特征点的向量化提取，比如用方向梯度直方图 HOG（histogram of oriented gridients）。该方法是通过设定上百个特征点进行梯度提取，把人脸转化为一个 *N* 阶特征矩阵。当采集到人脸时，检索数据库中所有人脸的特征向量进行近似度对比的计算，给出分类后置信度最高的样本，并通过设置相似度值来判断到底是不是数据库里的人脸样本。比如 Openface 和 Facenet 都是采用这种方法。戴了口罩以后，人脸特征中的口、鼻、下巴部分的特征将被忽略，一张脸的特征提取点明显减少，其准确率自然下降，但这并不意味着戴了口罩，机器就完全失去了人脸识别的能力。

在这种人脸识别没有足够特征的情况下，自然对未戴口罩部位的清晰度提出了较高的要求。一般认为至少要 600dpi 以上，并用级联网络逐级定位到人眼、眉毛、鼻子这个区域，如果没有精准定位这个区域，那么在最终分类时准确率会更低。当然特定应用场景下，比如工厂门禁等对于误识率要求不高的场景，可以通过降低相似度要求，保证通过率，进而保证该场景的应用。当然，在精度要求高的领域，比如人脸支付等场景，允许戴口罩进行人脸识别显然是不合适的。

任务工单

<table>
<tr><td>任务名称</td><td colspan="6">设计刷脸消费登记系统</td></tr>
<tr><td>任务目的</td><td colspan="6">了解人脸采集、信息登记系统结构，能够结合应用场景进行具体设计。</td></tr>
<tr><td>任务内容</td><td colspan="6">1. 根据自己的生活经验和知识技能选取合适的智慧消费系统应用场景；
2. 搜集这些场景中的功能需求，并查阅相关资料考证实现方法；
3. 对应用场景的刷脸消费系统进行个性化设计。</td></tr>
<tr><td rowspan="2">第（　）组</td><td>姓名</td><td colspan="2"></td><td colspan="2"></td><td></td></tr>
<tr><td>学号</td><td colspan="2"></td><td colspan="2"></td><td></td></tr>
<tr><td rowspan="10">任务实操</td><td colspan="6">需求分析</td></tr>
<tr><td>1</td><td colspan="5"></td></tr>
<tr><td>2</td><td colspan="5"></td></tr>
<tr><td>3</td><td colspan="5"></td></tr>
<tr><td>4</td><td colspan="5"></td></tr>
<tr><td colspan="2">核心功能模块</td><td colspan="2">硬件</td><td colspan="2">软件</td></tr>
<tr><td colspan="2"></td><td colspan="2"></td><td colspan="2"></td></tr>
<tr><td colspan="2"></td><td colspan="2"></td><td colspan="2"></td></tr>
<tr><td colspan="2"></td><td colspan="2"></td><td colspan="2"></td></tr>
<tr><td colspan="6">对设计出的个性化人脸采集、信息登记系统的工作流程进行描述：</td></tr>
</table>

考核评价

评价说明：在本次任务完成后，由任课教师主导，采用学习过程评价与学习结果评价相结合的方法，综合运用自我评价、小组评价及教师评价三种方式，确定三种评价方式分别占总成绩的比例，并加权计算出学生本次任务的考核评价分。

任务完成考核评价表			
任务名称	智慧消费	子任务名称	设计刷脸消费登记系统
班级		学生姓名	
评价方式	评价内容	分值	成绩
自我评价	课堂讨论 1 完成情况	15	
	课堂讨论 2 完成情况	15	
	任务工单完成情况	40	
	对知识和技能的掌握程度	10	
	我胜任了小组内的工作	20	
	合计		
小组评价	本小组本次任务完成质量	30	
	该成员本次任务完成质量	30	
	该成员参与小组活动的态度	20	
	该成员的合作精神和沟通能力	20	
	合计		
教师评价	该成员所在小组的任务完成质量	30	
	该成员的本次任务完成质量	30	
	该成员对所在小组活动的参与度	20	
	该成员对本次任务的贡献度	20	
	合计		
总评 = 自我评价 ×（ ）% + 小组评价 ×（ ）% + 教师评价 ×（ ）% =			

子任务二

设计智能点餐问答系统

任务名称	智慧消费	子任务名称	设计智能点餐问答系统
学习目标	知识目标	● 掌握问答系统的设计流程和分类； ● 了解语音识别技术原理及应用； ● 了解图灵测试和自然语言处理。	
	能力目标	● 具备根据实际需求找出智能问答关键字信息的能力； ● 能够描述智能问答系统的工作流程； ● 能团队协作完成智能点餐问答系统设计。	
	素养目标	从实际生活中的问答系统业务场景入手，通过学习专业知识，掌握技能应用的方法，增强专业自信，进一步树立科技强国的思想信念。	
任务描述	问答系统在生活中随处可见。那么，问答系统是如何实现的？问答系统的原理是什么？这就要求我们对问答系统有深入的了解。		
任务准备	● 对有问答系统的应用场所实所观察，直观了解问答系统的软、硬件组成； ● 了解问答系统产品，体验其功能和作用。		
实施提醒	与传统的餐馆点餐相比，智能点餐问答系统有明显的区别和特点，需要开拓思维，灵活应对多种不同的点餐话术场景需求。		

知识准备

一、问答系统的概念

问答系统（question answering system，简称 QA）是信息检索系统的一种高级形式，能用准确、简洁的自然语言回答用户用自然语言提出的问题。其研究兴起的主要原因是人们对快速、准确地获取信息的需求。问答系统是人工智能和自然语言处理领域中备受关注且具有广泛发展前景的研究方向。

课堂讨论 1

1. 在完成就餐人员信息登记后用户向机器人点餐，机器人如何识别人类的语言？

____

____

2. 调研用户向机器人点餐的步骤和内容，模拟点餐话术场景。

____

____

3. 如果用户所点的菜品餐厅没有，机器人如何处理？

____

____

二、语义理解和语音识别

（一）语义理解

这里的语义理解主要是指语音识别里的语义理解，它是自然语言处理的重要分支（关于自然语言处理的内容后续章节还将介绍），它研究能实现人与机器之间进行有效交互的理论与方法。机器人在收到麦克风传来的语音信息时，首先要将其转换成文字信息，然后把文字信息转换成机器能识别的数字信号，也就是人们常说的解码，解码后也就相当于理解了人类的语音内容。语义理解是一门融语言学、计算机科学、语音学为一体的科学，它也是计算机科学研究的重要部分。

信息抽取（information extraction，简称 IE）是将嵌入在文本中的非结构化信息提取并转换为结构化数据的过程，从自然语言构成的语料中提取出命名实体之间的关系，是一种基于命名实体识别更深层次的研究。信息抽取的过程（如图 3–40 所示）可分为以下三步：首先对非结构化的数据进行自动化处理；其次是有针对性地抽取文本信息；最后把所抽取的信息用结构化的形式表示出来。信息抽取最基本的工作是命名实体识别，而核心在于对实体关系的抽取。

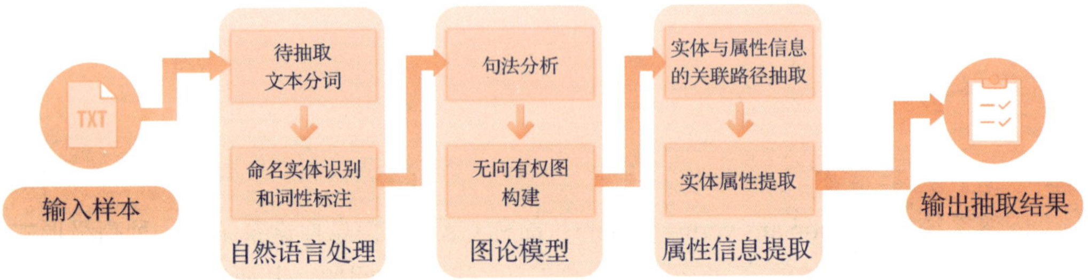

图 3–40　信息抽取过程

（二）语音识别

语音识别是一门交叉学科。近二十年来，语音识别技术取得显著进步，开始从实验室走向市场。近几年，语音识别技术已经开始进入工业、家电、通信、汽车、医疗、家庭服务、消费电子产品等领域。很多专家都认为，语音识别技术是 2000—2010 年信息技术领域十大重要的科技发展技术之一。语音识别技术所涉及的领域涵盖信号处理、模式识别、概率论和信息论、发声机理和听觉机理等。语音识别过程如图 3–41 所示。

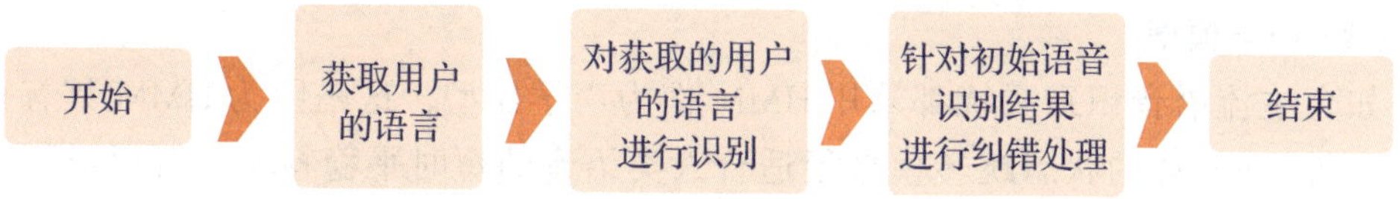

图 3-41　语音识别过程

语音识别方法有如下四种。

1. 基于语言学和声学的方法

基于语言学和声学的方法是最早应用于语音识别的方法，但是这种方法涉及的知识太过于复杂，因此并未得到大规模的普及和发展。

2. 随机模型法

目前随机模型法应用较为成熟。该方法主要采用提取特征、训练模板、对模板进行分类和对模板进行判断来对语音进行识别。该方法涉及的技术一般有三种：动态时间规整（dynamic time warping，简称 DTW）、隐马尔科夫模型（hidden markov model，简称 HMM）算法和矢量量化（vector quantization，简称 VQ）技术。其中，HMM 算法相较于其他两者的优点是简便、优质，在语音识别性能方面更为优异。正因为如此，目前大部分语音识别系统使用 HMM 算法。

（1）声学特征提取。

模拟的语音信号进行采样得到波形数据之后，首先要输入到特征提取模块，提取出合适的声学特征参数，供后续声学模型训练使用。好的声学特征应当考虑以下三个因素：第一，应当具有比较优秀的区分特性，以使声学模型不同的建模单元可以方便准确地建模。第二，特征提取也可以看作是对语音信息进行压缩和编码的过程，既需要将信道、说话人的因素消除，保留与内容相关的信息，又需要在不损失过多有用信息的情况下使用尽量低的参数维度，便于高效准确地进行模型训练。第三，对环境噪声的抗干扰能力。声学特征提取训练如图 3-42 所示。

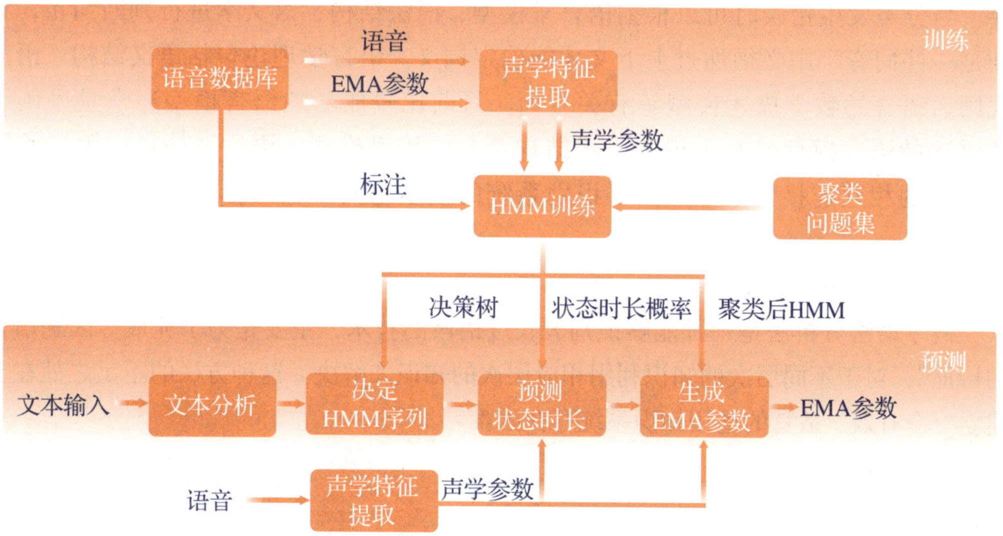

图 3-42　声学特征提取训练

（2）声学模型。

如今主流语音识别系统都采用HMM作为声学模型，这是因为HMM具有很多优良特性。HMM的状态跳转模型很适合人类语音的短时平稳特性，可以对不断产生的观测值（语音信号）进行统计建模；其中的动态规划算法可以有效地实现对可变长度的时间序列进行分段和分类的功能。HMM的应用范围广泛，只要选择不同的生成概率密度，离散分布或者连续分布，都可以使用此法进行建模。HMM以及与之相关的技术在语音识别系统中处于最核心的地位。自从1967年HMM被提出以来，它在语音信号处理及相关领域的应用范围变得越来越广泛，在语音识别领域起到核心角色的作用，它还广泛应用于精音的参数合成、语言理解、机器翻译等其他领域。

3. 利用神经网络的方法

使用卷积神经网络（convolutional neural networks，简称CNN）来实现语音识别，其主要步骤如下：

（1）预处理。首尾端的静音切除，降低对后续步骤造成的干扰，然后进行声音分帧，把声音切开成帧，各帧之间保留适度的交叠。

（2）特征提取。运用的算法为梅尔频率倒谱系数（Mel frequency cepstrum coefficient，简称MFCC），即把每一帧波形变成一个包含声音信息的多维向量。

（3）循环神经网络（RNN）模型训练。有了特征，就可以使用符号数学系统（Tensor Flow）完成模型的建立和训练了。

（4）验证模型。对相应的声音数据进行分类，例如数据是数数的数据，能够输出对应的数字。

语言模型包括由识别语音命令构成的语法网络或由统计方法构成的语言模型，语言处理可以进行语法、语义分析。语言模型对中、大词汇量的语音识别系统特别重要。当分类发生错误时可以根据语言学模型、语法结构、语义学进行判断纠正，特别是一些同音字则必须通过上下文才能确定词义。语言学理论包括语义结构、语法规则、语言的数学描述模型等有关方面。目前比较成功的语言模型通常是采用统计语法的语言模型与基于规则语法结构命令的语言模型。语法结构可以限定不同词之间的相互连接关系，减少了识别系统的搜索空间，从而有利于提高系统的识别率。

4. 概率语法分析法

概率语法分析法是一种能够识别大长度语段的技术，主要是为了完成“区别语言的特征”，对于不同层次的知识利用相应层次的知识来解决。这种方法的不足之处在于建立一个有效、适宜的适用知识系统存在困难。

课堂讨论 2

语音识别主要有哪四种方法？说说其各自的特点，填写表3-12。

表 3–12　比较语音识别方法的不同点

序号	方法名称	特点
1		
2		
3		
4		

知识加油站

智能客服机器人核心技术——人工神经网络

人工神经网络（artificial neural network，简称 ANN）是 20 世纪 80 年代以来人工智能领域兴起的研究热点。它从信息处理角度对人脑神经元网络进行抽象，建立某种简单模型，按不同的连接方式组成不同的网络。在工程与学术界也常直接简称为神经网络或类神经网络。神经网络是一种运算模型，由大量的节点（或称神经元）相互连接构成。每个节点代表一种特定的输出函数，称为激励函数（activation function）。每两个节点间的连接都代表一个对于通过该连接信号的加权值，称为权重，这相当于人工神经网络的记忆。网络的输出则根据网络的连接方式、权重值和激励函数的不同而不同。网络自身通常都是对自然界某种算法或者函数的逼近，也可以理解为是对一种逻辑策略的表达。

ANN 是在语音识别发展后期才有的一种新的识别方法，如图 3–43 所示。它其实是一种模拟人类神经活动的方法，同时具有人的一些特性，如自动适应和自主学习。其较强的归类能力和映射能力在语音识别技术中具有很高的利用价值。业界将 ANN 与传统的方法进行结合，各取所长，以提高语音识别率。

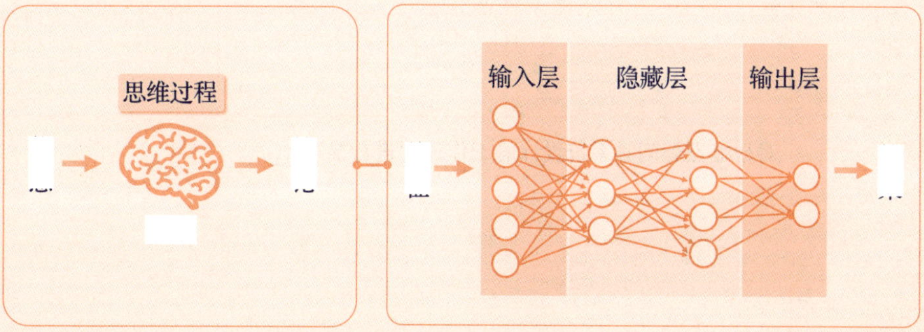

图 3–43　ANN 示意图

任务工单

<table>
<tr><td>任务名称</td><td colspan="4">设计智能点餐问答系统</td></tr>
<tr><td>任务目的</td><td colspan="4">了解问答系统的设置流程，掌握设计问答系统的原理和方法。</td></tr>
<tr><td>任务内容</td><td colspan="4">1. 根据自己的生活经验，模拟实际点餐场景，设计问答内容；
2. 搜集这些场景中的功能需求，了解问答内容中的关键字匹配。</td></tr>
<tr><td rowspan="2">第（　）组</td><td>姓名</td><td></td><td></td><td></td></tr>
<tr><td>学号</td><td></td><td></td><td></td></tr>
<tr><td rowspan="10">任务实操</td><td colspan="4">需求分析</td></tr>
<tr><td>1</td><td colspan="3"></td></tr>
<tr><td>2</td><td colspan="3"></td></tr>
<tr><td>3</td><td colspan="3"></td></tr>
<tr><td>4</td><td colspan="3"></td></tr>
<tr><td colspan="2">核心功能模块</td><td>硬件</td><td>软件</td></tr>
<tr><td colspan="2"></td><td></td><td></td></tr>
<tr><td colspan="2"></td><td></td><td></td></tr>
<tr><td colspan="2"></td><td></td><td></td></tr>
<tr><td colspan="4">对智能点餐问答系统设计的工作流程进行描述：</td></tr>
</table>

考核评价

评价说明：在本次任务完成后，由任课教师主导，采用学习过程评价与学习结果评价相结合的方法，综合运用自我评价、小组评价及教师评价三种方式，确定三种评价方式分别占总成绩的比例，并加权计算出学生本次任务的考核评价分。

任务完成考核评价表			
任务名称	智慧消费	子任务名称	设计智能点餐问答系统
班级		学生姓名	
评价方式	评价内容	分值	成绩
自我评价	课堂讨论 1 完成情况	15	
	课堂讨论 2 完成情况	15	
	任务工单完成情况	40	
	对知识和技能的掌握程度	10	
	我胜任了小组内的工作	20	
	合计		
小组评价	本小组本次任务完成质量	30	
	该成员本次任务完成质量	30	
	该成员参与小组活动的态度	20	
	该成员的合作精神和沟通能力	20	
	合计		
教师评价	该成员所在小组的任务完成质量	30	
	该成员的本次任务完成质量	30	
	该成员对所在小组活动的参与度	20	
	该成员对本次任务的贡献度	20	
	合计		
总评 = 自我评价 ×（ ）% + 小组评价 ×（ ）% + 教师评价 ×（ ）% =			

任务三

子任务三

设计智能结算系统

任务名称	智慧消费	子任务名称	设计智能结算系统
学习目标	知识目标	• 了解智能结算的整体流程和关键技术； • 了解智能结算的原理和应用； • 了解计算机视觉和机器学习的工作原理。	
	能力目标	• 具备根据实际需求找出智能结算关键特征信息的能力； • 具备团队合作完成智能结算系统设计的能力。	
	素养目标	从实际生活中智能结算的业务场景入手，通过学习专业知识掌握智能结算的方法，增强诚信意识和网络支付安全意识。	
任务描述	智能结算在生活消费过程中随处可见。那么，智能结算是怎样实现的？其中机器视觉的原理又是什么？		
任务准备	• 去消费市场实地考察智能结算，了解智能结算的软、硬件组成； • 查阅相关电子资源，了解智能结算系统的结构组成等。		
实施提醒	与传统的现场消费相比，智能结算系统有着明显的区别。虽然智能结算系统有着通用的一般结构和核心技术，但由于应用场景的不同，会有很多不同的应用功能。		

知识准备

一、了解智能餐饮结算

智能餐饮结算是指通过一系列的智能技术完成自动结算，可以避免人工结算烦琐的操作过程，可应用于各种智能餐厅。智能结算系统改变了传统餐厅的结算慢、易出错、成本高和体验差的状况，高度优化结算方案。但由于智能餐饮结算的核心技术有差异化，因此成本和便捷程度、准确度都会有差异。

目前智能餐饮结算应用的原理，主要有射频技术和图像识别两种。

射频技术用于智能结算，是在每一个餐具底部植入射频芯片，餐具进入具有结算功能的射频天线感应区后，通过对餐具底部射频芯片进行读写操作，借助于计算机及通信技术，对餐具底部射频芯片的通信和管理，实现快速结算。

射频技术用于智能结算，具有快速、准确等特点，但是这种技术有着明显的不足，需要定制餐具和餐盘，即客户必须使用这种技术结算方案厂商生产的加入射频芯片的餐盘。餐盘成本较高，是普通餐盘的 2 ～ 4 倍。而且，由于芯片不耐高温等特点，在餐具消毒或者装饭菜环节容易使芯片损坏而不能感应，因此后期更换餐具成本高。

图像识别技术被广泛应用在智能餐饮结算中。目前，图像识别技术用于智能餐饮结算领域，主要根据餐具的大小、形状、颜色和菜品等特性快速智能识别。识别“结算区”中的餐具、产品图像并智能精准结算，并连接一卡通等第三方支付系统，让就餐者快速完成支付，减少排队时间。

图像识别智能结算技术，也称为视觉智能结算技术，相比于射频技术，除了快速、准确等特点外，还有着不需要定制餐盘，成本低、后期维护简单等特点。同时，还可以对菜品进行识别和数据分析，具有菜品推荐等功能。

课堂讨论 1

比较智能餐饮结算应用原理——射频技术和图像识别两者的优缺点，完成表 3-13。

表 3-13　射频技术和图像识别的优缺点

应用原理	优点	缺点
射频技术		
图像识别		

二、智能结算的核心技术——机器视觉

智能结算的核心技术，即“机器视觉”。机器视觉是人工智能正在快速发展的一个分支。机器视觉最早可追溯到 20 世纪 50 年代提出的二维图像的统计模式识别。机器视觉的目的是让机器代替人类的眼睛，进行分析、判断和测量。其主要工作过程是智能结算台通过摄像头拍摄目标图像，把图像转换成数据信号，随后传送给特殊的图像处理系统，根据图像内部提供的信息来判断目标物的具体特征，并给出最终结果（见图 3-44）。虽说过程似乎很复杂，但其实机器在运行时的速度很快，完成识别菜品和结算这两个步骤通常只需不到 0.5 秒钟的时间。

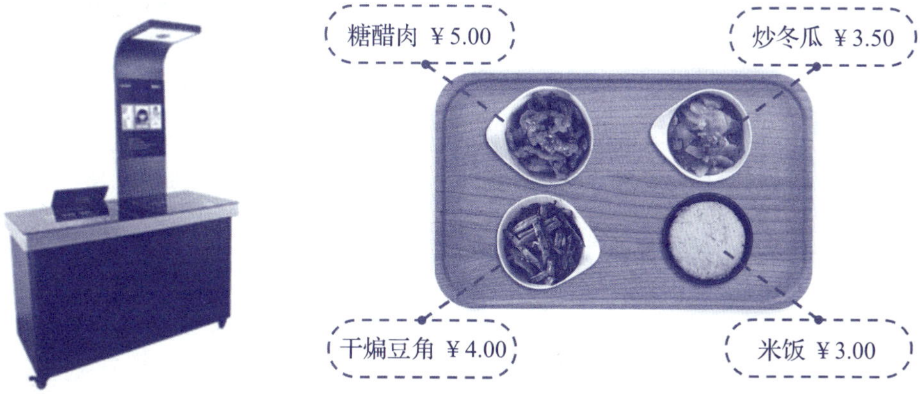

图 3-44　智能结算台

这里需要注意机器视觉与计算机视觉的区别。两者略有不同。计算机视觉是一门

研究如何使机器“看”的科学，更具体地说，就是指用摄影机和电脑代替人眼对目标进行识别、跟踪和测量等，并进一步做图形处理，形成更适合人眼观察或传送给仪器检测的图像。机器视觉系统最基本的特点是提高生产的灵活性和自动化程度。在一些不适于人工作业的危险工作环境或者人工视觉难以满足要求的场合，用机器视觉来替代人工视觉。同时，在大批量重复性工业生产过程中，用机器视觉检测方法可以大大地提高生产的效率和自动化程度。

机器视觉的工作原理：机器视觉检测系统采用电荷耦合元件（CCD）照相机将被检测的目标转换成图像信号，传送给专用的图像处理系统，然后根据像素分布和亮度、颜色等信息，转变成数字信号，图像处理系统对这些信号进行各种运算来抽取目标特征，如面积、数量、位置、长度，再根据预设的允许度和其他条件输出结果，包括尺寸、角度、个数、合格或不合格、有或没有等，最终实现自动识别功能。机器视觉的工作原理如图 3–45 所示。

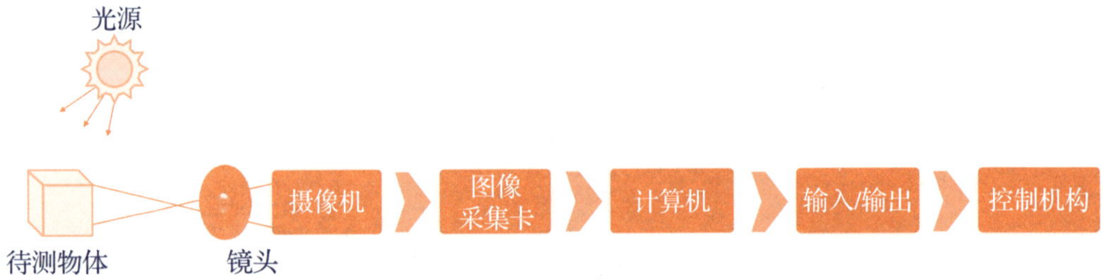

图 3–45　机器视觉工作原理示意图

课堂讨论 2

具体描述机器视觉的实现步骤，完成表 3–14。

表 3–14　机器视觉的实现步骤

序号	步骤	硬件或软件工具
1		
2		
3		
4		
5		

三、图像检索技术

图像检索是智能结算的关键技术。20 世纪 70 年代，有关图像检索的研究就已开始，当时主要是基于文本的图像检索技术（text-based image retrieval，简称 TBIR），利用文本描述的方式描述图像的特征，如绘画作品的作者、年代、流派、尺寸等。到 90 年代以后，出现了对图像的内容语义，如图像的颜色、纹理、布局等进行分析和检索的图像检索技术，即基于内容的图像检索（content-based image retrieval，简称 CBIR）技术。CBIR 属于基于内容检索（content-based retrieval，简称 CBR）的一种，CBR 中还包括对动态视频、音频等其他形式多媒体信息的检索技术。图像检索的过程如图 3-46 所示。

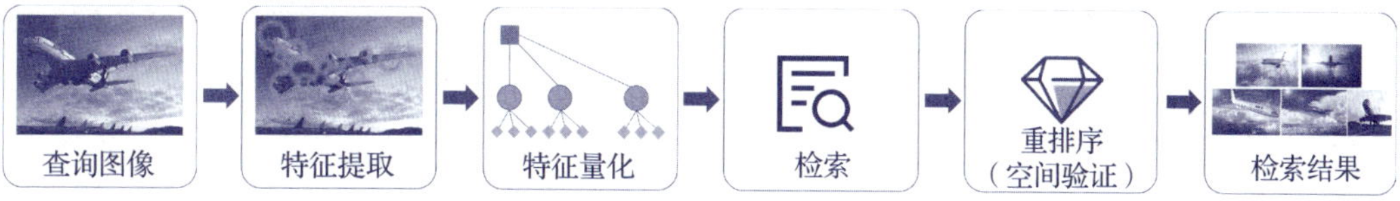

图 3-46　图像检索过程示意图

目前，图像检索发展为基于文本和基于内容两个分支。

（一）基于文本对图像进行检索

试图将传统的文本检索技术移植于对多媒体信息的检索上，因为基于文本的检索技术发展已经成熟。如 Page-Rank 方法、概率方法、位置方法、摘要方法、分类或聚类方法、词性标注法等，不仅技术发展较为成熟，同时分析和实现的难度略小。但是因为受控词汇本身的局限，易歧义、更新慢，所以不太容易应对网络上日新月异的各类图像。

（二）基于图像内容对图像进行分析和检索

相比而言，尽管图像检索已经出现了诸如直方图、颜色矩、颜色集等多种表征图像特征的方法，但是要突破对低层次特征的分析，实现更高语义上的检索，实现难度大、进展慢。不过，基于内容的图像检索建立在多媒体信息的内容语义上，能够更为客观地反映媒体的本质特征。

结合文本和内容，进行融合性研究，发挥各自的优势促进图像的高效、简单检索方式的实现，尤其是网络环境下，结合图像所在 Web 文档的特征分析，推断图像的特征，同时结合对图像的内容分析，共同标引以达到对图像的分析和检索。基于特征提取图像检索流程如图 3-47 所示。

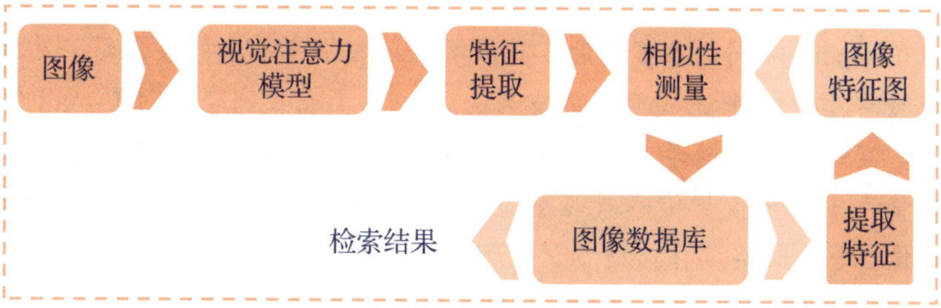

图 3-47　基于特征提取图像检索流程

课堂讨论 3

比较基于文本图像检索和基于图像内容检索两者的优缺点，完成表 3-15。

表 3-15　基于文本和基于图像内容检索的优缺点

检索技术名称	优点	缺点
基于文本图像检索		
基于图像内容检索		

知识加油站

AI 自助结账购物车

AI 自助结账购物车（见图 3-48）利用 AI 技术制造出内置条码扫描器和信用卡刷卡器的购物车。这种购物车含有三维图像识别摄像头和重量传感器，可以自动扫描商品，并能自动结账，大大方便了顾客。这种购物车因为使用方便，有望提升顾客访问量，开启新型的自主购物模式。

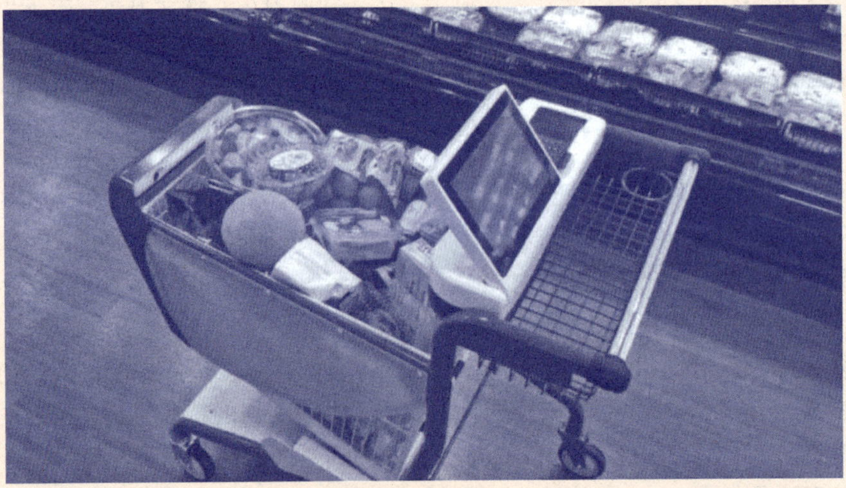

图 3-48　AI 自助结账购物车

跃氪（Caper）公司的智能购物车让顾客可以扫描商品上的条形码，然后用信用卡刷卡，或者用手机来完成商品的支付，购物小票或收据会通过 E-mail 的方式发送给顾客。实际每次扫描时，智能购物车要拍上百张照片，并精确称重。智能购物车上的摄像头采用和重量传感器匹配的图像识别技术来识别顾客放在车里的商品。顾客可以像往常一样在实体店购物，但无须排队结账。

任务工单

<table>
<tr><td>任务名称</td><td colspan="4">设计智能结算系统</td></tr>
<tr><td>任务目的</td><td colspan="4">了解智能结算系统结构，能够结合应用场景进行具体设计。</td></tr>
<tr><td>任务内容</td><td colspan="4">1. 根据自己的生活经验和知识技能选取合适的智慧消费系统应用场景；
2. 搜集这些场景中的功能需求，并查阅相关资料，考证结算实现的方法；
3. 对智能结算系统进行个性化设计。</td></tr>
<tr><td rowspan="2">第（　）组</td><td>姓名</td><td></td><td></td><td></td></tr>
<tr><td>学号</td><td></td><td></td><td></td></tr>
<tr><td rowspan="9">任务实操</td><td colspan="4">需求分析</td></tr>
<tr><td>1</td><td colspan="3"></td></tr>
<tr><td>2</td><td colspan="3"></td></tr>
<tr><td>3</td><td colspan="3"></td></tr>
<tr><td colspan="2">核心功能模块</td><td>硬件</td><td>软件</td></tr>
<tr><td colspan="2"></td><td></td><td></td></tr>
<tr><td colspan="2"></td><td></td><td></td></tr>
<tr><td colspan="2"></td><td></td><td></td></tr>
<tr><td colspan="4">对智能结算系统的设计工作流程进行描述：</td></tr>
</table>

考核评价

评价说明：在本次任务完成后，由任课教师主导，采用学习过程评价与学习结果评价相结合的方法，综合运用自我评价、小组评价及教师评价三种方式，确定三种评价方式分别占总成绩的比例，并加权计算出学生本次任务的考核评价分。

任务完成考核评价表			
任务名称	智慧消费	子任务名称	设计智能结算系统
班级		学生姓名	
评价方式	评价内容	分值	成绩
自我评价	课堂讨论 1 完成情况	10	
	课堂讨论 2 完成情况	10	
	课堂讨论 3 完成情况	10	
	任务工单完成情况	40	
	对知识和技能的掌握程度	10	
	我胜任了小组内的工作	20	
	合计		
小组评价	本小组本次任务完成质量	30	
	该成员本次任务完成质量	30	
	该成员参与小组活动的态度	20	
	该成员的合作精神和沟通能力	20	
	合计		
教师评价	该成员所在小组的任务完成质量	30	
	该成员的本次任务完成质量	30	
	该成员对所在小组活动的参与度	20	
	该成员对本次任务的贡献度	20	
	合计		
总评 = 自我评价 ×（　）% + 小组评价 ×（　）% + 教师评价 ×（　）% =			

任务四

智慧医疗

任务导入

当今社会，人类平均寿命已经大大延长，“人生七十古来稀”这一说法已经过时。我们不仅希望活得更长，还希望活得更好、更健康、更有活力，这就需要更高品质的医疗健康服务。而现在的医院有经验的医护人员供不应求，“看病一分钟，排队大半天”的情况更是屡见不鲜。就医时对于就诊流程的茫然无措、医疗资源不平衡、城市和农村的医疗技术相差甚远等一系列问题困扰着患者。随着科技的进步，人工智能等新兴技术与医疗的融合产生了新的解决方案——智慧医疗。

智慧医疗是智慧城市的重要组成部分。秉承智慧城市建设理念，智慧医疗为民众带来更有效、更高质的健康保障。本任务带领大家认识智慧医疗及构建智慧医疗典型应用场景的关键技术。

子任务一

认识智慧医疗

任务名称	智慧医疗	子任务名称	认识智慧医疗
学习目标	知识目标	• 了解智慧医疗的内涵； • 了解智慧医疗的发展现状； • 熟悉智慧医疗的典型应用场景。	
	能力目标	• 具备文献搜索能力； • 具备总结阐述能力。	
	素养目标	学习智慧医疗发展，感受我国在智慧医疗领域的建设成效，培养爱党爱国、回报社会的正面情感。	
任务描述	智慧医疗已经出现在我们身边，每个人都或多或少体验过智慧医疗服务。那么，究竟什么是智慧医疗？智慧医疗的发展现状如何？智慧医疗领域又有哪些成熟的应用？建设智慧医疗的意义是什么？		
任务准备	针对任务描述中所提到的四个问题，查阅相关资料进行学习。		
实施提醒	将每个问题的查阅结果做好记录，并进行总结。		

知识准备

一、探讨智慧医疗的应用

认识智慧医疗

根据统计信息，我国社会老龄化率在未来的几十年将急剧拉升。老龄化趋势加速、慢性病患病率增加、医疗资源不平衡、医务人员缺失等一系列现状，对健康服务提出了更多更高的要求。医疗服务的质量，与人民的幸福指数息息相关。国家出台了一系列医疗改革政策，为智慧医疗建设奠定了政策基础。

中国行业研究报告网发布的《2017—2021 年中国智慧医疗行业市场开发及投资趋势研究报告》中提到，国内医疗信息化解决方案市场规模达到 108.5 亿元，2015—2020 年的年复合增长率达到 29.6%，未来这一市场规模将超 500 亿元。

在政策推动下，在 5G、人工智能等新兴技术加持下，智慧医疗得到快速发展，智慧医疗作为人工智能的重要落地领域，应用场景众多（见图 3-49），主要包括以下几个方面。

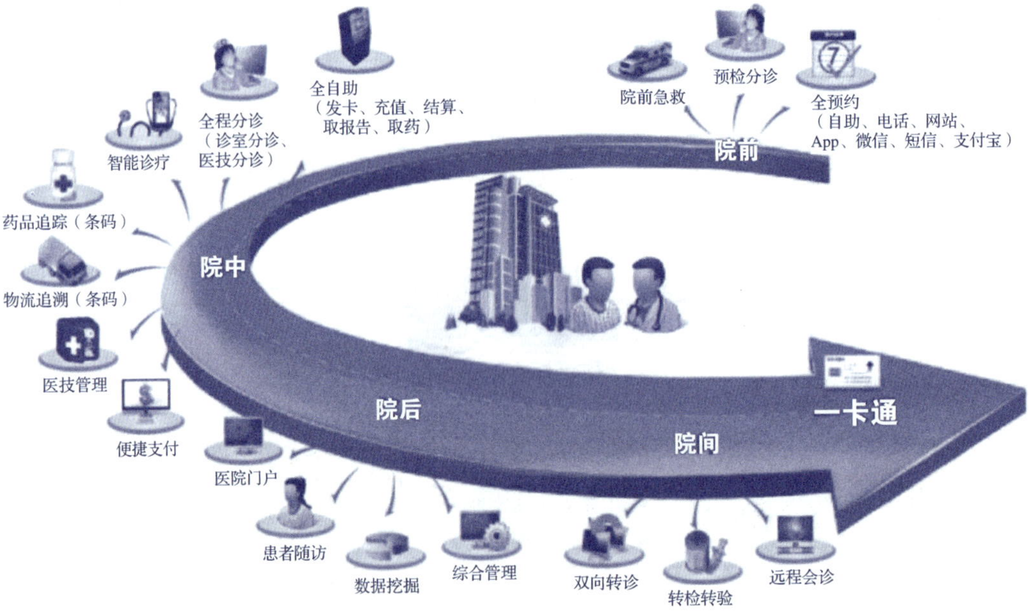

图 3-49　智慧医疗全景图

（一）智慧导诊

现在越来越多的医院部署了智慧导诊机器人，为就医人员提供医院介绍、预检分诊、导航定位、指路等服务，大大方便了患者，同时减轻了大厅导诊护士的工作量，提高了医院的服务质量和效率。

医院通过云端、网络、机器相结合的智慧导诊机器人，利用智能语音和自然语言处理等技术，提供人性化的智能导诊服务。有的智慧导诊机器人具有智能记忆功能，通过与患者进行对话和语义理解，提供优质人机交互服务，实现鉴诊导诊功能，极大提高医院的服务效率。

（二）手术机器人

随着人工智能和物联网等新兴科技的发展，一批公司将目光投向医疗领域中外科手术技术的变革，手术机器人行业得到了迅速发展，开创了机器人进行外科手术的新领域。

比较知名的达·芬奇手术机器人是世界上应用最为广泛的手术机器人，可以应用于心脏、胸腺等部位的软组织手术。手术机器人可以在手术过程中提供手术影像引导，医生通过操作手术手柄，运用机械臂完成手术。达·芬奇手术机器人在全球范围辅助手术数量由2009年的20.5万例增长至2020年的124.3万例，年均复合增长率达到17.8%。

（三）智能诊疗

智能诊疗系统的问世缓解了医务人员短缺、部分地区医疗水平不高的难题，可以辅助医生更好更快地进行病情分析，甚至可以给出诊断结果。现阶段的智能诊疗系统分析病理的准确率较高。诊疗系统通过输入海量的数据集，扫描成千上万的案例，不断学习，从而提升系统自身的准确率。诊疗系统还可以通过网络技术进行远程诊断，可以为体检机构提供高质量的影像筛查，快速全面提升筛查诊断水平。

目前智能诊疗系统的水平已经可以通过问诊、检查、智能分析，筛查出潜在的高危患者。通过“大数据+人工智能”技术方案，构建人工智能辅助诊疗应用，辅助临床医生进行疾病诊断，对影像医学数据进行建模分析，为医生推荐治疗方案，提升医生特别是基层全科医生的医疗水平，提升偏远地区的医疗效率和质量。

（四）智能健康管理

智能健康管理是以数字技术为手段，利用无线通信技术辅助医疗监护，实现对远程患者身体指标进行实时、连续健康监测，并将获取的数据和信息以无线通信方式传送给医护人员的一种远程监护形式。智能健康管理功能多样，不仅可以支持可穿戴监护设备在使用过程中进行生命体征信息的采集、处理和计算，并将所有信息传输到远端监控中心，远端医护人员可实时根据患者当前状态，做出及时的病情判断和处理，还可以为居民提供实时的健康管理服务，为医护人员提供在线医疗服务平台，为卫生管理者提供健康档案动态数据，实现对个人健康的全程监控。

医疗是中国人工智能应用的重点领域之一，涉及管理、诊断、治疗、研发、康复等各个方面。随着数字技术的发展，在医疗领域的应用场景逐渐丰富，未来数字技术还会在医疗领域持续产生积极影响。

课堂讨论 1

请回想生活中应用过哪些智慧医疗服务，并举例说明，完成表 3-16。

表 3-16　智慧医疗服务场景

服务场景	具体功能

二、智慧医疗的定义及组成

智慧医疗起源于 IBM 提出的“智慧地球”战略概念。智慧地球包括智慧医疗、智慧城市等六大领域。智慧医疗指的是以智能的方式满足医疗卫生领域多方面的需求，从而保证各类人群能在最合适的时间获得预防性、治疗性、个性化的医疗服务。

智慧医疗，目前尚没有完整的、准确的和被社会公众所普遍认可的定义，一般是从技术角度去解释：由物联网、大数据、云计算、人工智能、5G 等领域的发展，使得人类的医疗行为方式和医疗服务手段发生变化，引起医疗数据的处理能力呈数量级增长，且呈智能化和个性化趋势。可以说，智慧医疗是数字化信息技术在医疗保健领域的全面应用，用以对疾病进行诊断、治疗、监测、预防以及管理等。

普遍认为，智慧医疗由三部分组成，分别是智慧医院系统、区域卫生系统、家庭健康系统。

（一）智慧医院系统

智慧医院系统由数字医院和提升应用两部分组成。数字医院包括医院信息系统（hospital information system，简称 HIS）、实验室信息管理系统（laboratory information management system，简称 LIS）、医学影像信息存储系统（picture archiving and communication systems，简称 PACS）和传输系统以及医生工作站。数字医院是传统的医院数字化升级的体现。提升应用是在数字医院基础之上的扩展服务，包括远程图像传输、大数据处理等技术在数字医院的应用，实现医疗服务软实力的提升，比如：远程探视、远程会诊、自动报警、智慧处方等。

（二）区域卫生系统

区域卫生系统由区域卫生平台和公共卫生系统两部分组成。区域卫生平台的功能是收集、传输和处理各类医疗单位的信息，包括社区、医院、医疗科研机构、卫生监管部门等记录的所有信息，目的是应用先进的信息技术，帮助各类医疗单位以及相关组织开展疾病危险度的评价，制订以个人为基础的危险因素干预计划，减少医疗费用支出，以及制定预防和控制疾病发生发展的电子健康档案（electronic health record，简称 HER）。公共卫生系统由公共卫生服务系统和公共卫生管理系统组成。

（三）家庭健康系统

家庭健康系统是最贴近居民的健康保障，包括针对无法送往医院进行救治的病患的远程医疗，对慢性病以及老幼病患的远程照护，对智障、残疾、传染病等特殊人群的健康监测，还包括自动提示用药时间、服用禁忌、剩余药量等的智能服药系统。

课堂讨论 2

探讨智慧医疗的组成，简要描述各部分的主要功能，完成表 3-17。

表 3-17　智慧医疗组成部分

序号	组成部分	主要功能
1		
2		
3		
4		
5		

三、智慧医疗的发展现状

自 2009 年 IBM 提出“智慧医疗”概念以来，国内外关于智慧医疗的研究和探索不断发展。2017 年，国务院印发的《新一代人工智能发展规划》指出，推广应用人工智能治疗新模式新手段，建立快速精准的智能医疗体系。2018 年，国务院办公厅《关于促进“互联网 + 医疗健康”发展的意见》指出，发展“互联网 +”医疗服务，推进“互联网 +”人工智能应用服务。人工智能、“互联网 +”、大数据已成为业务融合和促进创新发展的“新三驾马车”，推动了建设智慧医疗的探索实践。

信息技术是智慧医疗建设的重要保障之一，能够降低医疗成本，为居民提供智能化、数字化、个性化的医疗服务，满足更高效、低失误、开放共享的医疗需求。

我国智慧医疗建设正处于快速发展阶段，大部分一、二线城市医疗系统的信息化建设已初见成效。但从总体上而言，目前仍处于基础阶段，智慧医疗的智能化、数字化、网络化的医疗服务优势并没有得到充分发挥，仍需多方协同合作。随着我国的综合国力不断增强，在“互联网 +”“人工智能 +”的推动下，有许多智慧医疗产品逐渐成熟落地，但是在信息处理和数据运算等方面还存在一些问题。这些问题的存在使得开展精细化医疗面临着许多难题。精细化医疗更加注重的是能够利用智慧医疗与互联网进行合作，对信息和数据进行快速处理，为医院搭建一个网络化医疗交流平台，使医疗的质量和效率得到提高。

课堂讨论 3

探讨智慧医疗目前存在的问题，可结合现实生活举例说明，完成表 3-18。

表 3-18　智慧医疗存在的问题

序号	存在的问题	例子
1		
2		
3		
4		
5		

任务工单

<table>
<tr><td>任务名称</td><td colspan="4">认识智慧医疗</td></tr>
<tr><td>任务目的</td><td colspan="4">了解智慧医疗的意义及作用，明确智慧医疗的应用场景。</td></tr>
<tr><td>任务内容</td><td colspan="4">1. 搜索智慧医疗的典型应用场景；
2. 思考智慧医疗解决了生活中的哪些痛点问题；
3. 搜集资料，思考智慧医疗的发展方向。</td></tr>
<tr><td rowspan="2">第（　）组</td><td>姓名</td><td></td><td></td><td></td></tr>
<tr><td>学号</td><td></td><td></td><td></td></tr>
<tr><td rowspan="3">任务实操</td><td>除教材中提到的，智慧医疗还有哪些典型的应用场景？</td><td colspan="3"></td></tr>
<tr><td>根据自己或亲友的就医经历，描述就医过程中遇到的难题，简要说明是否已有相应的解决方案。</td><td colspan="3"></td></tr>
<tr><td>根据智慧医疗的组成及发展现状，讨论智慧医疗未来的发展方向。</td><td colspan="3"></td></tr>
</table>

考核评价

评价说明：在本次任务完成后，由任课教师主导，采用学习过程评价与学习结果评价相结合的方法，综合运用自我评价、小组评价及教师评价三种方式，确定三种评价方式分别占总成绩的比例，并加权计算出学生本次任务的考核评价分。

任务完成考核评价表			
任务名称	智慧医疗	子任务名称	认知智慧医疗
班级		学生姓名	
评价方式	评价内容	分值	成绩
自我评价	课堂讨论 1 完成情况	20	
	课堂讨论 2 完成情况	20	
	课堂讨论 3 完成情况	20	
	任务工单完成情况	20	
	对知识和技能的掌握程度	10	
	我胜任了小组内的工作	10	
	合计		
小组评价	本小组本次任务完成质量	30	
	该成员本次任务完成质量	30	
	该成员参与小组活动的态度	20	
	该成员的合作精神和沟通能力	20	
	合计		
教师评价	该成员所在小组的任务完成质量	30	
	该成员的本次任务完成质量	30	
	该成员对所在小组活动的参与度	20	
	该成员对本次任务的贡献度	20	
	合计		
总评 = 自我评价 ×（ ）% + 小组评价 ×（ ）% + 教师评价 ×（ ）% =			

子任务二

认识智能导诊机器人的关键技术

任务名称	智慧医疗	子任务名称	认识智能导诊机器人的关键技术
学习目标	知识目标	• 掌握自然语言处理的概念； • 掌握自然语言处理的流程； • 理解自然语言处理的研究内容。	
	能力目标	• 能够设计智能导诊机器人自然语言处理方案； • 具备团队合作完成系统设计的能力。	
	素养目标	在机器人方案设计中，思考工程伦理问题，培养高尚的职业道德。	
任务描述	如何在医院迅速找对医生看上病，不仅困扰着患者，也困扰着医院。针对就诊人流集中、医院导诊人力不足等问题，医院部署智能导诊机器人提供服务，实现导诊、指路、医事咨询等服务智能化。那么，机器人如何理解患者的问话，给出有效的回答呢？这就是我们本次任务要学习的技术——自然语言处理。		
任务准备	• 了解大型医院智能导诊机器人服务； • 了解自然语言处理的基本概念。		
实施提醒	请从自然语言处理的角度去探索导诊机器人用到的技术。		

知识准备

一、智能导诊机器人简介

很多患者对医院的就诊流程并不清楚，尤其是在大型医院，如果没有人指导，将会耗费大量的时间在烦琐的流程上。医院导诊服务人员工作时间长，重复性劳动多，工作效率低，人工成本高。针对这些问题，可以利用智能导诊机器人（见图 3-50），为前来就诊的患者提供医院信息查询、医生信息查询、病情咨询、健康宣传、就医分流等服务。

医院可以通过患者与机器人的互动，辅以强大的医疗知识库，缓解患者多、需求杂所带来的压力，同时以机器人代替人工解答问题，尤其是对高频问题进行解答，大大减轻导诊人员的工作量，降低医院运行成本，提高导诊效率。

患者可以与智能导诊机器人进行语音交互，明确就诊流程，查询就诊位置、就诊路线以及就医科室建议。智能导诊机器人为医院的接诊工作带来极大便利，让患者感受信息时代智能化优质服务。

图 3-50　智能导诊机器人

课堂讨论 1

根据自己或亲友的就医体验，列举智能导诊机器人的功能，完成表 3-19。

表 3-19　导诊机器人的功能

序号	功能
1	
2	
3	
4	
5	

二、自然语言处理

自然语言处理

机器人为什么能理解人类的语言？为什么能给出正确的回应？其中用到的关键技术之一就是自然语言处理。智能导诊机器人交互流程如图 3-51 所示。

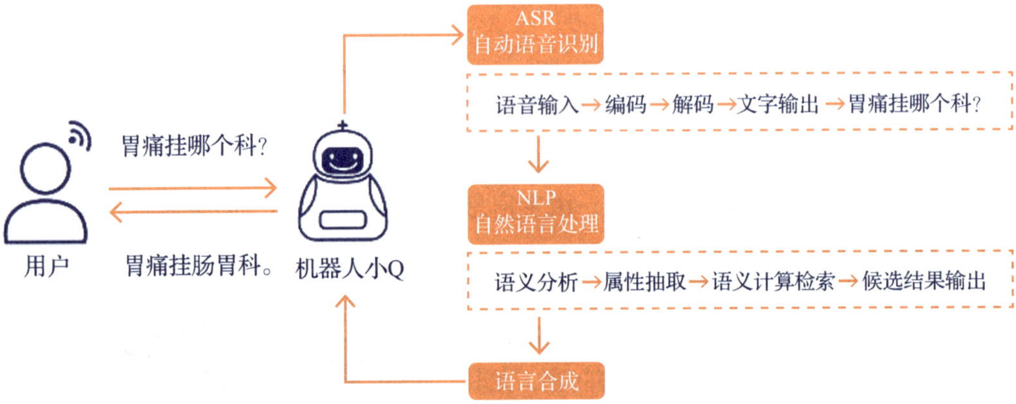

图 3-51　智能导诊机器人交互流程

自然语言处理（natural language processing，简称 NLP）是人工智能的一个重要方向，目前已经有许多基于自然语言处理的技术应用，比如手机的智能助手、翻译软件，这些应用的核心都涉及自然语言处理相关技术。

（一）自然语言处理的概念

自然语言处理是研究计算机处理人类语言的一门技术，用电子计算机模拟人的语言交际过程，使计算机能处理、理解和运用人类的自然语言，实现人与机器之间的交互，以代替人的部分脑力劳动，包括查询资料、解答问题、摘录文献、汇编资料，以及一切有关自然语言信息的加工处理。

不同的语言之间是无法直接进行交流的，比如人类就无法听懂动物的叫声，甚至不同语言的人类之间都无法直接交流。而计算机更是如此，为了让计算机之间互相交流，人们让所有计算机都遵守一定规则，这些规则就是计算机之间的语言。既然人类不同语言之间可以有翻译，那么人类和机器之间是否可以通过“翻译”来交流呢？自然语言处理就充当翻译的角色，是人和机器之间沟通的桥梁。自然语言处理如图 3-52 所示。

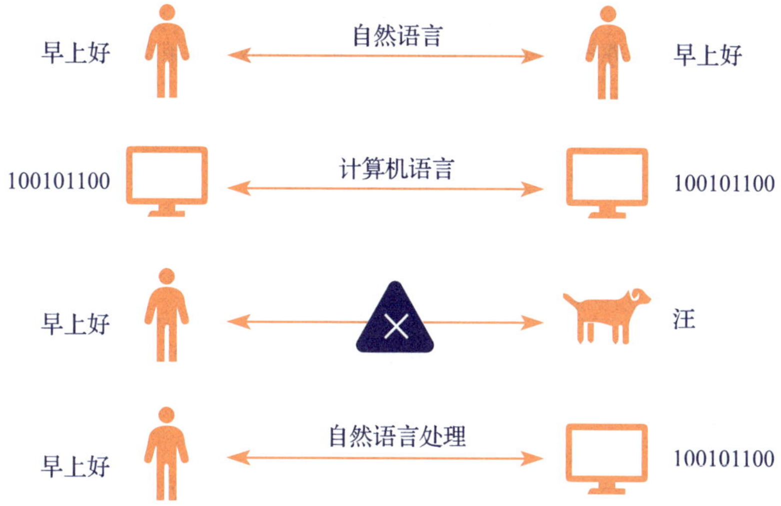

图 3-52　自然语言处理示意图

课堂讨论 2

自然语言处理的应用场景众多，请举例说明你用过的应用，完成表 3-20。

表 3-20　自然语言处理应用场景

序号	自然语言应用场景举例
1	
2	
3	
4	
5	

（二）自然语言处理的研究内容

一般来说，自然语言处理有两个核心任务：自然语言理解（natural language understanding，简称 NLU）和自然语言生成（natural language generation，简称 NLG）。前者是使计算机理解人类的自然语言，将人类语言转换为机器可读的格式。通俗来讲就是理解语言、文本等，提取有用的信息，使自然语言结构化，比如分词、词性标注、句法分析、文本分类等。后者通过已有的结构化数据、文本、图表、音频、视频等，生成人类可以理解的自然语言形式的文本，如翻译、摘要等。

自然语言处理包括以下内容。

1. 句法语义分析

对于给定的句子，进行分词、词性标记、命名实体识别和链接、句法分析、语义角色识别和多义词消歧。

2. 信息抽取

从给定文本中抽取重要的信息，比如，时间、地点、人物、事件、原因、结果、数字、日期、货币、专有名词等。通俗说来，就是要了解谁在什么时候、什么原因、对谁、做了什么事、有什么结果，涉及实体识别、时间抽取、因果关系抽取等关键技术。

3. 文本数据挖掘

包括文本聚类、文本分类、摘要、情感分析以及对挖掘的信息和知识的可视化、交互式的表达界面，如文本生成图片。

4. 机器翻译

将输入的源语言文本通过自动翻译获得另外一种语言的文本。根据输入媒介不同，可以细分为文本翻译、语音翻译、手语翻译、图形翻译等。机器翻译从最早的基于规则的方法到基于统计的方法，再到现在的基于端到端的神经网络的方法，形成了严谨的方法体系。

5. 信息检索

信息检索是指对大规模的文档进行个性化搜索或语义搜索。在查询的时候，对输入的查询条件，比如一个检索词或者一个句子进行分析，然后在索引里面查找匹配的候选文档，再根据排序机制把候选文档排序，最后输出排序得分最高的文档。

6. 问答系统

问答系统是指对一个自然语言表达的问题，由问答系统给出一个精准的答案。需要对自然语言查询语句进行某种程度的语义分析，包括实体链接、关系识别，形成逻辑表达，然后到知识库中查找可能的候选答案，并通过排序机制找出最佳的答案。

7. 对话系统

系统通过一系列的对话，跟用户进行聊天、回答、完成某一项任务。涉及用户意图理解、通用聊天引擎、问答引擎、对话管理等技术。

（三）自然语言处理的流程

自然语言处理的流程大致可分为以下几个步骤。

1. 获取语料

语料，即语言材料，是构成语料库的基本单元。一般用文本作为替代，并把文本中的上下文关系作为现实世界中语言的上下文关系的替代品。我们把一个文本集合称为语料库，当有几个这样的文本集合的时候，我们称之为语料库集合。

2. 语料预处理

语料预处理会占到整个自然语言处理 50% ～ 70% 的工作量。基本过程包括：

（1）语料清洗，即保留语料中有用的数据，删除噪声数据。常见的清洗方式有：人工去重、对齐、删除、标注等。

例如这个句子："小明？ @# ￥住（(）在朝阳区对朝阳区"，清洗后为"小明住在朝阳区"。

（2）分词，是指将短文本和长文本处理为最小单位粒度的过程，比如分成字、词或词语。常用的分词方法有基于规则的、基于统计的，而统计的样本内容来自一些标准的语料库。

例如这个句子："小明住在朝阳区"，我们期望语料库统计后分词的结果是："小明 / 住在 / 朝阳 / 区"，而不是"小明 / 住在 / 朝 / 阳区"。那么如何做到这一点呢？从统计的角度，可以通过条件概率分布来解决。对于一个新的句子，我们可以通过计算各种分词方法对应的联合分布概率，找到最大概率对应的分词方法，即为最优分词。在这个例子中，"朝阳""区"所对应的概率最大，所以分词的结果是"朝阳 / 区"。

（3）词性标注，即对每个词或词语加上词类标签，也称词性标签，是一个经典的序列标注问题。如：形容词、动词、名词等。

例如："小明 / 住在 / 朝阳 / 区"，词性标注将其中的"小明"标注为名词，"住在"标注为动词，"朝阳"标注为专有名词，"区"标注为名词。

（4）去停用词，即去掉对文本特征没有任何贡献的字词，如标点符号、语气、人称等。

例如："小明住在朝阳区啊哦"，去停用词的结果是"小明住在朝阳区"。

3. 特征工程

将分词之后的字和词语表示成计算机能够计算的类型，通常是向量。

4. 特征选择

在一个实际问题中，构造好的特征向量，是要选择合适的、表达能力强的特征。文本特征一般都是词语，具有语义信息，使用特征选择能够找出一个特征子集，其仍然可以保留语义信息；但通过特征提取找到的特征子空间，将会丢失部分语义信息。

5. 模型训练及评价

对于不同的应用需求，选取不同的模型和评测指标。

传统的有监督和无监督等机器学习模型有：KNN、SVM、Naive Bayes、决策树、GBDT、K-means 等模型。深度学习模型有：CNN、RNN、LSTM、Seq2Seq、FastText、

TextCNN 等。

常用的评测指标有准确率、召回率、F 值等。准确率是衡量检索系统的查准率；召回率是衡量检索系统的查全率；F 值是综合准确率和召回率用于反映整体的指标，F 值较高则说明模型有效。

课堂讨论 3

总结自然语言处理的一般流程，并画出流程图。

知识加油站

知识推理

1. 知识推理的基本概念

知识推理，是在已有知识的基础之上，推断出未知知识的过程。通过已经获取的知识，从中得到所蕴含的新的事实，或者从大量的已有的知识中进行归纳，例如从个体知识推广到一般性知识。知识推理是人工智能领域非常重要的技术分支。

2. 知识推理的分类

（1）逻辑推理和非逻辑推理。

推理的方法大致上可以分为逻辑推理和非逻辑推理。逻辑推理的过程约束和限制都比较严格，相对而言，非逻辑推理对于约束和限制的关注度则没有那么高。

根据逻辑推理的方法进行细分，可以分成演绎推理、归纳推理。

演绎推理，是从一般到个别的推理，这是一种自上而下的推理，在给定一个或者多个前提的条件下，推断出一个必然成立的结果。比如，给定条件：外面下雪了。得到结论：现在是冬天。

归纳推理，与演绎推理相反，是一种自下而上的过程，即从个体到一般的过程。比如，斐波那契数列：1，1，2，3，5，8，13…根据所给出的条件，推断此数列为 $a_{n+2}=a_{n+1}+a_n$，$a_1=1$。

（2）其他推理分类。

知识推理还可以基于不同的原则有不同的分类。

按照所利用的知识是否精确来划分，分为确定性推理和非确定性推理。确定性推理是指所利用的知识是精确的，并且推理出的结论也是确定的。非确定性推理，是指所利用的知识具有某种不确定性。非确定性推理又分为似然推理和近似推理，前者是基于概率论的推理方式，后者是基于模糊逻辑的推理。

按照推理出的结论是否单调递增来划分，分为单调推理和非单调推理。单调推理是随着推理的方向向前推进和新的知识的加入，推理出来的结论单调递增，逐步接近最终目标。非单调推理是指在推理过程中，随着新的知识的加入，需要否定已经推理出来的结论，使推理回退到前面的某一步，重新开始。

按照是否用与问题有关的启发性知识来划分，分为启发式推理和非启发式推理。

知识推理的分类如图 3-53 所示。

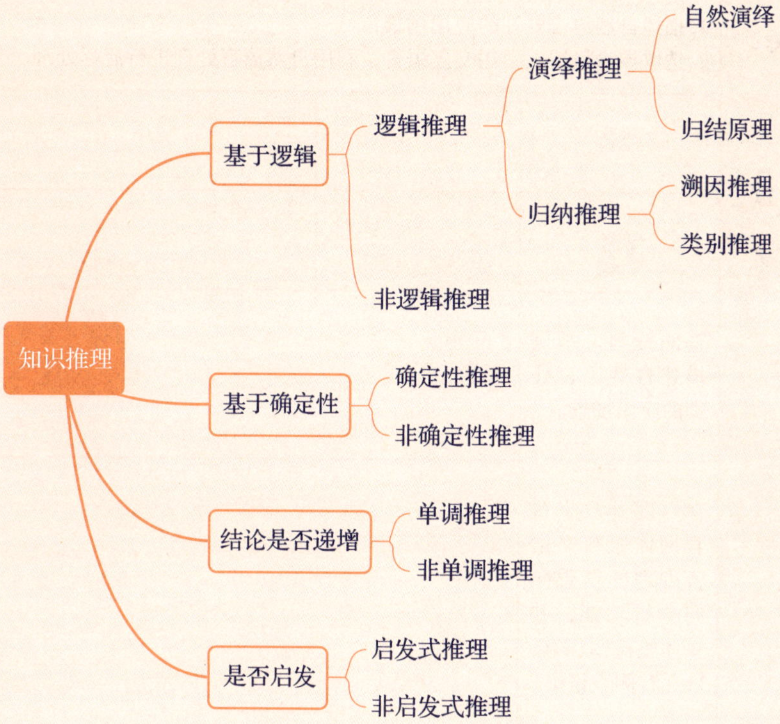

图 3-53　知识推理的分类

任务工单

<table>
<tr><td>任务名称</td><td colspan="4">认识智能导诊机器人的关键技术</td></tr>
<tr><td>任务目的</td><td colspan="4">理解自然语言处理的概念，熟悉自然语言处理的工作流程。选取导诊机器人常用交互语言，利用自然语言处理进行流程处理。</td></tr>
<tr><td>任务内容</td><td colspan="4">1. 描述自然语言处理的应用场景；
2. 选取导诊机器人常用交互语言，利用自然语言处理进行流程处理。</td></tr>
<tr><td rowspan="2">第（　）组</td><td>姓名</td><td></td><td></td><td></td></tr>
<tr><td>学号</td><td></td><td></td><td></td></tr>
<tr><td rowspan="6">任务实操</td><td>查阅资料，举例描述自然语言处理的应用场景。</td><td colspan="3"></td></tr>
<tr><td>在百度开放平台官网体验自然语言处理的情感倾向分析功能，并将体验截图保存，放在右侧表格中。</td><td colspan="3"></td></tr>
<tr><td rowspan="4">对“我的我的眼睛不舒服，嗯。。嗯。。请问眼科怎么走？”这句话进行语料预处理。</td><td>语料清洗</td><td colspan="2"></td></tr>
<tr><td>分词</td><td colspan="2"></td></tr>
<tr><td>词性标注</td><td colspan="2"></td></tr>
<tr><td>去停用词</td><td colspan="2"></td></tr>
</table>

考核评价

评价说明：在本次任务完成后，由任课教师主导，采用学习过程评价与学习结果评价相结合的方法，综合运用自我评价、小组评价及教师评价三种方式，确定三种评价方式分别占总成绩的比例，并加权计算出学生本次任务的考核评价分。

任务完成考核评价表			
任务名称	智慧医疗	子任务名称	认识智能导诊机器人的关键技术
班级		学生姓名	
评价方式	评价内容	分值	成绩
自我评价	课堂讨论 1 完成情况	20	
	课堂讨论 2 完成情况	20	
	课堂讨论 3 完成情况	20	
	任务工单完成情况	20	
	对知识和技能的掌握程度	10	
	我胜任了小组内的工作	10	
	合计		
小组评价	本小组本次任务完成质量	30	
	该成员本次任务完成质量	30	
	该成员参与小组活动的态度	20	
	该成员的合作精神和沟通能力	20	
	合计		
教师评价	该成员所在小组的任务完成质量	30	
	该成员的本次任务完成质量	30	
	该成员对所在小组活动的参与度	20	
	该成员对本次任务的贡献度	20	
	合计		
总评＝自我评价 ×（　）%＋小组评价 ×（　）%＋教师评价 ×（　）%＝			

任务四

子任务三

理解智能辅助诊疗系统

任务名称	智慧医疗	子任务名称	理解智能辅助诊疗系统
学习目标	知识目标	• 掌握专家系统的概念和一般结构； • 掌握知识图谱的概念和构建流程。	
	能力目标	能够设计简单的智能辅助诊疗系统一般结构。	
	素养目标	通过知识图谱构建，把握量变引起质变的辩证观点，培养脚踏实地、埋头苦干的精神。	
任务描述	当前我国各地区医疗水平发展不均衡，医疗资源总量不足，医疗机构水平参差不齐，优质医疗资源分布失衡。针对这一难题，引入人工智能技术，辅助临床医生进行疾病诊断，为医生智能推荐治疗方案，提升医生特别是基层全科医生的医疗水平。那么，辅助诊疗用到了人工智能中的哪些分支技术？该任务带领大家进行学习。		
任务准备	• 查阅资料，总结辅助诊疗有哪些方式； • 思考使用辅助诊疗存在的风险。		
实施提醒	注意专家系统和知识图谱的联系与区别。		

知识准备

一、智能辅助诊疗系统

近年来，我国各类医疗机构年诊疗总人次已超过 70 亿，医疗资源分配不均，城镇农村医疗水平两极分化，医疗卫生行业面临巨大的服务压力。

随着医疗信息化的快速发展，电子病历和健康档案的广泛应用，医院信息系统产生了大量的文档、表格、图像、语音等多媒体信息。利用智能辅助诊疗系统，在临床医疗活动过程中，对患者数据进行整合分析，实时提供诊疗建议，为提升医疗卫生服务能力，解决医疗资源紧缺问题带来新契机。

智能辅助诊疗系统由于其强大的计算能力，可以快速对海量的医学文献、病例数据和诊疗方案进行检索，分析数据之间的隐含关系，能够帮助医院开展辅助诊疗、药物研发等，推动医疗技术的进步。目前，已经有各类疾病辅助诊断系统在很多医院正式上线运行。

早期的医疗诊断 MYCIN 系统是由爱德华·肖特利弗（Edward H. Shortliffe）等人于 1972 年开始研制的、用于诊断和治疗感染性疾病的医疗专家系统，不仅能对传染性疾病做出专家水平的诊断和治疗，而且便于使用、理解、修改和扩充。此外，它可以使用自然语言同用户对话，回答用户提出的问题，还可以在专家的指导下学习新的医疗知识。

智能辅助诊疗系统已经越来越多地应用在各个医院。实现智能诊疗，专家系统和知识图谱在其中起到至关重要的作用。

课堂讨论 1

搜集资料，说明目前已经在医院普遍应用的智能辅助诊疗系统有哪些，完成表 3-21。

表 3-21　智能辅助诊疗系统

序号	智能辅助诊疗系统举例
1	
2	
3	
4	
5	

二、专家系统

（一）专家系统的定义与一般结构

专家系统

专家系统目前尚无统一的定义，简单定义为专家级、智能型的计算机程序系统。费根鲍姆提出，“专家系统是一种智能的计算机程序，它运用知识和推理步骤来解决只有专家才能解决的复杂问题”。

专家系统的一般结构如图 3-54 所示。

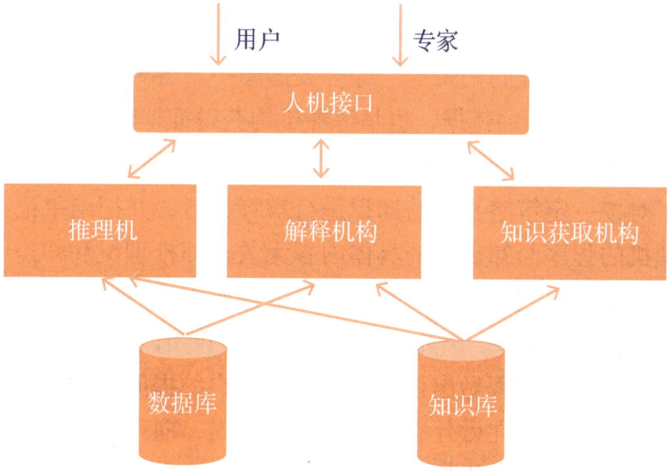

图 3-54　专家系统的一般结构

1. 知识库

用以存放特定领域专家提供的专门知识。知识库中拥有知识的数量和质量是系统性能和问题求解能力的关键因素，因此知识库是专家系统的核心部分。

2. 数据库

用于在工作过程中存放问题求解的初始证据、中间结果、目标、求解状态及最终结果等。

3. 推理机

在一定控制策略下，针对综合数据库的当前信息，识别和选取知识库中的有用知识进行推理。

4. 解释机构

根据用户的提问，对系统得出的结论、求解过程提供说明。除了增加系统的可接受性外，在系统自身的生成、测试、运行和维护过程中起着重要作用。

5. 知识获取机构

辅助知识工程师获取知识的程序及系统的自学习模块等。

6. 人机接口

用户与系统交流的接口。

（二）专家系统的工作原理

知识库是问题求解所需要的领域知识的集合，包括基本事实、规则和其他有关信息。知识的表示形式可以是多种多样的，包括框架、规则、语义网络等。知识库中的知识源于领域专家，是决定专家系统能力的关键，即知识库中知识的质量和数量决定着专家系统的质量水平。知识库是专家系统的核心组成部分。一般来说，专家系统中的知识库与专家系统程序是相互独立的，用户可以通过改变、完善知识库中的知识内容来提高专家系统的性能。

数据库也称为动态库或工作存储器，是反映当前问题求解状态的集合，用于存放系统运行过程中所产生的所有信息，以及所需要的原始数据，包括用户输入的信息、推理的中间结果、推理过程的记录等。综合数据库中由各种事实、命题和关系组成的状态，既是推理机选用知识的依据，也是解释机构获得推理路径的来源。

推理机是实施问题求解的核心执行机构，它实际上是对知识进行解释的程序。根据知识的语义，对按一定策略找到的知识进行解释执行，并把结果记录到动态库的适当空间中。推理机的程序与知识库的具体内容无关，即推理机和知识库是分离的，这是专家系统的重要特征。它的优点是对知识库的修改无须改动推理机，但是纯粹的形式推理会降低问题求解的效率。因此，可以将推理机和知识库相结合。

解释机构用于对求解过程做出说明，并回答用户的提问。解释机构涉及程序的透明性，它让用户理解程序正在做什么和为什么这样做，向用户提供关于系统的一个认识窗口。在很多情况下，解释机构是非常重要的。为了回答“为什么”得到某个结论的询问，系统通常需要反向跟踪动态库中保存的推理路径，并把它翻译成用户能接受的自然语言表达方式。

知识获取机构负责建立、修改和扩充知识库，把问题求解的各种专门知识从人类专家的头脑中或其他知识源那里转换到知识库中。知识获取可以是手工的，也可以采用半自动或全自动方法。

人机接口是系统与用户进行交流时的界面。通过该界面，用户输入基本信息、回答系统提出的过程性问题，系统通过人机接口向用户输出推理结果及相关的解释。

课堂讨论 2

搜集资料，说明比较著名的专家系统有哪些，并简要阐述它们所应用的领域，填写表 3-22。

表 3-22　专家系统

序号	专家系统名称	应用领域
1		
2		
3		
4		
5		

三、知识图谱

知识图谱

（一）知识图谱的概念

知识图谱（knowledge graph）本质上是一种叫作语义网络（semantic network）的知识库，即具有有向图结构的一个知识库。通俗一点说：知识图谱是由实体、关系和属性组成的一种数据结构，也可以认为是数据库的 2.0。知识图谱示例如图 3-55 所示。

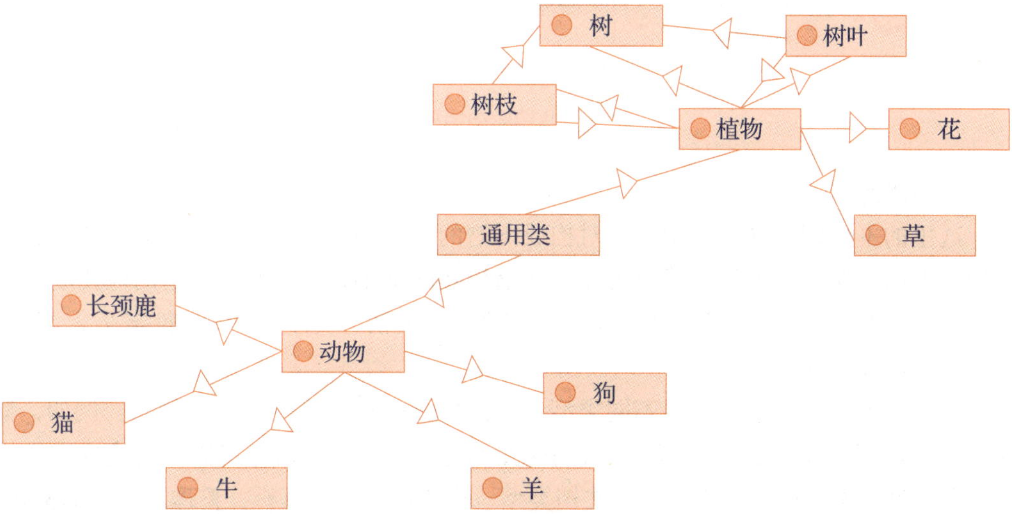

图 3-55　知识图谱示例图

知识图谱的概念由谷歌于2012年正式提出，旨在实现更加智能的搜索引擎，并且于2013年以后在学术界和业界普及。目前，随着智能信息服务应用的不断发展，知识图谱已被广泛应用于智能搜索、智能问答、个性化推荐、情报分析、反欺诈等领域。另外，通过知识图谱能够将互联网上的信息、数据以及链接关系聚集为知识，使信息资源更易于计算、理解以及评价，形成一套互联网语义知识库。知识图谱以其强大的语义处理能力与开放互联能力，为万维网上的知识互联奠定扎实的基础。

知识图谱也可以理解为结构化的语义知识库，用于迅速描述物理世界中的概念及其相互关系。知识图谱通过对错综复杂的文档的数据进行有效的加工、处理、整合，转化为简单、清晰的"实体—关系—实体"的三元组，最后聚合大量知识，从而实现知识的快速响应和推理。

（二）知识图谱的构建流程

知识图谱有自顶向下和自底向上两种构建方式。所谓自顶向下构建是借助百科类网站等结构化数据源，从高质量数据中提取本体和模式信息，加入知识库中；所谓自底向上构建，则是借助一定的技术手段，从公开采集的数据中提取出资源模式，选择其中置信度较高的新模式，经人工审核之后，加入知识库中。知识图谱的基本构建可分为本体构建、数据源配置、信息抽取、知识映射、知识融合五步流程。知识图谱的构建流程如图3-56所示。

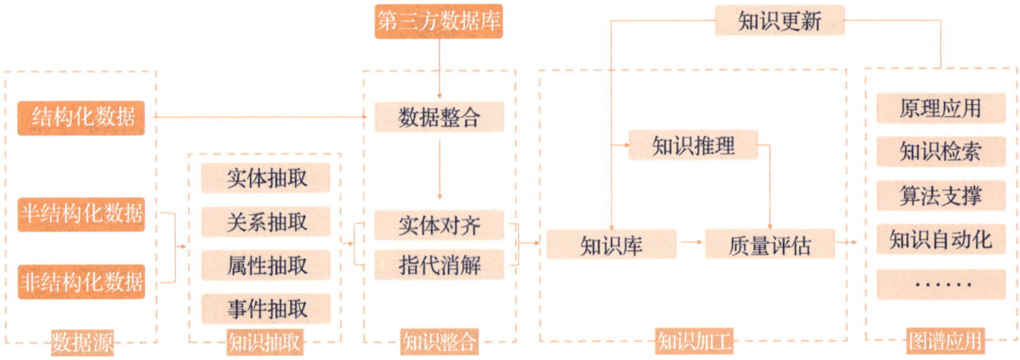

图3-56　知识图谱的构建流程

1. 本体构建

这里的本体即图谱的模型，是对构成图谱的数据的一种约束。可以通过梳理领域知识、术语词典、人工经验等作为知识图谱构建的基础，结合知识图谱的应用场景来完善图谱的构建，最终获得实体类别、类别之间的关系、实体包含的属性定义。

2. 数据源配置

在数据入图之前，需要将不同类型、不同格式的数据进行初步的整理。例如，针对本地非电子化文档，先进行扫描电子化，结合OCR等技术将扫描件转换成文本文档；或者针对本地电子化文档，按文档类型、格式进行归档解析，整理成规范的格式；或者针对网络资源，根据网站特点，开发相应的爬虫，对数据进行爬取，并存储到本地数据库等。还有一些第三方资源，需要获取相应的数据访问接口，并通过接口获取相应数据。

3. 信息抽取

信息抽取，即从不同来源、不同结构的数据中提取信息，形成知识（结构化数据），存入到知识图谱。

4. 知识映射

知识映射，指从数据中获取实体及新的实体链接和新的关联规则等信息。主要技术包含实体链接与消歧、知识规则挖掘、知识图谱表示学习等。

5. 知识融合

知识融合，指合并两个知识图谱（本体），研究怎样将多个来源的关于同一个实体或概念的描述信息融合起来。

课堂讨论 3

美团作为中国最大的在线本地生活服务平台，连接着无数的用户和商户，美团大脑蕴含着丰富的与日常生活相关的知识。具体来说，“美团大脑”是通过对美团业务中千万数量级的商家、十亿级别的商品和菜品、数十亿的用户评论和百万级别的场景进行深入理解，来构建用户、商户、商品和场景之间的知识关联，进而形成的生活服务领域的知识大脑。目前，“美团大脑”已经覆盖数十亿实体、数百亿的三元组，在餐饮、外卖、酒店等领域验证了知识图谱的有效性。请查阅资料，举例说明知识图谱还在哪些领域给我们的生活带来了便利，完成表 3-23。

表 3-23 知识图谱应用

序号	知识图谱的应用举例
1	
2	
3	
4	
5	

任务工单

<table>
<tr><td>任务名称</td><td colspan="4">理解智能辅助诊疗系统</td></tr>
<tr><td>任务目的</td><td colspan="4">1. 理解专家系统的一般结构和工作原理；
2. 理解知识图谱的作用方式。</td></tr>
<tr><td>任务内容</td><td colspan="4">1. 以专家系统为原型画出智能辅助诊疗系统的一般结构；
2. 明确系统结构中知识库和知识图谱的关系；
3. 构建一个简单的知识图谱。</td></tr>
<tr><td rowspan="2">第（　）组</td><td>姓名</td><td></td><td></td><td></td></tr>
<tr><td>学号</td><td></td><td></td><td></td></tr>
<tr><td rowspan="3">任务实操</td><td>以专家系统为原型画出智能辅助诊疗系统的一般结构</td><td colspan="3"></td></tr>
<tr><td>描述知识库与知识图谱的关系</td><td colspan="3"></td></tr>
<tr><td>构建一个简单的知识图谱，画出示意图</td><td colspan="3"></td></tr>
</table>

考核评价

评价说明：在本次任务完成后，由任课教师主导，采用学习过程评价与学习结果评价相结合的方法，综合运用自我评价、小组评价及教师评价三种方式，确定三种评价方式分别占总成绩的比例，并加权计算出学生本次任务的考核评价分。

任务完成考核评价表			
任务名称	智慧医疗	**子任务名称**	理解智能辅助诊疗系统
班级		**学生姓名**	
评价方式	**评价内容**	**分值**	**成绩**
自我评价	课堂讨论 1 完成情况	20	
	课堂讨论 2 完成情况	20	
	课堂讨论 3 完成情况	20	
	任务工单完成情况	20	
	对知识和技能的掌握程度	10	
	我胜任了小组内的工作	10	
	合计		
小组评价	本小组本次任务完成质量	30	
	该成员本次任务完成质量	30	
	该成员参与小组活动的态度	20	
	该成员的合作精神和沟通能力	20	
	合计		
教师评价	该成员所在小组的任务完成质量	30	
	该成员的本次任务完成质量	30	
	该成员对所在小组活动的参与度	20	
	该成员对本次任务的贡献度	20	
	合计		
总评 = 自我评价 ×（ ）% + 小组评价 ×（ ）% + 教师评价 ×（ ）% =			

任务四

任务五 智慧交通

任务导入

交通与生活息息相关，影响人们的出行，体现一个城市的发展水平。2020 年 8 月交通运输部印发《关于推动交通运输领域新型基础设施建设的指导意见》，提出到 2035 年，交通运输领域新型基础设施建设取得显著成效。2021 年中共中央、国务院印发《国家综合立体交通网规划纲要》，要求推进交通智慧发展，提升交通智慧发展水平，加快既有设施智能化建设。

智慧交通的核心是将物联网、云计算为代表的新技术运用到交通系统中，建立一个更大的时空范围的综合交通体系。智慧交通可以提高交通系统的运行效率，减少交通事故，降低环境污染，促进交通管理及出行服务信息化、智能化、社会化、人性化。智慧交通有助于最大程度地发挥交通基础设施的效能，提高交通运输系统的运行效率和服务水平，为公众提供高效、安全、便捷、舒适的出行服务。

子任务一

设计智慧停车管理系统

任务名称	智慧交通	子任务名称	设计智慧停车管理系统
学习目标	知识目标	• 掌握智慧停车管理系统的结构及流程； • 掌握车牌识别的整体流程和主要过程； • 了解 OCR 文字识别技术的原理及应用。	
	能力目标	• 具备根据实际需求选取车辆出入管理软硬件设备的能力； • 具备团队合作完成系统设计的能力。	
	素养目标	从实际生活中车辆管理业务场景入手，通过学习专业知识，掌握技能应用的方法，增强专业自信，进一步树立强国有我的信念。	
任务描述	私家车的普及和智能化促进了智能交通的发展，在生活中，智慧停车管理系统随处可见。那么，智慧停车管理系统的结构组成是怎样的？其中智能化核心技术原理是怎样的？这就是本任务要解决的问题。		
任务准备	• 去附近的停车场进行实地观察，直观了解停车场出入的硬件组成； • 查阅相关电子资源，了解智慧停车管理系统的结构组成。		
实施提醒	与传统的停车系统相比，智慧停车管理系统有着明显的区别。虽然智能车辆管理系统有着通用的一般结构和核心技术，但由于应用场景的不同，会有很多不同的功能。		

知识准备

一、智慧停车管理系统的应用及功能

“新基建”作为国家层面的战略，成为“十四五”规划期间最重要的产业背景政策。交通基础设施建设提升智能化水平是大势所趋，而智慧停车管理系统是智慧交通管理中最主要的组成部分。

课堂讨论 1

生活中常见的智慧停车管理系统应用场景有哪些？分别有哪些具体功能？完成表 3-24。

表 3-24　智慧停车场景

常见场景	具体功能
小区	
学校	
商场	
企业	
政府	
……	

二、智慧停车管理系统的结构

停车管理是利用摄像头、闸机等硬件设备，结合计算机、网络设备以及相关技术，通过采集记录车辆出入、车辆位置，实现车辆出入、场内车辆的综合管理。智慧停车场景如图 3-57 所示。

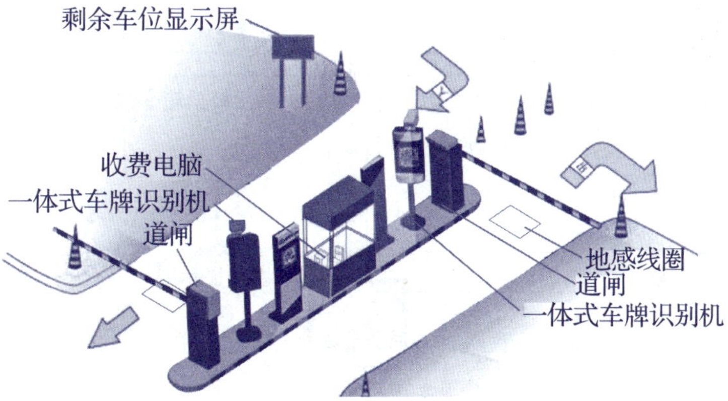

图 3-57　智慧停车场景

课堂讨论 2

车辆出入管理系统的功能模块有哪些？各个功能模块需要什么硬件设备和软件支持？完成表 3-25。

表 3-25 车辆出入管理系统的功能模块

序号	功能模块	硬件设备	软件支持
1			
2			
3			
4			
……			

智慧停车管理系统集感应式智能卡技术、计算机网络、视频监控、图像识别与处理及自动控制技术于一体，对停车场内的车辆进行自动化管理，包括车辆身份判别、出入控制、车牌自动识别、车位检索、车位引导、会车提醒、图像显示、车型校对、时间计算、费用收取及核查、语音对讲、自动取（收）卡等系列科学有效的操作。这些功能可根据用户需要和现场实际灵活删减或增加，形成不同规模与级别的豪华型、标准型、节约型智能停车管理系统。智慧停车管理系统结构如图 3-58 所示。

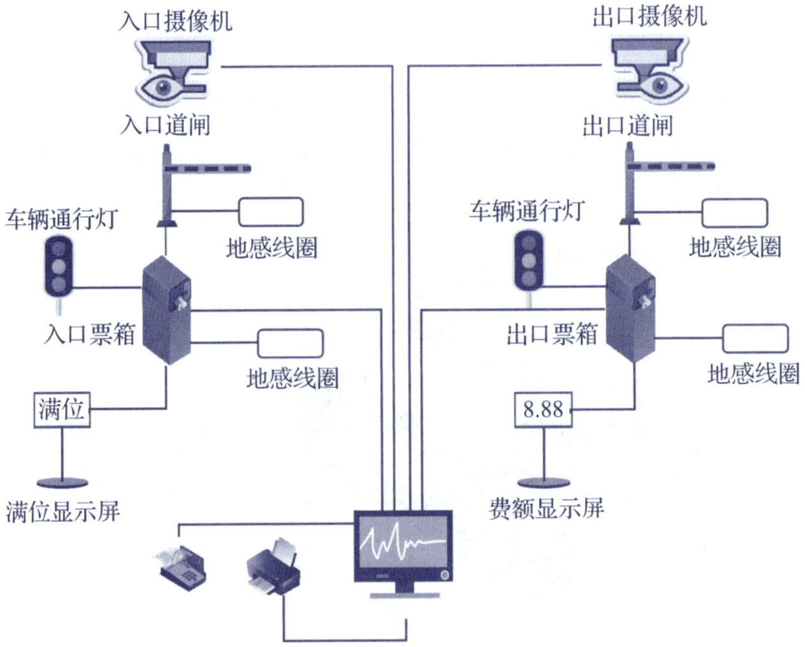

图 3-58 智慧停车管理系统结构图

任务五

三、智慧停车管理工作流程

出入口部分主要由出入口票箱（车辆感应器、语音提示系统、语音对讲系统）、自动路闸、地感线圈、摄像机系统等组成。

车辆进入停车场时，系统检测到车辆并识别车牌信息，有牌车（月租车或临停车）自动开闸入场，无牌车则手机扫码登记后自动开闸入场。

车辆出停车场时，系统检测到车辆并识别车牌信息，月租车和场内已支付费用的临停车直接开闸放行，无牌车出口处扫码缴费后开闸放行。临停车需手机扫码缴费，缴费后 15 分钟内出场，超时将重新计算费用。开闸后，地感线圈持续感应是否有障碍物，防止落杆砸车。车辆放行后，缴费数据信息上传云端，可远程查看财务数据并生成报表。

智慧停车管理工作流程如图 3–59 所示。

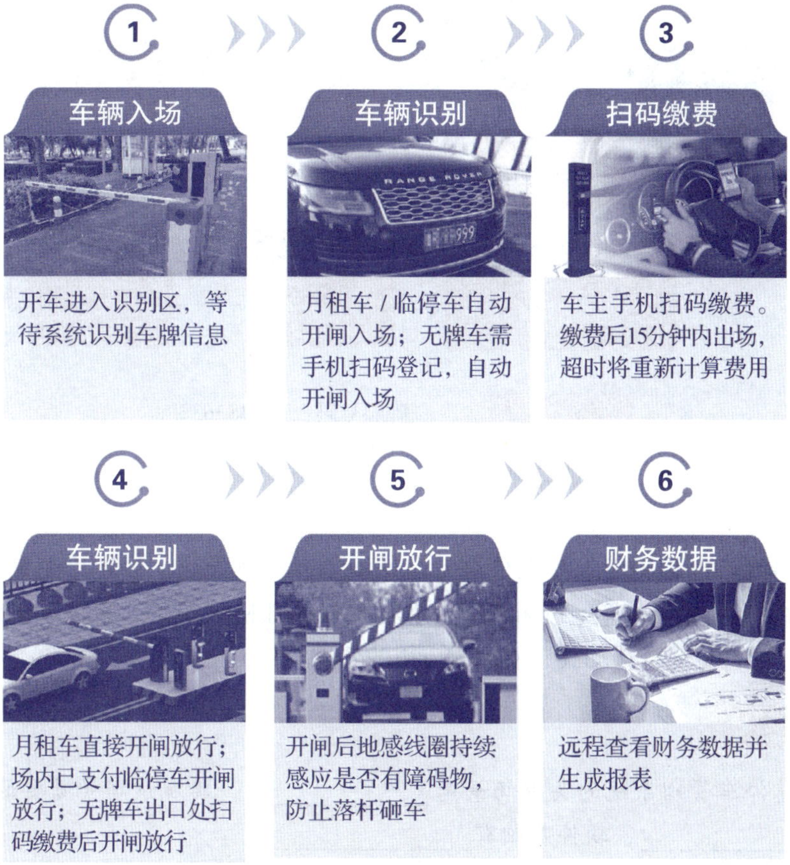

图 3–59　智慧停车管理工作流程

课堂讨论 3

根据智慧停车管理系统入口部分流程，完成出口部分流程设计：

停车场出口部分主要由＿＿等组成。

车辆驶出停车场出口时，在出口处，月租车________________________________。临停车________________________________。地感线圈感应车辆通过后，杆自动落下。

四、智慧停车管理核心技术——车牌识别

车牌识别是一项利用车辆的动态视频或静态图像进行牌照号码、牌照颜色自动识别的模式识别技术。

一个完整的车牌识别系统应包括车辆检测、车牌识别等几部分。其具体流程就是当地感线圈检测到车辆到达时触发图像采集单元，采集当前的视频图像。然后车牌识别单元对图像进行处理，定位出车牌位置，再将牌照中的字符分割进行识别，然后组成牌照号码输出。

车牌识别流程如图 3-60 所示。

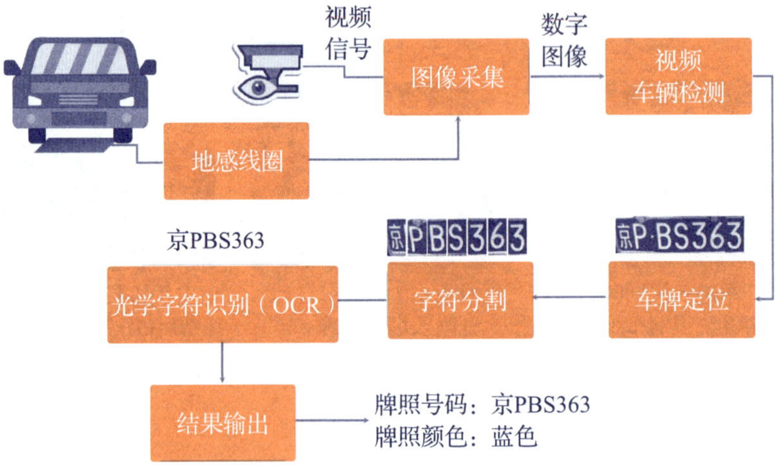

图 3-60　车牌识别流程

车辆检测可以采用埋地线圈检测、红外检测、雷达检测、视频检测等多种方式。其中采用视频检测可以避免破坏路面，不必附加外部检测设备，不需矫正触发位置，节省开支，而且更适合移动式、便携式应用的要求。

任务五

课堂讨论 4

1. 智慧停车管理系统的关键场景是______________，实现该场景需要的硬件设备有__________________，软件基础有________________。

2. 一个完整的车牌识别系统的整体流程是：图像采集、____________、________________、____________、____________、结果输出等。

3. 车牌定位的算法有______________________________，本组选择的算法是__________，原因是________________________。

4. 字符识别是系统的核心，在实际应用中，最为关键的问题是字符特征的选择，如果特征选择不具有很好的区分度，不仅特征维数较大而且还很难获得较好的识别效

果。本组选取的算法是__________，原因是____
____________________。

知识加油站

光学字符识别技术

在车牌识别过程中有一项技术在实际生活中应用广泛，细心的你发现了吗？没错，就是光学字符识别。

光学字符识别（optical character recognition，简称OCR），是指对包含文本资料的图像文件进行分析识别处理，获取文字及版面信息的技术。一般包含图像输入、预处理、版面分析、字符切割、字符识别、版面恢复和后处理核对等过程。

图像输入：针对不同格式的图像，有着不同的存储格式和压缩方式。目前，用于存储图像的开源项目有OpenCV和CxImage等。

预处理：主要包括二值化、噪声清除和倾斜校正。大多数情况下，使用摄像头拍摄的图片都是彩色图像，彩色图像包含的信息量非常丰富，需要进行简化。我们可以将图片的内容简单地分为前景和背景，为了让计算机更快更好地识别文字，需要先对彩色图像进行处理，使图片只剩下前景与背景信息，即简单地定义前景信息为黑色，背景信息为白色，这就是二值化图。对于不同的文档，噪声的定义可以不同。根据噪声的特征进行消除处理，就叫作噪声清除。倾斜校正是通常情况下，用户拍摄的照片比较随意，很有可能产生倾斜，这时需要使用文字识别软件进行校正。

版面分析：将文档图片分段落、分行的过程叫作版面分析。由于实际文档的多样性和复杂性，目前没有一个固定的、最好的版面分析模型。

字符切割：由于拍照条件的限制，经常会造成字符粘连、断笔等情况，极大地限制了识别系统的性能，因此就需要文字识别软件具备字符切割的功能。

字符识别：由于文字的位移、笔画的粗细、断笔、粘连、旋转等因素的影响，极大地增加了提取的难度，因此需要进行字符识别。

版面恢复：我们希望识别后的文字仍然按照原文档图片那样排列，保持段落不变、位置不变、顺序不变，之后输出到Word文档或PDF文档，这个过程就叫作版面恢复。

后处理核对：不同的语言环境中，语言的逻辑顺序是不同的。因此，需要根据语言特征的上下文，对识别后的结果进行校正，这个过程就是后处理核对。

任务工单

任务名称	设计智慧停车管理系统			
任务目的	了解智慧停车管理系统结构，能够结合应用场景进行个性化系统设计。			
任务内容	1. 根据自己的生活经验和知识技能选取合适的智慧停车管理系统应用场景； 2. 搜集这些场景中的功能需求，并查阅相关资料考证实现方法； 3. 对应用场景的智慧停车管理系统进行个性化设计。			
第（　）组	姓名			
	学号			
任务实操	需求分析		对应功能模块	
	核心功能模块		硬件	软件
	拓展功能模块		硬件	软件

考核评价

评价说明：在本次任务完成后，由任课教师主导，采用学习过程评价与学习结果评价相结合的方法，综合运用自我评价、小组评价及教师评价三种方式，确定三种评价方式分别占总成绩的比例，并加权计算出该学生本次任务的考核评价分。

任务完成考核评价表			
任务名称	智慧交通	子任务名称	设计智慧停车管理系统
班级		学生姓名	
评价方式	评价内容	分值	成绩
自我评价	课堂讨论 1 完成情况	10	
	课堂讨论 2 完成情况	10	
	课堂讨论 3 完成情况	20	
	课堂讨论 4 完成情况	20	
	任务完成情况	20	
	对知识和技能的掌握程度	10	
	我胜任了小组内的工作	10	
	合计		
小组评价	本小组本次任务完成质量	30	
	该成员本次任务完成质量	30	
	该成员参与小组活动的态度	20	
	该成员的合作精神和沟通能力	20	
	合计		
教师评价	该成员所在小组的任务完成质量	30	
	该成员的本次任务完成质量	30	
	该成员对所在小组活动的参与度	20	
	该成员对本次任务的贡献度	20	
	合计		
总评 = 自我评价 ×（　）% + 小组评价 ×（　）% + 教师评价 ×（　）% =			

子任务二

辨析典型定位导航系统的内涵及特点

<table>
<tr><td>任务名称</td><td>智慧交通</td><td>子任务名称</td><td>辨析典型定位导航系统的内涵及特点</td></tr>
<tr><td rowspan="3">学习目标</td><td>知识目标</td><td colspan="2">● 了解交通大数据的特征及应用；
● 掌握典型导航定位系统的原理和特点；
● 熟悉语音合成技术实现流程。</td></tr>
<tr><td>能力目标</td><td colspan="2">● 具备根据实际场景应用交通大数据或语音合成等技术解决问题的能力；
● 具备分析选取合适的导航定位系统的能力。</td></tr>
<tr><td>素养目标</td><td colspan="2">通过学习北斗系统以及对比北斗系统和国外技术，激发爱国热情，树立专业报国的理想信念。</td></tr>
<tr><td>任务描述</td><td colspan="3">我国要在 2025 年力争建成体系标准完善的综合交通运输大数据系统。智能交通中，交通大数据发挥着不可替代的作用。在实际生活中，我们的出行几乎离不开交通大数据和智能导航系统。那么，交通大数据和智能导航系统的应用技术有哪些？一起去看看吧。</td></tr>
<tr><td>任务准备</td><td colspan="3">● 回顾大数据的特点，并查阅资料了解交通大数据相关信息；
● 准备一部智能手机，安装百度地图或者高德地图等智能导航 App，了解它们的使用方法和导航原理。</td></tr>
<tr><td>实施提醒</td><td colspan="3">大数据在交通行业的应用潜能巨大。交通大数据的应用不仅使个人出行变得更加便利，更关系到民生发展和交通安全，这就要求我们深入探索交通大数据的应用。其中涉及的技术是综合复杂的，智能导航系统中的智能定位和语音技术也等待着我们的探索。</td></tr>
</table>

知识准备

一、交通大数据的特征及应用

2019 年 12 月，交通运输部印发《推进综合交通运输大数据发展行动纲要（2020—2025 年）》，指出到 2025 年，力争建成体系标准完善的综合交通运输大数据系统，交通运输行业数字化水平显著提升，为加快建设交通强国，助力数字经济勃兴提供坚强支撑。

智慧交通是基于现代互联网技术，借助交通大数据，为用户提供快捷、高效、安全的信息化服务，在运行过程中涉及信息的采集、处理、反馈等一整套流程。借助信息技术、自动识别技术、控制技术及物联网技术，实现对综合交通运输体系中交通基础设施的监控与识别，同时结合人工数据补充，形成交通大数据系统，按照交通大数据开发与应用体系框架，对收集到的交通大数据筛选、处理、分析，支撑城市智能交通系统建设，缓解城市交通拥堵状况，提高交通运行效率。

（一）交通大数据助力管理者决策

交通大数据可以将多种运输方式互联互通，通过信息化技术提升交通运输体系的信息化水平。管理者可以通过深入分析交通大数据，制定不同运输方式之间协调运输的方案，整体提升交通运输行业的服务水平。不仅如此，通过分析历史数据还能及时发现交通运输中存在的安全风险以及需要重点防范的区域，助力管理者针对性制定有效措施，降低风险，提升交通运输系统安全水平。

（二）交通大数据服务个人出行

当前交通大数据已经普遍应用在个人出行服务方面，地图实时智能导航就是其应用之一。地图以交通大数据为基础，可以发布交通热力图（见图 3-61），出行者可以利用交通大数据在出发前查询相关路线、所需时间、出行方式规划，尽可能地精确出行。在出行中，交通大数据可以实时汇报当前路况，提供最优的交通路线，为出行者提供全方位、个性化、立体化的出行服务。

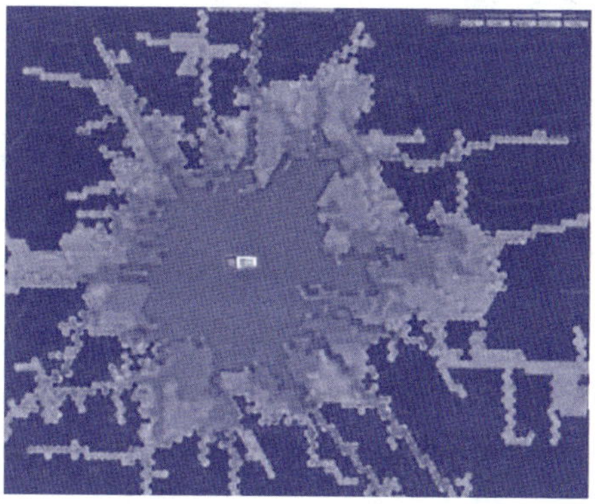

图 3-61　交通热力图

（三）交通大数据优化交通事故分析与处理

交通事故一直是交通行业的痛点问题。随着交通行业信息化的发展，各地交通部门均建立了综合交通管理系统（驾驶员信息、车辆管理、道路交通事故统计等）。基于大数据技术，对历史交通事故数据分析，可以构建模型，识别各类事故易发地点以及事故原因，有助于交通管理部门为改善交通安全环境做出针对性措施。

课堂讨论 1

根据自己的生活体验列举交通大数据的应用场景，讨论交通大数据的显著特征，完成表 3-26。

表 3-26　交通大数据的应用场景及显著特征

交通大数据的应用场景	交通大数据的显著特征

任务五

二、智能导航定位系统

当前我们出门，无论是步行、骑车，还是开车，都离不开一个非常重要的工具，就是智能导航 App。智能导航 App 的应用为我们的出行带来了极大便利。

课堂讨论 2

你日常使用哪些智能导航 App？智能导航系统的功能和技术有哪些？请完成表 3-27。

表 3-27　智能导航 App 的功能和技术

智能导航 App	经常使用的功能	应用的技术

智能导航定位系统通过全球定位系统（GPS）、北斗卫星导航系统（BDS）、惯性导航系统、激光雷达等，获取车辆的位置和航向信息。

目前全球有四大卫星导航系统，如图 3-62、表 3-28 所示。

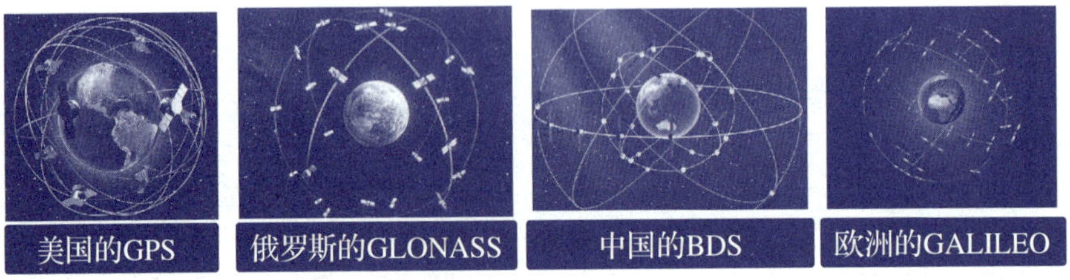

图 3-62　全球四大卫星导航系统

表 3-28　全球四大导航卫星系统参数对比

导航系统	卫星数量	轨道高度	位置精度	授时精度	速度精度
GPS	24 颗以上	20 200km	6m	20ns	0.1m/s
GLONASS	24 颗以上	19 100km	12m	25ns	0.1m/s
BDS	30 颗以上	21 500km	10m	50ns	0.2m/s
GALILEO	30 颗以上	24 126km	1m	20ns	0.1m/s

导航定位方式大致可分为绝对定位、相对定位和组合定位三类。其中绝对定位是指通过 GPS 或 BDS，采用双天线，利用卫星获得车辆的绝对位置和行驶方向等信息；相对定位是指根据车辆初始状态，利用惯性导航得到车辆加速度和角加速度等信息，并将其对时间进行积分得到相对初始状态的当前状态，比如惯性导航系统（核心 IMU）；组合定位是将绝对定位和相对定位进行结合，以弥补单一定位方式的不足，比如自动驾驶技术中用到 GPS 与 IMU 结合。

（一）美国的全球定位系统（GPS）

全球定位系统（GPS）是当前应用最普遍的基于卫星的无线电导航定位系统，由美国国防部建设而成，能够覆盖全球、全天候工作，连续为世界各地的陆海空用户提供精确的位置、速度和时间信息。

GPS 系统由卫星、控制站和接收器三部分组成（见图 3-63）。控制站的主要作用是让系统保持运行并验证 GPS 广播信号的精确度，分散在世界各地，可以监视和控制卫星。接收器存在于手机、计算机、汽车等许多应用设备中。为了同时确定用户所在空间位置及接收机的时钟差，接收器应每次至少检测到 4 颗 GPS 卫星。

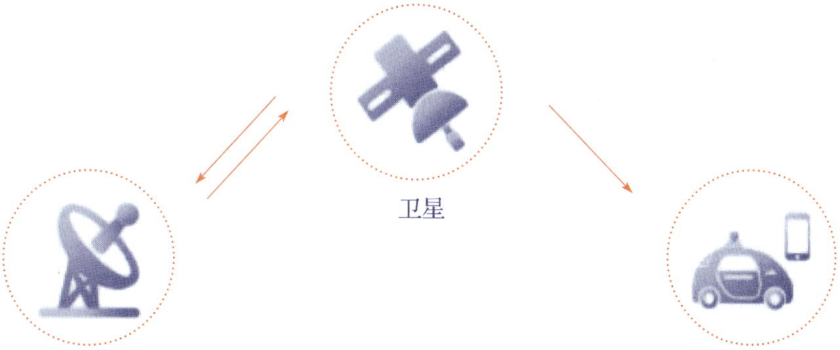

图 3-63　卫星通信原理

由于 GPS 卫星数目较多并且分布均匀，能够保证地球上任何地方、任何时间至少可以同时观测到 4 颗 GPS 卫星，确保实现全球全天候连续导航定位服务。同时，GPS 能够覆盖全球 98% 的范围，可以满足位于全球各地或近地空间的用户连续精确地确定三维位置、三维运动状态和时间的需要，并且 GPS 定位精度相对较高，观测时间相对较短。

（二）中国的北斗卫星导航系统（BDS）

北斗卫星导航系统（BDS）是中国自行研制开发的区域性有源三维卫星定位与通信系统，是继美国的 GPS、俄罗斯的 GLONASS 之后第三个成熟的卫星导航定位系统。BDS 致力于向全球用户提供高质量的定位、导航和授时服务，其建设与发展遵循开放性、自主性、兼容性、渐进性原则。

BDS 同时具备定位与通信功能，不需要其他通信系统支持。BDS 覆盖范围大，没有通信盲区，特别适用于集团用户大范围监控管理和数据采集用户的数据传输应用。BDS 是我国独立自主研发的系统，安全、可靠、稳定，保密性强，适合关键部门应用。

（三）惯性导航系统

惯性导航系统是一种利用惯性传感器测量载体的角速度信息，并结合给定的初始条件实时推算速度、位置、姿态等参数的自主式导航系统。惯性导航系统一般采用加速度传感器和陀螺仪传感器来测量载体参数，一个解决速度，一个解决方向，两者组成惯性测量单元（IMU）。IMU 的重要特征是能以高达 1 000Hz 的高频率更新，因此可以提供接近实时的位置信息。惯性导航系统可以弥补 GPS 的不足，在 GPS 信号丢失或者很弱的情况下，能够暂时填补 GPS 留下的空缺，获取最接近真实的三维高精度定位。此外，GPS+IMU 还可以配合激光雷达，为激光雷达的空间位置和脉冲发射姿态提供高精度定位，建立激光雷达云点的三维坐标系。

惯性导航系统不依赖于任何外部信息，也不向外部辐射能量，因此隐蔽性好，也不受外界电磁干扰影响；可以全天候地在全球任何地点工作；能够提供位置、速度、航向和姿态角数据，产生的导航信息连续性好而且噪声低；数据更新率高，短期精度和稳定性好。但是由于导航信息经过积分而产生，定位误差随时间而增大，长期精度较差，每次使用之前需要较长的初始对准时间；设备的价格较昂贵，也无法给出时间信息。

三、智能语音导航中的语音合成技术

同学们对智能语音导航播报应该并不陌生，大家知道这项功能依赖于哪项核心技术吗？没错，就是语音合成技术。

语音合成，又称文语转换技术，就是让终端设备将文本信息转换成语音的形式朗读出来。

语音合成最初的研究可以追溯到 18 世纪末，但长久以来停留在理论研究阶段。直到 20 世纪末，基于统计参数的语音合成技术才开始应用到实际的使用场景中。目前，基于深度学习的语音合成技术已经达到 95% 以上的真人接近程度。

语音合成技术是中文信息处理领域的一项前沿技术，解决的问题就是如何将文字信息转化为可听的声音信息，就像是给机器安装上了嘴巴，通过语音合成技术使机器能够开口讲话。那么，要让机器开口说话需要经过怎样的步骤呢？

传统的语音合成包含前端和后端。前端主要是文本分析器，它的输入是文本，输出是包含语音学信息的音素序列，语音合成后端输入是音素序列，输出是语音。传统语音合成相对比较平滑、稳定、效率高，但是合成的音质不高、韵律平淡。语音合成流程见图 3-64。

图 3-64 语音合成流程

虽然现在基于大数据技术构建的语音合成模型已经能够满足大多数的商业场景的应用需求，但如何让机器在朗读文本时能够像人类一样理解文字背后蕴含的情感，是语音合成技术亟待解决的问题。这就需要融合自然语言处理技术，准确分析语句的轻重音、情绪和语气语调等。

课堂讨论 3

选取一个语音合成技术应用场景，描述其实现过程。

____

____

知识加油站

数据中心

数据中心是全球协作的特定设备网络，用来在互联网基础设施上传递、加速、展示、计算、存储数据信息。在信息时代下的数据中心行业中，只有对数据进行大规模的灵活运用，才能更好地理解数据、运用数据，才能促使我国数据中心行业快速高效发展。

在智能交通建设中，交通大数据中心是非常重要的部分，数据中心是整体智能化项目的核心汇聚，为整个智能系统提供全部的数据支撑。数据中心是智能交通的数据仓库，分类存储着交通行业的大量数据，包括交通基础数据、道路设施数据、车辆数据、视频监控数据、交通违法数据、交通事故数据等。各类数据系统之间可以建立统一的数据模型、统一的接口规范以及统一的编码体系。数据中心建立的目标是总体规划、分步实施，能够将各个系统中的数据进行逐步汇总，构建覆盖多部门的综合指挥平台数据库。

任务工单

<table>
<tr><td>任务名称</td><td colspan="4">辨析典型定位导航系统的内涵及特点</td></tr>
<tr><td>任务目的</td><td colspan="4">了解几种典型导航定位系统的原理以及优缺点，能够根据实际的场景选取适合的导航系统。</td></tr>
<tr><td>任务内容</td><td colspan="4">1. 根据所学并查阅资料，了解各个典型导航定位系统的原理；
2. 搜集各种导航定位系统的应用场景，总结各自特点；
3. 深入了解各种导航定位系统的优缺点，并能根据场景选取合适的系统应用。</td></tr>
<tr><td rowspan="2">第（ ）组</td><td>姓名</td><td></td><td></td><td></td></tr>
<tr><td>学号</td><td></td><td></td><td></td></tr>
<tr><td rowspan="5">任务实操</td><td>系统名称</td><td>GPS</td><td>BDS</td><td>IMU</td></tr>
<tr><td>组成</td><td></td><td></td><td></td></tr>
<tr><td>原理</td><td></td><td></td><td></td></tr>
<tr><td>优点</td><td></td><td></td><td></td></tr>
<tr><td>缺点</td><td></td><td></td><td></td></tr>
</table>

考核评价

评价说明：在本次任务完成后，由任课教师主导，采用学习过程评价与学习结果评价相结合的方法，综合运用自我评价、小组评价及教师评价三种方式，确定三种评价方式分别占总成绩的比例，并加权计算出学生本次任务的考核评价分。

任务完成考核评价表			
任务名称	智慧交通	子任务名称	辨析典型定位导航系统的内涵及特点
班级		学生姓名	
评价方式	评价内容	分值	成绩
自我评价	课堂讨论 1 完成情况	10	
	课堂讨论 2 完成情况	10	
	课堂讨论 3 完成情况	10	
	任务完成情况	30	
	对知识和技能的掌握程度	20	
	我胜任了小组内的工作	20	
	合计		
小组评价	本小组本次任务完成质量	30	
	该成员本次任务完成质量	30	
	该成员参与小组活动的态度	20	
	该成员的合作精神和沟通能力	20	
	合计		
教师评价	该成员所在小组的任务完成质量	30	
	该成员的本次任务完成质量	30	
	该成员对所在小组活动的参与度	20	
	该成员对本次任务的贡献度	20	
	合计		
总评 = 自我评价 ×（　）% + 小组评价 ×（　）% + 教师评价 ×（　）% =			

子任务三

设计自动驾驶系统

任务名称	智慧交通	子任务名称	设计自动驾驶系统
学习目标	知识目标	• 了解自动驾驶的基本原理； • 熟悉自动驾驶行业的主流公司； • 掌握自动驾驶的主要环节。	
	能力目标	• 具备设计自动驾驶方案的能力； • 具备模拟自动驾驶场景的能力。	
	素养目标	• 掌握自动驾驶的安全意识； • 培养科技改善生活的意识。	
任务描述	随着自动驾驶技术的发展，自动驾驶在我们生活中逐渐普及。本任务将学习自动驾驶方案的设计。		
任务准备	• 了解自动驾驶的载体有哪些； • 了解研究自动驾驶的主流公司有哪些； • 了解目前市面上自动驾驶的形式； • 了解实现自动驾驶的环节有哪些，最关键的环节是什么。		
实施提醒	自动驾驶有很多种类，在学习时可以考虑不同的自动驾驶种类。		

知识准备

一、自动驾驶汽车

自动驾驶汽车（autonomous vehicles，self-driving automobile）又称无人驾驶汽车、电脑驾驶汽车或轮式移动机器人，是一种通过电脑系统实现驾驶的智能汽车。在 20 世纪已有数十年发展的历史，21 世纪初呈现出接近实用化的趋势。

汽车上有雷达、摄像头、定位等多种检测装置。自动驾驶所需要的检测装置更多，这些装置都需要用电力来驱动。与传统的汽油车相比，电动汽车本身就是以电力为能源，所以以电动汽车作为研究自动驾驶的载体有其优势，同时随着市场保有量的不断扩大，使用新能源车将成为自动驾驶的第一选择。

课堂讨论 1

日常生活中哪些场景实现了自动驾驶？为什么选择新能源汽车作为载体？请完成表 3-29。

表 3–29 自动驾驶应用场景

常见场景	具体应用
公交	
地铁	
飞机	
汽车	
……	

二、自动驾驶主流公司

研究自动驾驶的公司很多，国内自动驾驶第一梯队公司有百度、阿里、腾讯、博世、滴滴、上汽等。

在国内，提到自动驾驶，很多人会想到百度。百度作为自动驾驶的领先者，提出车路智行的发展愿景。2020 年 4 月 9 日，百度 Apollo 发布了智能交通白皮书，正式披露了 Apollo 智能交通解决方案——“ACE 交通引擎”，并系统解读了百度在人工智能、自动驾驶、车路协同方面的业务规划。目前，百度“ACE 交通引擎”综合解决方案已在北京、长沙、保定等 10 余个城市落地实践并崭露头角。

阿里自 2015 年开始探索自动驾驶在物流领域的应用，结合达摩院的先进技术和菜鸟的物流场景，在 2020 年 9 月推出自动驾驶产品“小蛮驴”，服务于快递、外卖、生鲜等的配送。截至 2022 年 3 月底，累计配送物流订单突破 1 000 万，刷新业界无人配送纪录。

2017 年，腾讯自动驾驶团队对外亮相。在“2021 腾讯数字生态大会——智慧出行专场论坛”上，腾讯发布了自动驾驶云平台，专注于为自动驾驶技术研发提供全链路服务，以支持行业更高效地开展自动驾驶研发和运营。腾讯自动驾驶团队结合自身的 AI、云、信息安全等技术优势，打造出了集自动驾驶研发与评测验证于一体的数据云平台、模拟仿真平台和高精度地图平台三大平台，为行业赋能。

2018 年 4 月，滴滴美国研究院获得加州的自动驾驶路测牌照。作为规模庞大的出行服务商，滴滴拥有超过 5 000 万的注册车主以及超过 4 亿乘客，这些海量的车辆运行数据，为滴滴研发自动驾驶提供了独一无二的基础优势。

课堂讨论 2

研发自动驾驶技术的主流公司有哪些？各有什么特点？完成表 3–30。

表 3-30　自动驾驶主流公司

序号	公司名称	特点
1		
2		
3		
4		

三、自动驾驶分级

关于自动驾驶，在概念上业界有着明确的等级划分，主要有两套标准：一套是美国高速公路安全管理局制定的，另一套是国际汽车工程师学会（SAE）制定的。现在主要采用 SAE 分级标准，内容如下：

0 级：人工驾驶，即无自动驾驶。由人类驾驶员全权操控汽车，可以得到警告或干预系统的辅助。

1 级：辅助驾驶，通过驾驶环境对方向盘和加减速中的一项操作提供驾驶支持，其他的驾驶动作都由人类驾驶员进行操作。

2 级：半自动驾驶，通过驾驶环境对方向盘和加减速中的多项操作提供驾驶支持，其他的驾驶动作都由人类驾驶员进行操作。

3 级：高度自动驾驶，或者称有条件自动驾驶，由自动驾驶系统完成所有的驾驶操作。根据系统要求，人类驾驶员需要在适当的时候提供应答。

4 级：超高度自动驾驶，由自动驾驶系统完成所有的驾驶操作。根据系统要求，人类驾驶员不一定需要对所有的系统请求做出应答，包括限定道路和环境条件等。

5 级：全自动驾驶，在所有人类驾驶员可以应付的道路和环境条件下，均可以由自动驾驶系统自主完成所有的驾驶操作。

分级的核心在于自动化程度，重点体现在转向与加减速控制、对环境的观察、激烈驾驶的应对、适用环境的自动化程度。就目前来说，还在进行 3 级、4 级的研发，离科幻电影中所展示的 5 级全自动驾驶还有比较长的距离。

课堂讨论 3

如何定义自动驾驶的分级？请完成表 3-31。

表 3-31　自动驾驶分级

序号	自动驾驶等级	定义
1		
2		
3		
4		
5		
6		

四、自动驾驶技术构成

自动驾驶的关键技术依次可以分为环境感知、行为决策、路径规划和运动控制四大部分。

（一）环境感知

实现车辆自主行驶，首先需要采集与处理车辆周围和车内的各项信息。车辆周围信息包括道路边界、车辆、红绿灯、行人等。车内信息包括车速、位置等。这些要借助传感技术来完成。所用到的传感器一般有激光测距仪、视频摄像头、雷达、速度和加速度传感器、温度传感器等。需要这些传感器的融合，才能实现车辆在各种环境下的平稳驾驶。

（二）行为决策

车辆在感知到环境信息后，需要对感知的信息进行决策判断。例如看到前车，需要预测未来一段时间与前车的相对运行状态，进行车距的保持。看到车道线，会预测需要进行车道保持。这些决策判断需要运用一定的决策理论完成，如模糊推理、强化学习、神经网络和贝叶斯网络技术等。

（三）路径规划

智能车辆的路径规划就是在进行环境信息感知并确定车辆在环境中位置的基础上，按照一定的搜索算法，规划出一条可通行的路径，实现智能车辆的自主导航。

路径规划的方法根据智能车辆工作环境信息的完整程度分为全局规划和局部规划。全局规划是基于完整环境信息的规划，需要用到栅格法、可视图法、拓扑法、自由空间法、神经网络法等静态路径规划算法。局部规划是基于实时获得的环境信息，如路线上遇到障碍物等，需要避障，重新规划局部录像，一般包括人工势场法、矢量域直方图法、虚拟力场法、遗传算法等动态路径规划算法。

（四）运动控制

自动驾驶的控制核心技术就是车辆的纵向控制和横向控制。纵向控制是指车辆的速度控制。横向控制是指方向盘角度的控制。实现了纵向和横向自动控制，就可以按给定目标和约束自动控制车辆运行。

纵向控制的目的是满足车辆行驶过程中的速度要求。巡航控制和紧急制动控制都是典型的自动驾驶纵向控制程序。横向控制的目的是控制汽车转向使其自动保持期望的行车路线。车辆横向控制主要有滑膜控制、模糊控制、神经网络控制、最优控制、自适应控制和纯跟踪控制等。因为车辆是一个特别复杂的系统，横向、纵向和垂向都有耦合关系的存在，所以需要对智能车辆进行横、纵向，甚至横、纵、垂向的协同控制。

课堂讨论 4

你认为自动驾驶技术中的哪个环节最重要？请说明理由。

____

____

知识加油站

智能汽车发展方向

2020 年，国家发展改革委等 11 个部委发布的《智能汽车创新发展战略》中明确指出，智能驾驶汽车是国家战略发展方向。包括：

第一，智能汽车已成为全球汽车产业发展的战略方向；

第二，发展智能汽车对我国具有重要的战略意义；

第三，我国拥有智能汽车发展的战略优势。

展望 2035—2050 年，中国标准智能汽车体系全面建成且更加完善；安全、高效、绿色、文明的智能汽车强国愿景逐步实现，智能汽车充分满足人民日益增长的美好生活需要。

任务工单 1

<table>
<tr><td>任务名称</td><td colspan="4">设计自动驾驶系统</td></tr>
<tr><td>任务目的</td><td colspan="4">了解自动驾驶的概念和分级，掌握自动驾驶的关键技术，能够体验自动驾驶的全部环节。</td></tr>
<tr><td>任务内容</td><td colspan="4">1. 根据自己的生活经验，熟悉自动驾驶应用场景；
2. 选定车载传感器；
3. 设计自动驾驶方案；
4. 实践自动驾驶环节。</td></tr>
<tr><td rowspan="2">第（　）组</td><td>姓名</td><td></td><td></td><td></td></tr>
<tr><td>学号</td><td></td><td></td><td></td></tr>
<tr><td rowspan="3">任务实操</td><td>根据所学及搜集到的信息，完成车载传感器的选择。</td><td colspan="3">确定信息采集方式，进行环境感知。
常用的车载传感器有激光测距仪、视频摄像头、车载雷达、速度和加速度传感器，分析不同传感器的工作原理，比较优劣。

选择合适的自动驾驶车载传感器。
你选择的传感器为________。</td></tr>
<tr><td>根据所学的自动驾驶分级及技术环节等，确定自动驾驶的基本构成。</td><td colspan="3">自动驾驶的核心技术有哪些？

每个核心技术的具体原理是什么？</td></tr>
<tr><td>设计自动驾驶系统的流程图。</td><td colspan="3"></td></tr>
</table>

任务工单 2

<table>
<tr><td>任务名称</td><td colspan="4">模拟实践自动驾驶</td></tr>
<tr><td>任务目的</td><td colspan="4">了解自动驾驶的实现流程，能够完成自动驾驶的全部环节。</td></tr>
<tr><td>任务内容</td><td colspan="4">1. 自动驾驶数据集采集；
2. 自动驾驶数据集制作；
3. 自动驾驶数据集训练；
4. 训练模型部署；
5. 自动驾驶测试。</td></tr>
<tr><td rowspan="2">第（　）组</td><td>姓名</td><td></td><td></td><td></td></tr>
<tr><td>学号</td><td></td><td></td><td></td></tr>
<tr><td rowspan="5">任务实操</td><td>自动驾驶数据集采集</td><td colspan="3">调用图像采集程序进行数据集的采集</td></tr>
<tr><td>自动驾驶数据集制作</td><td colspan="3">对采集到的数据集进行清洗标注
按要求制作符合规定的训练所需数据集</td></tr>
<tr><td>自动驾驶数据集训练</td><td colspan="3">根据数据集修改相应训练配置参数
调用命令，将数据集运用 YOLOV3 模型进行训练</td></tr>
<tr><td>训练模型部署</td><td colspan="3">将训练好的结果下载部署到自动驾驶模拟小车上</td></tr>
<tr><td>自动驾驶测试</td><td colspan="3">启动小车，模拟自动驾驶，测试交通标识识别准确率和小车控制准确率</td></tr>
</table>

考核评价

评价说明：在本次任务完成后，由任课教师主导，采用学习过程评价与学习结果评价相结合的方法，综合运用自我评价、小组评价及教师评价三种方式，确定三种评价方式分别占总成绩的比例，并加权计算出学生本次任务的考核评价分。

任务完成考核评价表			
任务名称	智慧交通	子任务名称	设计自动驾驶系统
班级		学生姓名	
评价方式	评价内容	分值	成绩
自我评价	课堂讨论 1 完成情况	7	
	课堂讨论 2 完成情况	7	
	课堂讨论 3 完成情况	8	
	课堂讨论 4 完成情况	8	
	任务工单 1 完成情况	20	
	任务工单 2 完成情况	20	
	对知识和技能的掌握程度	10	
	我胜任了小组内的工作	20	
	合计		
小组评价	本小组本次任务完成质量	30	
	该成员本次任务完成质量	30	
	该成员参与小组活动的态度	20	
	该成员的合作精神和沟通能力	20	
	合计		
教师评价	该成员所在小组的任务完成质量	30	
	该成员的本次任务完成质量	30	
	该成员对所在小组活动的参与度	20	
	该成员对本次任务的贡献度	20	
	合计		
总评 = 自我评价 ×（　）% + 小组评价 ×（　）% + 教师评价 ×（　）% =			

项目四

拥抱数字中国

任务一 智慧城市

任务二 数据治理

任务三 区块链

任务四 产业互联网

项目导入

作为新时代国家治理的引擎和抓手，“数字中国”推进了国家治理体系和治理能力现代化，为数字化城市治理指明了发展的方向。智慧城市利用新一代信息技术，实现城市透彻感知、宽带泛在互联、智能融合应用，推动以用户创新、开放创新、大众创新、协同创新为特征的以人为本的可持续创新。

数据要素作为现有生产要素的革命性重塑力量、产业格局重构的突破式变量，其重要性日益凸显，而“云”则成为支撑数字要素价值释放的关键基础设施。我们要顺势而为、应时而动，构建以数据为关键要素的数字经济，加快推进数字政府、新型智慧城市和数字乡村建设。

任务一 智慧城市

任务导入

《依托智慧服务，共创新型智慧城市——智慧城市白皮书（2021 年）》指出，新型智慧城市通过“端—边—网—云—智”的技术架构，实现管理高效、服务便民、产业发展、生态和谐的目标效用，达成新一代信息技术与城市现代化深度融合、迭代演进的新模式。

其中，“端—边—网—云—智”作为新型智慧城市的技术实施层，蕴含着巨大的创新发展空间，有望成为我国智慧城市技术应用方向的重要创新领域。

“端”即智能终端，负责采集、存储、传递数据，是智慧城市面向城市主体的智能化单元。

“边”即边缘计算，智能化时代海量数据的爆发式计算需求与应用低时延、灵活部署要求，使得计算力下沉成为必然，边缘计算应运而生。

“网”即以 5G 为代表的数据传输网络，是推动“端、边、云”协同工作的黏合剂。

“云”即云计算，基于网络实现异质设备间数据运算与共享的设备服务。

“智”即行业智能解决方案，面向智慧城市的不同细分场景，基于“端、边、网、云”四层结构，根据业务需求、行业知识及计算能力，支持不同层次的数据计算和分析互动的行业智能化方案。

《依托智慧服务，共创新型智慧城市——2022 智慧城市白皮书》指出，智慧城市投资将会从物理延伸到数字世界，“数字空间 + 现实空间”是智慧城市的新落脚点。未来，随着智慧城市的进一步发展，中国智慧城市将呈现出“城市数字化到数字化城市”“建设智慧城市到运营智慧城市”“人与人的联接到万物互联”的新趋势。

新型智慧城市呈现六大特征：精确感知、及时处理、云端处理、可靠传输、优质服务和安全稳定。即通过智能终端精确感知，通过智能边缘及时处理，通过网和云进行可靠传输和计算，形成以服务为优势、安全稳定可靠的智慧城市技术体系。

我国在智慧城市建设中取得了瞩目的成就，以下是智慧城市建设的几个案例。

（1）福建省厦门市。

2021 年中国电信联合华为，在厦门市开展以“一网、一云、一平台”为核心的智慧城市基础设施建设，即一张城市泛在感知网、一朵城市安全承载云和一个“聚数生智”的城市智慧管理平台，充分发挥“物、网、云、数、智”融合资源优势，服务数字政府，全面赋能新型智慧城市建设。

（2）江西省赣州市全南县。

全南县携手中国移动开展“智慧全南”建设项目，运用物联网、大数据、5G 技术等全面感测、分析、整合城市运行系统的关键信息，基于智慧城市平台，将全南县打造成新型智慧之城。

（3）北京首钢科技冬奥园区。

2022 年冬奥会准备期间，北京首钢科技冬奥园区对智慧园区运营有着强烈的需求，基于此，中国联通完成了智能车联网平台系统的部署，首钢园区在远程办公、智慧场馆、移动安防、无人驾驶、高清视频等方面进行了实践，打造出全新的智慧园区运营体系。

子任务一

了解城市大数据

任务名称	智慧城市	子任务名称	了解城市大数据
学习目标	知识目标	• 掌握大数据的概念和特征； • 了解城市大数据的来源和意义； • 理解大数据存储相关的概念与基础设施。	
	能力目标	• 具备根据应用场景展开数据需求分析的能力； • 能够设计确定场景下的数据获取方案。	
	素养目标	• 从理解城市大数据的来源与城市数字治理的关系入手，了解大数据对于智慧城市建设的意义及城市大数据获取的途径，形成关注科技进步、与祖国发展同频共振的大格局。 • 培养事物是普遍联系的马克思主义哲学观，树立科技强国思想。	

续表

任务描述	智慧城市的运营需要依靠数据来支撑。智慧城市就是运用大数据、物联网、云计算、5G 等新一代信息技术手段，对城市运行系统海量数据的关键信息进行采集、存储、智能处理和分析，对社会管理、公共服务的各种需求做出智能化响应和智能化决策支持，从而实现城市的智慧化管理和运行。
任务准备	• 查阅相关电子资源，了解我国智慧城市建设中大数据的应用； • 了解大数据获取、存储的相关技术。
实施提醒	智慧城市建设需要和地方特色相结合，如旅游型城市、农业型城市、工业型城市等，其城市大数据应用各有特色。同样地，不同应用场景，其大数据采集与处理的方案一定要根据数字治理和智能管控的需求来进行设计。

知识准备

一、大数据的概念与特征

大数据已经体现在人们生活的方方面面，各行各业都在大力应用这一全新技术手段。大数据能为人们的生活提供便利，生活从复杂变得简单。那么，什么叫大数据呢？业界对大数据还没有一个统一的定义，但是大家普遍认为，大数据具备数据体量巨大（volume）、数据处理速度快（velocity）、数据类型繁多（variety）和数据价值（value）密度低等特征，简称“4V”特征。

（一）数据体量巨大

当前数据的规模不断扩大，已经从 GB 级增加到 TB 级，再增加到 PB 级。近年来，数据量甚至开始以 EB 和 ZB 来计数。例如，一个中型城市的视频监控信息一天就能达到几十 TB 的数据量，百度首页导航每天需要提供的数据超过 5PB，如果将这些数据打印出来，会超过 5 000 亿张 A4 纸。

知识加油站

字节（byte，简称 B）是计算机信息技术用于计量存储容量和传输容量的计量单位，1 个字节等于 8 位二进制（bit，简称 b）。

不同数量级间单位换算如下：

1B = 8b

1kB（kilobyte，千字节）= 1 024B

1MB（Megabyte，兆字节）= 1 024kB

1GB（Gigabyte，吉字节）= 1 024MB

1TB（Terabyte，太字节）= 1 024GB

1PB（Petabyte，拍字节）= 1 024TB

1EB（Exabyte，艾字节）= 1 024PB

1ZB（Zettabyte，泽字节）= 1 024EB

1YB（Yottabyte，尧字节）= 1 024ZB

（二）数据处理速度快

数据处理速度快，处理模式已经开始从批处理转向流处理。业界对大数据的处理能力有一个称谓——“1 秒定律”，也就是说，可以从各种类型的数据中快速获得高价值的信息。大数据的快速处理能力充分体现出它与传统的数据处理技术的本质区别。

（三）数据类型繁多

传统 IT 产业产生和处理的数据类型较为单一，大部分是结构化数据。随着传感器、智能设备、社交网络、物联网、移动计算、在线广告等新的渠道和技术不断涌现，产生的数据类型多种多样。数据类型不再只是结构化数据，更多的是半结构化或者非结构化数据，如 XML、邮件、博客、即时消息、视频、照片、点击流、日志文件等。企业需要整合、存储和分析来自复杂的传统和非传统信息源的数据，包括企业内部和外部的数据。

（四）数据价值密度低

由于大数据体量不断加大，单位数据的价值密度在不断降低，但数据的整体价值在提高。以监控视频为例，在一小时的视频中，有用的数据可能仅仅只有一两秒，却非常重要。有人将大数据的价值等同于黄金和石油，这表示大数据当中蕴含了无限的商业价值。

课堂讨论 1

简述大数据的“4V”特征，填写表 4-1。

表 4-1　大数据的特征

序号	特征	含义
1	volume	
2	velocity	
3	variety	
4	value	

二、城市大数据的来源及应用

（一）城市大数据的分类与来源

城市大数据是指城市运转过程中产生或获得的数据，及其与信息采集、处理、利用、交流能力有关的活动要素构成的有机系统，是国民经济和社会发展的重要战略资源。城市大数据的数据资源来源丰富多样，广泛存在于经济、社会各个领域和部门，是政务、行业、企业等各类数据的总和。同时，城市大数据的异构特征显著，数据类型丰富、数量大、速度增长快、处理速度和实时性要求高，且具有跨部门、跨行业流动的特征。

按照数据源和数据权属不同，城市大数据可以分为政务大数据、产业大数据和社会公益大数据。政务大数据指的是政务部门在履行职责过程中制作或获取的，以一定形式记录保存的文件、资料、图表和数据等各类信息资源。产业大数据指的是在经济发展中产生的相关数据，包括工业数据、服务业数据等。社会公益大数据指的是公益活动和公益事业等公益领域的数据，包括基金会数据、社会组织数据及居民生活服务数据等。

（二）城市大数据的应用

1. 通过精准分析提升政府公共服务水平

在交通领域，通过卫星分析和开放云平台等实时流量监测，感知交通路况，帮助市民优化出行方案；在平安城市领域，通过行为轨迹、社会关系、社会舆情等集中监控和分析，为公安部门指挥决策、情报研判提供有力支持；在政务服务领域，依托统一的互联网电子政务数据服务平台，实现“数据多走路，群众少跑腿”；在医疗健康领域，通过健康档案、电子病历等数据互通，提升医疗服务质量，降低市民医疗风险。

2. 通过数据开放助推城市数字经济发展

城市大数据将推动政企数据双向对接，激发社会力量参与城市建设。一方面，企业可获取更多的城市数据，挖掘商业价值，提升企业效益。另一方面，企业、组织的数据贡献到统一的大数据平台，可以“反哺”政府数据，支撑城市的精细化管理，进一步促进现代化的城市治理。

课堂讨论 2

1. 根据自己的生活体验列举一些城市大数据的应用场景，并讨论这类数据的来源，完成表 4–2。

表 4–2　城市大数据应用场景

序号	应用场景	数据来源
1		
2		
3		

续表

序号	应用场景	数据来源
4		
5		

2. 通过我国在城市大数据建设方面取得的成就，探讨科技在我国发展过程中发挥的重要作用。

____

____

三、智慧城市缩影——智慧校园中的数据应用

智慧园区是智慧城市的缩影。以智慧校园为例，了解大数据的应用。

大数据能够反映学生在校园日常生活、学习过程中的基本动态，及时预警校园管理过程中的各类潜在问题。依托大数据、云计算、物联网、移动互联等信息手段，全面感知校园的硬件设施与物理环境，收集挖掘各业务系统的数据，识别校园环境和各类业务的特征，提供开放舒适的工作和生活环境，改变人员的交互方式，实现以人为本的生产、管理和服务。

利用大数据对发现的问题进行有效梳理和分析后，就可以针对存在的问题制定相应的优化方案。通过数据治理，可以打破各部门信息孤岛，形成规范化的融合大数据，便利各部门的工作。

智慧校园有哪些数据来源呢？可以从智慧校园的架构谈起。

智慧校园由智能感知层、网络层、数据层和应用层组成。智慧校园产生的数据包含以下几类。

（一）物联网数据

感知层设备是建设智慧园区的物质基础，由摄像头等传感器、移动终端和各种应用程序设备组成。主要用于收集各种数据，通过这些数据可以感知学校的物理环境参数和师生学习活动参数。

物联网将采集到的实时信息数据，如视频流、人脸识别、周界安防、动环系统的水 / 电 / 燃气等信息、安全日志信息、来自互联网的 App 访客身份信息等，导入园区内网中，利用这些信息实现对校园教学、后勤和安全的智能管理，并利用网络进行监控。透过数据发现或预警潜在问题，为师生提供安全的校园环境。在此基础上，学校还可整合各种资源，以提高校园学习和生活环境的便利性。

（二）网络平台数据

网络平台数据是指师生的网络行为数据。比如，每天在学习平台上都会有大量的学生学习网络视频课程，利用大数据分析处理，梳理出学生点击的规律和习惯，通过数据指标发现学生学习中存在的问题。

（三）业务数据

业务数据是指学校各部门产生的业务数据，包括教务、学工、财务、资产、人事、科研等各部门在日常管理服务中产生的数据。

智慧校园通过建设数据中心平台，融合各业务系统的数据，经过分析处理，为校园管理服务提供具有一致性的精准数据。数据中心平台把各业务系统的数据进行采集、清洗、加工和治理后，提取信息字段，分析挖掘数据之间的逻辑关系，保证数据的唯一性和真实性。平台利用数据交换工具，进行数据过滤和双向传递，实现各业务系统共享数据。此外，为确保数据的安全性应采用身份验证技术对用户身份进行认证。然后，借助一站式服务平台向师生提供不同业务的管理服务，界面简单，操作性强，极大方便师生的校园生活。

课堂讨论 3

智慧校园每天会产生哪些种类的数据？通过对这些数据的统计和分析，能得到什么有用的信息？完成表 4-3。

表 4-3 智慧校园大数据应用场景

数据	数据类型	来源	用处

续表

数据	数据类型	来源	用处

知识加油站

认识大数据存储与处理相关的概念或工具

1. 数据库与数据仓库

数据库用来存放没有经过加工的原始数据，如校园基础数据库、校园管理数据库与物联网数据库等。

数据仓库（data warehouse，简称 DW 或 DWH），是为了满足某个主题的数据分析需要，将原始数据经过基本处理之后得到的数据集合。从各种渠道获取的数据，可能会在物理位置、存储格式（比如月份是数值类型，但天气可能是字符类型）、商业平台（不同数据库可能有的是 Oracle 数据库，有的是微软 SQL Server 数据库）、编写的语言（Java 或者 Scale 等）等各个方面完全不同，数据仓库要做的工作就是将它们按照所需要的格式提取出来，再进行必要的转换（统一数据格式）、清洗（去掉无效或者不需要的数据）等，最后装载进数据仓库。

服务器是存储数据的物理设备，如图 4-1 为新华三存储服务器，旨在满足各类企业和服务提供商的需求。通过性能和经济性的最优组合——结合领先同级的存储扩展能力和选件，提供灵活性和扩展性。

图 4-1 H3C UniServer R4900 G3 服务器

2. 数据湖与 IDC

数据湖（data lake）是一个以原始格式存储数据的存储库或系统。它按原样存储数据，而无须事先对数据进行结构化处理。一个数据湖可以存储结构化数据（如关系型数据库中的表）、半结构化数据（如 CSV、日志、XML、JSON）、非结构化数据（如电子邮件、文档、PDF）和二进制数据（如图形、音频、视频）。数据湖如图 4-2 所示。

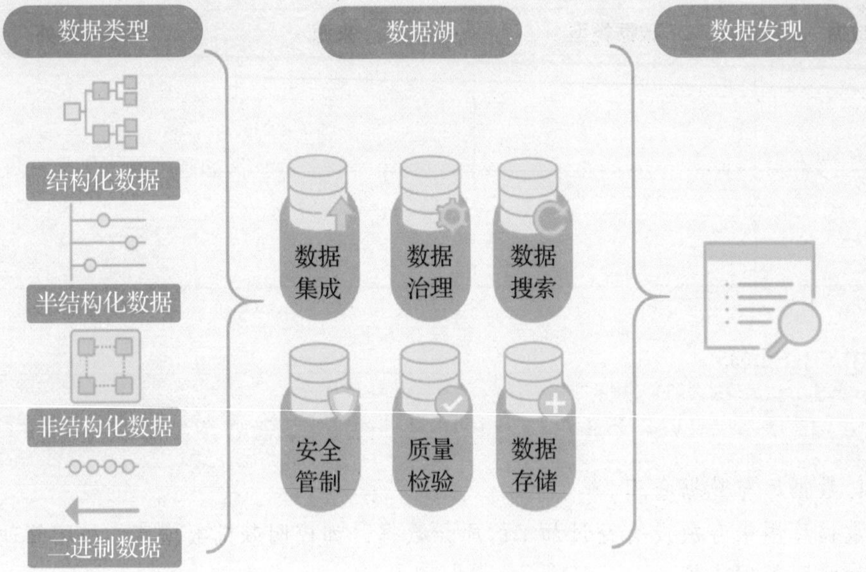

图 4-2　数据湖示意图

IDC 是互联网数据中心（internet data center）的简称。广义上的 IDC 业务，实际上就是数据中心所提供的一切服务，包括整机租用、服务器托管、机柜租用、机房租用、专线接入和网络管理服务等。客户租用数据中心的服务器和带宽，并利用数据中心的技术力量，来实现自己对软、硬件的要求，搭建自己的互联网平台，享用数据中心所提供的一系列服务。

3. 大数据平台与数据中台

大数据平台有两方面的作用：一是建立数据治理的统一标准，避免数据混乱冲突、一数多源等问题，提高数据管理效率，并通过质量管理，及时发现并解决数据质量参差不齐、数据冗余、数据缺值等问题。二是规范数据在各业务系统间的共享流通，促进数据价值充分释放。通过统筹管理，消除信息资源在各部门内的“私有化”和各部门之间的相互制约，增强数据共享的意识；通过有效整合，提高数据资源的利用水平。

数据中台是将经过数据治理的数据仓库或大数据平台中的数据，通过接口的方式直接服务于应用系统。数据中台整体技术架构采用云计算架构模式，将数据资源、计算资源、存储资源充分云化，通过多租户技术进行资源打包整合，并进行开放，为用户提供“一站式”数据服务。例如，校园大数据中心能有效收集学校招生、财务、教务教学、办公等数据，并进行沉淀分析，形成多维度的数据分析报告，使校园数据发挥价值，为学校管理提供数据服务。

任务工单

<table>
<tr><td>任务名称</td><td colspan="4">了解城市大数据</td></tr>
<tr><td>任务目的</td><td colspan="4">以智慧校园为例，了解智慧校园不同场景数据采集及数据处理功能模块，理解城市大数据功能特点。</td></tr>
<tr><td>任务内容</td><td colspan="4">1. 选取智慧校园业务场景；
2. 了解不同业务场景的数据采集方案；
3. 了解不同业务场景的数据应用方法。</td></tr>
<tr><td rowspan="2">第（ ）组</td><td>姓名</td><td></td><td></td><td></td></tr>
<tr><td>学号</td><td></td><td></td><td></td></tr>
<tr><td rowspan="7">任务实操</td><td colspan="4">以智慧校园的某一业务为例，设计数据采集与处理的方案</td></tr>
<tr><td>业务名称 1</td><td colspan="3"></td></tr>
<tr><td>数据采集方案 1</td><td colspan="3"></td></tr>
<tr><td>数据应用 1</td><td colspan="3"></td></tr>
<tr><td>业务名称 2</td><td colspan="3"></td></tr>
<tr><td>数据采集方案 2</td><td colspan="3"></td></tr>
<tr><td>数据应用 2</td><td colspan="3"></td></tr>
</table>

考核评价

评价说明：在本次任务完成后，由任课教师主导，采用学习过程评价与学习结果评价相结合的方法，综合运用自我评价、小组评价及教师评价三种方式，确定三种评价方式分别占总成绩的比例，并加权计算出学生本次任务的考核评价分。

任务完成考核评价表			
任务名称	智慧城市	子任务名称	了解城市大数据
班级		学生姓名	
评价方式	评价内容	分值	成绩
自我评价	课堂讨论 1 完成情况	10	
	课堂讨论 2 完成情况	10	
	课堂讨论 3 完成情况	10	
	任务工单完成情况	20	
	对知识和技能的掌握程度	30	
	我胜任了小组内的工作	20	
	合计		
小组评价	本小组本次任务完成质量	30	
	该成员本次任务完成质量	30	
	该成员参与小组活动的态度	20	
	该成员的合作精神和沟通能力	20	
	合计		
教师评价	该成员所在小组的任务完成质量	30	
	该成员的本次任务完成质量	30	
	该成员对所在小组活动的参与度	20	
	该成员对本次任务的贡献度	20	
	合计		
总评 = 自我评价 ×（　）% + 小组评价 ×（　）% + 教师评价 ×（　）% =			

子任务二

认识智慧城市

任务名称	智慧城市	子任务名称	认识智慧城市
学习目标	知识目标	● 了解智慧城市的概念与特点； ● 掌握人工智能、物联网、大数据、云计算在智慧城市架构中的作用及相互关系； ● 掌握智慧城市的体系架构。	
	能力目标	● 能够正确描述智慧城市的基本概念及涉及的各种技术之间的关系； ● 能够根据智慧城市架构设计简单的智慧城市场景； ● 能够简要设计智慧交通场景。	
	素养目标	● 学习我国智慧城市建设实际案例，增强民族自豪感，培养爱国主义情怀； ● 学习智慧城市构建的相关技术概念，树立科技报国的思想，培养服务国家、服务社会的意识。	
任务描述	通过智慧城市体系构建，使学生掌握智慧城市的组成架构，了解智慧城市各组成部分所承担的功能。		
任务准备	智慧城市构建涉及多项技术，包括物联网、大数据、云计算、人工智能以及 5G 等相关技术，请课前通过查阅资料，了解相关技术和智慧城市案例。		
实施提醒	智慧城市涉及数字孪生、人工智能、云计算、大数据、物联网等多个体系模块，是由建筑、交通、政府服务和其他系统的数字孪生连接而成的一个复杂系统。		

知识准备

一、什么是智慧城市

随着物联网、大数据、人工智能等新一代信息技术的飞速发展，物理世界和数字世界之间的联系和交互越来越频繁，数字孪生技术成为两者结合的产物。随着物联网技术中的智能感知控制技术的兴起，城市运行产生了大量的数据，城市迫切需要向智能化的新型智慧城市方向发展。数字孪生技术优先在城市规划、建筑、交通、能源等领域实施，全面对接城市治理、民生服务、经济发展、绿色环保等不同领域系统，对城市运行过程中的不同领域的不同事件进行实时响应，从而实现城市运行的协同联动，构建新型智慧城市运行模式。数字孪生技术框架如图 4–3 所示。

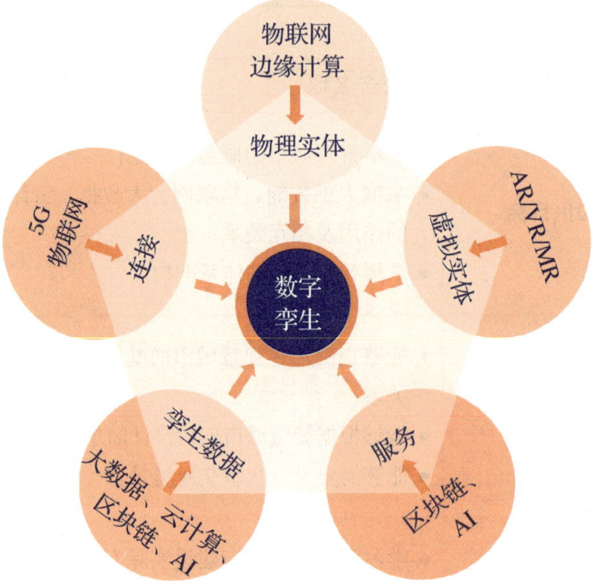

图 4–3　数字孪生技术框架

利用数字孪生技术，在数字化的虚拟平台复制一个现实中客观存在的“本体”。现实中“本体”的实时状态，都会实时体现在数字孪生体上。利用客观“本体”的实时动态数据传递，让数字“克隆体”也及时互动。当这个“克隆体”不局限于某一个较小的专业领域，例如智能制造、智慧交通，而是上升到一个较大的园区，进一步再到更大范围的城市，就形成了智慧城市的基础。

智慧城市充分应用 BIM、GIS、人工智能、大数据、云计算、物联网等一系列先进技术，实现城市管理运营的数字化和智慧化，不仅在应用层面实现城市信息管理、不动产管理、应急管控、智慧交通、企业设备运行监测、城市能耗智能监测、三维可视化动态报警等智慧应用，而且在数据层面实现政务、医疗、教育、消防、安防、交通管理等不同领域的实时共享，更将城市不同领域数据与 BIM 建筑模型相关联，实现城市运行的精确化管理。智慧城市示意图如图 4–4 所示。

智慧城市以三维建模技术为支撑，空间信息更加清晰明了，具有很强的三维立体感，能够高度还原真实的城市状态，同时更加强调数字空间对现实空间的实时性与互动性。其中实时性是指借助物联网实时感知城市动态运营状况，并在数字空间随时监测、分析和发现城市实际运营中存在的问题，如城市生态问题、灾害问题、交通问题、治安问题、疫情问题等。而互动性是针对现实城市所面临的各种问题和诉求，通过数字空间的仿真模拟和分析，反作用于现实城市空间的规划、建设、运营与治理，最终形成虚实结合、孪生互动的城市发展新形态（见图 4–5）。

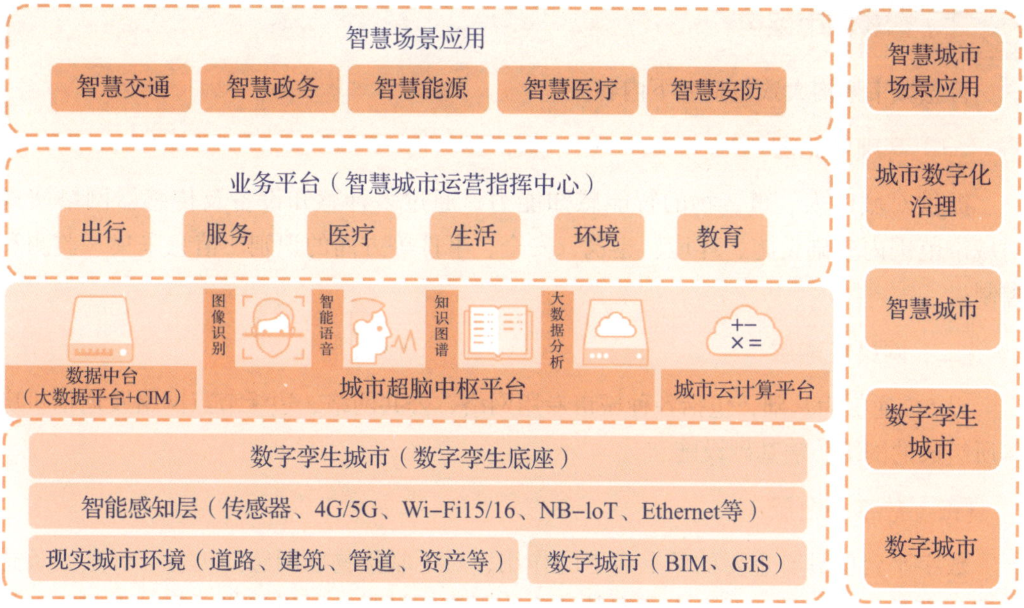

图 4-4　智慧城市示意图

图 4-5　智慧城市运营指挥中心

课堂讨论 1

通过查阅资料，讨论智慧城市的实时性和互动性体现在哪些方面。

二、智慧城市架构

智慧城市架构大致包括以下内容。

（一）基础设施层

提供对城市人、事、物的智能感知能力，通过多种感知设备及传感器网络实现对城市范围内基础设施、环境、建筑、安全、事件等方面的识别、信息采集、监测和控制。

（二）网络传输层

以 5G 通信为基础，包括各种城市专用网络、公共网络、边缘节点网络及通信机房等所组成的网络传输基础设施。

（三）数字平台层

数字平台层具有重要的承上启下的作用，对下联接物联网感知设备、屏蔽设备感知层的各种设备差异，对上支撑智慧城市实际应用场景，可以提供可靠的 IaaS、PaaS 层的服务能力。

（四）智慧应用层

基于数字平台提供的核心数据、服务、开发接口，运用人工智能技术，建立城市不同行业或领域的智慧应用，为城市管理和城市居民等提供智慧化的服务。

（五）系统安全体系

为智慧城市建设构建统一的安全体系，实现系统的统一入口、统一认证、统一授权、运行跟踪、系统安全应急响应等安全机制。

（六）系统运维体系

为智慧城市建设提供整体的运维管理机制，确保智慧城市整体系统的建设管理和高效运维。

（七）系统运营体系

智慧城市运营是围绕城市不同业务、用户场景，进行计划、组织、实施和控制等活动，是城市不同领域场景下的各项作业和管理工作的总称。

上述不同层级、体系发挥各自的作用，融合城市不同机构和部门的信息，实现智慧城市管理。智慧城市综合运用物联网、大数据、云计算及人工智能相关技术，通过不同渠道获取数据，利用人工智能技术、大数据技术等数据分析技术预测潜在问题，应用领域包括城市管理、交通疏导、生态环境、公众服务等，融合各种渠道的资源信息并做出科学决策。智慧城市涉及的各种技术之间的关系如图 4-6 所示。

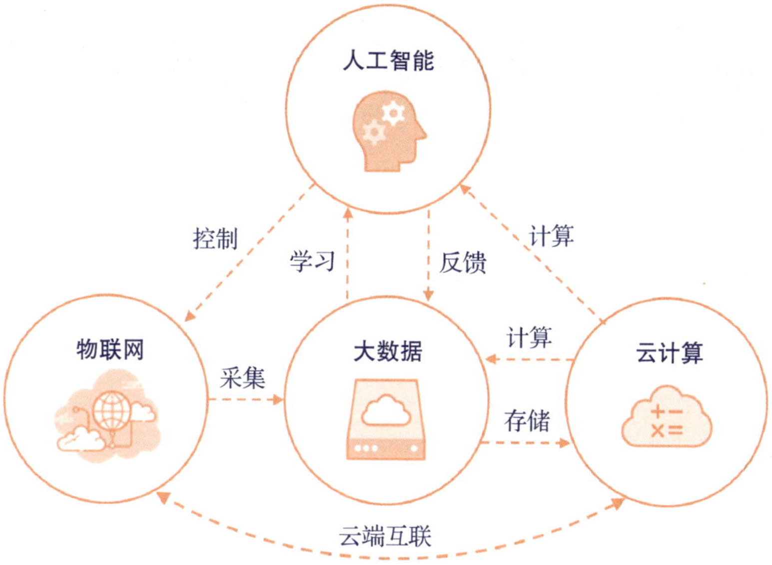

图 4-6　智慧城市涉及的技术之间的关系

基于城市信息模型的全城智慧化，在数字孪生平台上把城市各专业数据进行集成，以 5G 和 AI 等科技手段驱动城市的重塑，以一体化的新视角重塑城市规划和管理。其中以人工智能技术为核心的城市大脑，赋予城市思考、学习、分析和判断的能力，通过数字孪生技术，创造一个与客观世界相互映射的数字世界。如何让物理空间和数字空间联动起来？以城市管理为例，通过模拟仿真、机器学习等技术，分析城市运行状态数据，实现城市管理的预测与决策，从而实现与整个物理世界互动。

以车辆交通事故为例，交通管理部门通过数字平台的视频能力，从事故地点的摄像头获取现场第一手视频数据和事故周边的资源数据；通过数字平台层的大数据分析能力，基于以前的历史事故数据和经验模型，得出本次事故的救援方案，同时通知医疗机构进行救援。

课堂讨论 2

1. 讨论智慧城市 7 个层级和体系的功能，完成表 4-4。

表 4-4　智慧城市层级和体系

层级和体系名称	对应新基建设施	在智慧城市中承担的功能
基础设施层		
网络传输层		

续表

层级和体系名称	对应新基建设施	在智慧城市中承担的功能
数字平台层		
智慧应用层		
系统安全体系		
系统运维体系		
系统运营体系		

2. 智慧城市构建中使用哪些技术？每项技术包含哪些主要技术分支？在智慧城市建设中承担的功能是什么？查找实际案例，填写表4–5。

表4–5　智慧城市涉及的技术

技术名称	主要涉及的技术	功能	实际案例
人工智能			
物联网			
云计算			
大数据			
其他技术			

3. 通过查阅我国在智慧城市建设方面取得的成果，了解我国的新型智慧城市建设处于世界领先地位。

____

____

三、智慧城市场景：智慧交通

智慧城市涉及城市运行和管理的多个方面，此处以智慧交通为例，深入了解相关技术。

智慧交通的发展经历了从单车智能到车路协同，再到人车路协同的更高层次的智慧交通。人车路协同（见图4–7）是车辆、道路、行人、周边环境之间能够实时动态地进行信息交互。通过在路灯杆上安装各类传感器，例如摄像头、毫米波雷达、激光雷达等，把传感器采集到的信息传给车联网和单个车辆。人车路协同以车辆为中心，车辆与周边行驶的车辆、行人、设备、基站不断地进行通信，从而获取实时路况信息、行人信息等一系列交通信息，以提高驾驶安全性，减少拥堵，提高交通效率，是未来智能交通运输系统的关键技术。

图 4-7 人车路协同示意图

具体来说，智慧交通中的信息交互包括：

（1）车辆与车辆之间：常见应用如防碰撞安全系统；

（2）车辆与基础设施之间：交通信号指示与时间提醒；

（3）车辆与行人之间：行人单车安全距离警报；

（4）车辆与外部网络之间：如实时地图、云服务等。

人车路协同可以减少交通事故，提高交通效率，是助力自动驾驶的重要力量。智慧道路设施中安装的传感器，能够进一步弥补摄像头、雷达等车载传感器视距不足的缺陷，而且可以提高车辆在交叉口、恶劣天气环境等特殊条件下的感知能力。

以人车路协同为核心的智慧交通，全面构建道路、车辆和行人之间的信息沟通，为交通管理部门和民众出行提供实时交通数据服务，具体如下：

第一，基于 GIS、CIM 技术的仿真地图服务，针对错综复杂的交通线路，仿真地图可以提供多种视角的自由切换，并与交通道路实时路况数据同步，结合大数据、人工智能决策算法，对未来交通状况进行科学的预测。

第二，实时结合当时的路况、天气、周围服务设施等信息，做到交通事故提前预警、事故实时信息发布和事故评估分析等，提高交通执法和管理的智能化水平。

第三，将道路的交通探头以及交通信号信息和车辆的车载信息进行共享和融合，实现交通信号控制的实时智能化。

第四，整合城市运行中不同部门数据，通过移动端为出行者提供车辆、道路等数据信息，完成如智慧导航、智慧停车、智慧医疗等便捷服务。

课堂讨论 3

在智慧交通系统中，人车路协同是如何实现的？

知识加油站

城市超脑

城市超脑基于互联网、物联网等通信设施，整合城市不同行业领域的海量数据，利用人工智能学习行业知识，挖掘数据之间的内在联系，对城市进行实时分析和预测，从而促进城市的高效运行和可持续发展。

城市超脑包含中枢神经、城市感觉神经、城市运动神经、城市神经末梢、城市类脑智慧、城市神经纤维，如图 4-8 所示。在上述城市类脑神经的支撑下，可以实现城市中人与人、人与物、物与物之间的信息交互，服务于城市运行的方方面面，例如医疗、交通、金融、能源等领域。

图 4-8　城市超脑

任务工单

<table>
<tr><td>任务名称</td><td colspan="4">认识智慧城市</td></tr>
<tr><td>任务目的</td><td colspan="4">了解智慧城市的层次结构以及各组成部分的功能，各组成技术之间的相互关系。</td></tr>
<tr><td>任务内容</td><td colspan="4">1. 了解智慧城市架构；
2. 掌握智慧城市各技术的功能及相互间的关系。</td></tr>
<tr><td rowspan="2">第（　）组</td><td>姓名</td><td></td><td></td><td></td></tr>
<tr><td>学号</td><td></td><td></td><td></td></tr>
<tr><td rowspan="10">任务实操</td><td>智慧城市架构</td><td colspan="3">功能</td></tr>
<tr><td>基础设施层</td><td colspan="3"></td></tr>
<tr><td>网络传输层</td><td colspan="3"></td></tr>
<tr><td>数字平台层</td><td colspan="3"></td></tr>
<tr><td>智慧应用层</td><td colspan="3"></td></tr>
<tr><td>系统安全体系</td><td colspan="3"></td></tr>
<tr><td>系统运维体系</td><td colspan="3"></td></tr>
<tr><td>系统运营体系</td><td colspan="3"></td></tr>
<tr><td>查阅资料，以城市某一具体领域为应用场景，描述智慧城市的构造情况</td><td colspan="3"></td></tr>
</table>

考核评价

评价说明：在本次任务完成后，由任课教师主导，采用学习过程评价与学习结果评价相结合的方法，综合运用自我评价、小组评价及教师评价三种方式，确定三种评价方式分别占总成绩的比例，并加权计算出学生本次任务的考核评分。

任务完成考核评价表			
任务名称	智慧城市	子任务名称	认识智慧城市
班级		学生姓名	
评价方式	评价内容	分值	成绩
自我评价	课堂讨论 1 完成情况	15	
	课堂讨论 2 完成情况	15	
	任务工单完成情况	30	
	对知识和技能的掌握程度	20	
	我胜任了小组内的工作	20	
	合计		
小组评价	本小组本次任务完成质量	30	
	该成员本次任务完成质量	30	
	该成员参与小组活动的态度	20	
	该成员的合作精神和沟通能力	20	
	合计		
教师评价	该成员所在小组的任务完成质量	30	
	该成员的本次任务完成质量	30	
	该成员对所在小组活动的参与度	20	
	该成员对本次任务的贡献度	20	
	合计		
总评 = 自我评价 ×（　）% + 小组评价 ×（　）% + 教师评价 ×（　）% =			

任务二 数据治理

任务导入

党的十九届四中全会首次将数据增列为生产要素，数据治理通过多种方法激活并释放数据的价值，使数据从普通资源转变为有用的生产要素。中国通信标准化协会于2021 年 12 月发布的《数据治理标准化白皮书》指出，数据已成为实现全方位数字化转型、推动社会经济发展的核心动能，数据治理正在被纳入政务活动、企业治理、经营管理等领域。

数据不仅可以与传统产业融合，实现产业数字化，还能产生新业态，实现数据产业化。数据产业主要是指数据采集、数据存储、数据处理、数据分析等一系列以数据为核心的新业态。

子任务一 认识数据价值化与数据交易

任务名称	数据治理	子任务名称	认识数据价值化与数据交易
学习目标	知识目标	● 了解数据价值化的基本概念； ● 了解数据交易的常见方式； ● 了解数据治理的概念和特点。	
	能力目标	● 了解数据要素在数字经济时代的重要性； ● 掌握数据交易的常见模式； ● 了解数据治理的重要性。	
	素养目标	● 了解我国数据交易产业发展现状，增强民族自豪感，培养爱国主义情怀； ● 通过学习数据交易，培养创新意识。	
任务描述	在数字经济时代，数据成为重要的生产要素，本任务以数据价值化和数据交易、数据治理为主要内容，通过学习建立数据生产要素的理念。		
任务准备	查阅相关资料，了解我国已经成立的数据交易市场及其基本情况。		
实施提醒	数据商品是用于交换的数据产品。数据商品和数据产品的本质区别在于，是否在市场上进行交换。企业生产具有使用价值的数据产品，只有在市场上进行流通和交换，才能实现数据价值。		

知识准备

数据交易市场的实时情况，包括数据集开放交易、数据产品交易、数据空间交易等数据交易实时情况，如图 4–9 所示。

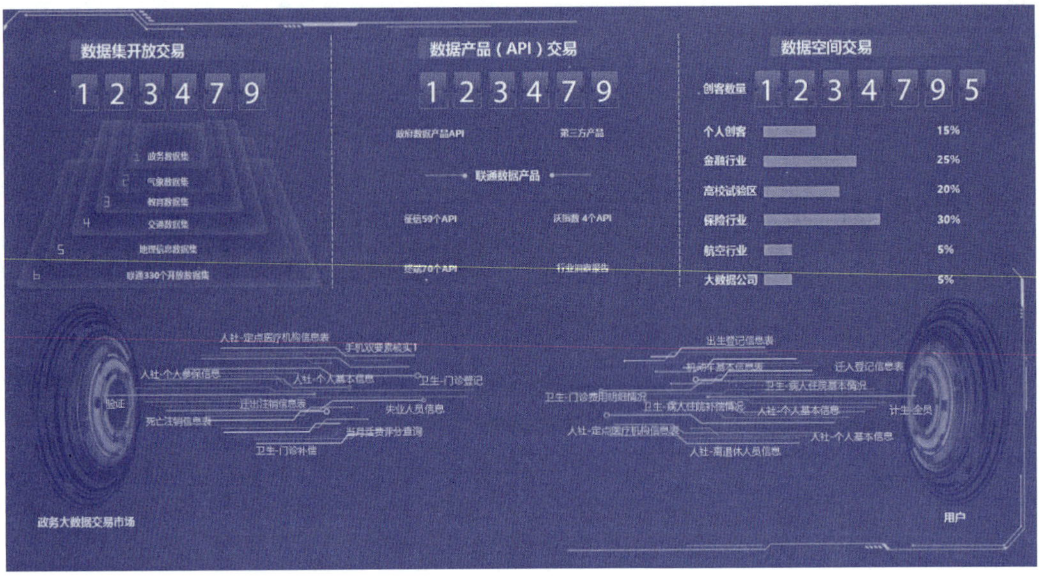

图 4–9　数据交易市场

一、数据价值化

在数字经济时代，数据成为新的生产要素。数据可以帮助进行科学经营决策，助力社会全面治理，为社会带来新的价值增值。推进数据价值化、发展数据要素市场是数字经济发展的重要一环。2021 年中国信息通信研究院发布的《数据价值化与数据要素市场发展报告》显示，新一代信息技术的快速发展与普及、全球数据的“井喷式”生产、数据收集存储和处理成本的大幅下降、机器计算能力的大幅提升，为数据资源化奠定了基础。相关统计预计，2025 年全球产生的数据将从 2018 年的 33Zb 增长到 175Zb，相当于每天产生 491Eb 的数据。全球已初步形成较为完整的数据资源供应链，包括数据采集、数据标注、时序数据库管理、数据存储、商业智能处理、数据挖掘和分析、数据交换等技术领域。

人类社会已从农业经济、工业经济进入到数字经济时代。农业经济时代的核心生产要素是土地，工业经济时代的核心生产要素是技术和资本，数字经济的核心生产要素就是数据。随着数据与人工智能、物联网技术的深入融合，数据为人类社会的数字化转型提供了新的动力。

大多数情况下，原始数据是比较粗糙的，不能直接产生价值。数据需要经过专业化的加工处理才能体现价值。尤其在人工智能领域，数据发挥着非常重要的作用，机器学习和模型训练离不开数据的支撑，数据的数量和质量决定了人工智能模型的准确性。数据的数量越大、质量越高，机器学习的效率和准确性就会越高。

数据价值化一般会经历数据资源化、数据资产化、数据资本化三个阶段。数据资源化是使杂乱无序的数据变为有序、有使用价值的数据资源。数据资产化，是数据通过市场流通交易，给使用者或所有者带来经济利益的过程。数据资本化，主要包括数据信贷融资与数据证券化。

课堂讨论 1

对比不同的社会经济形态的生产要素，完成表 4–6。

表 4–6　不同社会经济形态对比

社会经济形态	特点	主要生产要素	举例
农业经济			
工业经济			
数字经济			

二、数据交易

数字经济时代，数据成为重要生产要素，被誉为“新黄金”“新石油”，已成为全新的资产。数据资产化将产生新的数据交易，健康的数据交易生态需要由多方参与，包括数据供需方、政府数据交易机构、合法数据服务提供方、第三方数据资产评估机构、数据安全服务机构等。

2015 年 4 月，全国第一家数据公开交易所——贵阳大数据交易所正式运营。2021 年，北京、上海、重庆等多地先后建立或筹建由本地政府牵头的大数据交易所。2021 年 9 月 30 日，北京国际大数据交易所基于自主知识产权开发的数据交易平台 IDeX 系统上线。2021 年 11 月 25 日，上海数据交易所揭牌成立仪式暨 2021 年上海全球数商大会在上海举行。2022 年，北京国际大数据交易所宣布率先建立数字经济中介产业体系。

目前，各地数据交易所交易的数据不是原始数据，而是通过清洗、分析、建模、可视化等方式对原始数据进行加工以后的有价值数据，是经过分析处理形成的数据产品和服务。比如上海数据交易所明确规定，交易数据为通过实质性加工和创新性劳动所形成的数据产品和服务。

关于数据产品的分类，上海数据交易所将数据产品分为面向普通用户提供查询服务的用户数据产品、面向商家或实体提供数据服务的商用数据产品、面向企业自身的企业数据产品和其他提供用户体验和提高商业效率的泛化数据产品等。北京国际大数据交易所和贵阳大数据交易所通过数据类别来划分数据品种，《贵阳大数据交易所702公约》指出交易数据总计有30多种，如政府大数据、医疗大数据、金融大数据、企业大数据、电商大数据、能源大数据、交易大数据、交通大数据、商品大数据、消费大数据、信用卡大数据、教育大数据、社交大数据、社会大数据等。

一般而言，数据交易可以分为确权、定价、交易三个环节。数据要素在数据确权、数据收益明晰的基础上实现数据资产化，资产化的数据在市场上进行交易，实现数据资产市场化配置，激发数据活力，释放数据价值。

数据交易有三种模式：

其一，分销模式。用户将自己的数据贡献给数据平台，数据平台给予用户一定数额的等价物或者优惠、打折、积分等对价利益。

其二，集销模式。数据平台以中间代理人身份为数据提供方和数据购买方提供数据交易撮合服务，数据提供方、数据购买方都要经交易平台审核认证，自愿合法从事数据交易。

其三，分销集销混合模式。数据平台以数据经纪商身份，收集用户个人数据并将其转让、共享与他人。

课堂讨论 2

1. 为什么数据能够交易？

____

____

2. 数据就是生产力。你希望进行数据交易吗？你想得到哪类数据，或者能提供哪类数据？

____

____

3. C2B、B2B、B2C 分别代表什么意思？

____

____

4. 查阅相关资料，讨论数据交易的三种不同模式，完成表4–7。

表 4–7　数据交易模式及其特点

数据交易模式	模式特点	代表性平台
分销模式		
集销模式		
分销集销混合模式		

5. 列举我国已建立的数据交易中心有哪些，完成表 4–8。

表 4–8　我国数据交易中心

名称	成立时间	所在省份	交易模式特点

6. 通过查询，了解我国已建成的数据交易中心的情况，认识我国在数字交易领域的领先地位。

____

____

三、数据治理

数据治理就是实现数据价值的过程，让数据从不可用、不好用到方便易用且对业务有极大帮助的过程。通过采集、传输、储存等一系列流程将零散的数据变成格式规范、结构统一的数据，同时保证数据质量，然后对这些标准化的数据进行进一步的加工分析，来帮助机构进行辅助决策。

（一）为什么要进行数据治理

1. 数据质量参差不齐

杂乱无章的数据并不能被称为资产，数据中也有无效和无用的数据，所以需要对数据进行治理。

2. 数据交换和共享困难

机构中的不同部门的数据缺乏有效的连接通道，数据不能互联互通，数据的价值不能充分发挥。只有做到数据联通和共享，才能实现数据驱动业务、数据驱动管理，才能真正释放数据价值。

3. 缺乏有效的管理机制

由于缺乏有效的管理机制，在数据流通过程中，产生了大量的垃圾数据。管理和使用流程不清晰，造成数据质量下降。

4. 存在安全隐患

2018 年，脸书（Facebook）5 000 万用户信息被泄露和滥用。随着大数据的发展，诸如此类的数据安全事件偶有发生，数据安全问题愈来愈受到人们的关注。

（二）数据治理平台案例：华为数据湖治理平台

华为数据湖治理平台包含数据集成、数据开发、数据规范设计、数据质量监控、数据资产管理、数据服务、数据安全等功能，支持行业知识库智能化建设，支持大数据存储、大数据计算分析引擎等数据底座，帮助企业快速构建从数据接入到数据分析的端到端智能数据系统，消除数据孤岛，统一数据标准，加快数据变现，实现数字化转型。

课堂讨论 3

查阅资料，列举企业数据治理的实际案例。

____

____

知识加油站

数字经济

数字经济以数据作为关键生产要素，以数字技术为核心驱动力，以现代通信网络为重要载体，将数字技术与实体经济深度融合，提升经济社会发展的数字化、智能化水平，是一种新型经济形态。

当前，数字经济已经渗透到包括经济、社会、文化等各种社会活动中。在技术层面，数字经济依赖于大数据、云计算、物联网、区块链、人工智能、5G 通信等相关技术。在应用层面，包括智慧交通、智慧教育、智慧医疗、智慧金融、智能制造等社会的方方面面，深刻影响人们的生活和生产方式，并带来广泛的社会变革。

数字经济包括数字产业化和产业数字化。数字产业化就是包括电子信息制造业、电信业、软件和信息技术服务业、互联网行业等数字化产业。产业数字化是指在新一代数字科技支撑和引领下，以数据为关键要素，对传统产业链上下游进行数字化升级、转型的过程，重点在于数字技术与传统产业的深度融合，进而实现增效降本，增强企业产能与市场竞争力，降低各种资源消耗。

任务工单

<table>
<tr><td>任务名称</td><td colspan="4">认识数据价值化与数据交易</td></tr>
<tr><td>任务目的</td><td colspan="4">了解数据价值化的概念以及常见的数据交易模式。</td></tr>
<tr><td>任务内容</td><td colspan="4">1. 了解数据价值化的概念；
2. 了解数据交易的常见模式；
3. 了解我国数据交易中心的现状。</td></tr>
<tr><td rowspan="2">第（　）组</td><td>姓名</td><td></td><td></td><td></td></tr>
<tr><td>学号</td><td></td><td></td><td></td></tr>
<tr><td rowspan="5">任务实操</td><td colspan="2">1. 数据价值化需要哪些步骤？</td><td colspan="2"></td></tr>
<tr><td colspan="2">2. 数据交易模式有哪些？</td><td colspan="2"></td></tr>
<tr><td colspan="2">3. 列举我国的数据交易中心。</td><td colspan="2"></td></tr>
<tr><td colspan="2">4. 列举我国的数据交易品种。</td><td colspan="2"></td></tr>
<tr><td colspan="2">5. 按照数据类别划分，数据包含哪些品种？</td><td colspan="2"></td></tr>
</table>

考核评价

评价说明：在本次任务完成后，由任课教师主导，采用学习过程评价与学习结果评价相结合的方法，综合运用自我评价、小组评价及教师评价三种方式，确定三种评价方式分别占总成绩的比例，并加权计算出学生本次任务的考核评分。

<table>
<tr><th colspan="4">任务完成考核评价表</th></tr>
<tr><td>任务名称</td><td>数据治理</td><td>子任务名称</td><td>认识数据价值化与数据交易</td></tr>
<tr><td>班级</td><td></td><td>学生姓名</td><td></td></tr>
<tr><td>评价方式</td><td>评价内容</td><td>分值</td><td>成绩</td></tr>
<tr><td rowspan="7">自我评价</td><td>课堂讨论 1 完成情况</td><td>10</td><td></td></tr>
<tr><td>课堂讨论 2 完成情况</td><td>10</td><td></td></tr>
<tr><td>课堂讨论 3 完成情况</td><td>10</td><td></td></tr>
<tr><td>任务工单完成情况</td><td>30</td><td></td></tr>
<tr><td>对知识和技能的掌握程度</td><td>20</td><td></td></tr>
<tr><td>我胜任了小组内的工作</td><td>20</td><td></td></tr>
<tr><td colspan="2">合计</td><td></td></tr>
<tr><td rowspan="5">小组评价</td><td>本小组本次任务完成质量</td><td>30</td><td></td></tr>
<tr><td>该成员本次任务完成质量</td><td>30</td><td></td></tr>
<tr><td>该成员参与小组活动的态度</td><td>20</td><td></td></tr>
<tr><td>该成员的合作精神和沟通能力</td><td>20</td><td></td></tr>
<tr><td colspan="2">合计</td><td></td></tr>
<tr><td rowspan="5">教师评价</td><td>该成员所在小组的任务完成质量</td><td>30</td><td></td></tr>
<tr><td>该成员的本次任务完成质量</td><td>30</td><td></td></tr>
<tr><td>该成员对所在小组活动的参与度</td><td>20</td><td></td></tr>
<tr><td>该成员对本次任务的贡献度</td><td>20</td><td></td></tr>
<tr><td colspan="2">合计</td><td></td></tr>
<tr><td colspan="4">总评 = 自我评价 ×（　）% + 小组评价 ×（　）% + 教师评价 ×（　）% =</td></tr>
</table>

子任务二

认识数据服务

任务名称	数据治理	子任务名称	认识数据服务
学习目标	知识目标	● 掌握数据服务的基本概念和内容； ● 掌握数据采集、数据预处理以及数据标注的概念。	
	能力目标	● 能够掌握数字技术中有关数据服务的概念； ● 能够了解数据服务的基本流程。	
	素养目标	通过学习数据服务的内容，培养认真仔细的工作作风和注重细节的品质。	
任务描述	数据服务是数字技术的基本内容，了解数据服务技术对于从事数据服务相关职业岗位的技术技能人才是一项基本技能。		
任务准备	查阅相关资料，了解数字技术包含哪些具体数据服务技能。		
实施提醒	数据是数字技术的基本元素。数据服务指提供数据采集、数据处理（包括计算、分析、可视化等）等业务的一种信息技术驱动的服务。		

知识准备

数字经济时代，数据服务成为一种新的社会服务形态。数据服务是指与数据相关的多种服务形式，包括数据采集、数据清洗、数据抽取以及数据可视化等。来自不同采集渠道的数据，经过数据服务技术处理，生成更易于使用的视图模式，然后将数据提供给不同的客户使用。将数据作为一种商品提供给有需求的组织或个人，实现数据资源的按需获取。

数据是数字经济时代的核心资产，数据服务在其中扮演重要的角色。数据服务流程如图 4-10 所示。

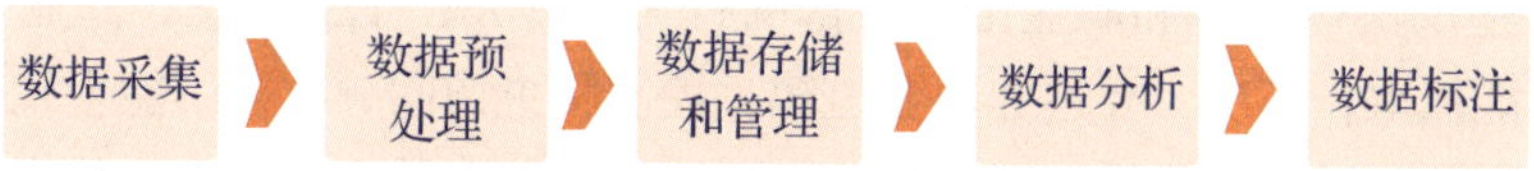

图 4-10 数据服务流程示意图

一、数据采集

数据无处不在，如互联网数据、自动化生产线产生的数据、监控视频数据以及各种传感器采集的数据，都需要相应的采集设备或软件进行采集。数据采集通常有以下几种途径。

（一）开放数据

开放数据是指互联网中面向所有人公开的数据，其中包括面向特定行业公开的数据、各级政府公开的数据以及网页中相关的内容数据。图 4–11 所示为北京市公共数据开放平台首页。

图 4–11　开放数据平台

获取开放数据，可以使用爬虫技术。爬虫技术是一种可以使开发人员自动化、系统化收集互联网上相关数据的技术，但需要强调爬虫的安全问题。一定要遵守相关法律，不能有违反法律法规和职业伦理道德的行为。首先，个人信息、商业秘密与国家秘密坚决不能抓取；其次，要遵守职业道德，控制爬虫访问频次，不能干扰被抓取数据服务器的正常业务活动；最后，要遵守 robots 协议，分清什么能抓取、什么不能抓取。

（二）第三方平台数据

通过某些第三方平台提供的应用程序接口（API）来采集相关数据。如百度地图开放 API 平台等。

（三）物联网设备采集数据

物联网设备采集数据指的是利用各种传感器采集在物理世界中产生的各种数据，例如指纹传感器采集的用于解锁手机或支付等行为的指纹，陀螺仪采集的用于手机导航的角速度，还有农业、工业领域各类传感器采集到的数据等。

课堂讨论 1

列举常见的数据采集方式及实际案例，填写表 4–9。

表 4–9　不同数据类型采集方式

数据类型	数据采集方法	实际案例
文本数据		
语音数据		
图像数据		
视频数据		
其他数据		

二、数据预处理

在实际生产生活中，采集的数据杂乱无章，无法直接对数据进行分析，需要对数据进行预处理。

（一）数据清洗

数据清洗是指发现并纠正数据文件中可识别的错误，包括填补数据记录中的遗漏数据、识别异常数据、删除重复信息，以及纠正数据中的不一致问题。

（二）数据集成

数据集成是指将多个不同来源、格式的数据源中的数据结合起来并统一存储。

（三）数据变换

数据变换是指将一种格式的数据转换为另一种格式的数据，主要用于将数据转换成适合数据挖掘的形式。

（四）数据归约

数据归约是指在尽可能保持数据原貌的前提下，最大限度地精简数据量。

三、数据存储和管理

数据预处理完成后需要进行数据存储和管理，利用数据库技术对结构化、半结构化和非结构化的数据进行存储和管理，其中数据库技术是非常关键的技术。

四、数据分析

可以利用数据挖掘算法和机器学习算法，对数据进行处理和分析，对分析结果进行可视化呈现，使得用户能够更好地理解和使用数据。

课堂讨论 2

数据服务的流程有哪些？在数据处理过程中需要注意哪些方面？作为数据服务相关岗位工作者，应当具备哪些职业素养？

五、数据标注

数据作为人工智能算法的“原料”，是实现人工智能的必要条件。和人工智能相关的数据服务包括为模型训练提供的数据采集、清洗、标注等服务，其中以采集和标注为主。在图像识别、语音识别以及自然语言处理等任务中，基于深度学习的模型预测需要大量的标注数据，所以数据标注在人工智能领域具有非常重要的意义。

数据标注是人工智能领域较为特殊的一种数据服务方式。人工智能数据标注服务已经发展成为一种产业。以百度人工智能基础数据产业项目为例，由百度智能云数据众包团队建立 AI 数据标注基地，业务覆盖无人驾驶、语音、图像、文字等数据类型的标注和加工处理服务。

数据标注即通过分类、画框、标注、注释等，对图片、语音、文字等数据进行处理、标记，以作为深度学习模型训练的数据来源。以标注对象作为分类基础，可以将人工智能数据标注分为图像标注、语音标注以及文本标注。

图像标注是一个将标签添加到图像上的过程，最常见的图像标注方法为拉框标注，即用 2D、3D、多边形框等标注图像中的目标对象，如图 4-12 所示为标注图像中的汽车。

图 4-12　图像标注

语音标注就是把语音中包含的文字信息、各种声音先提取出来，再进行转写。标注后的数据主要用于机器学习模型训练，这相当于给计算机系统装上了“耳朵”，使其具备了“听”的功能，使计算机可以实现语音识别。语音清洗是语音数据预处理的第一步，也是保证后续结果正确的重要一步。语音转写就是将语音数据转写成文字数据，是语音标注中比较常见的一种标注形式。语音标注如图 4–13 所示。

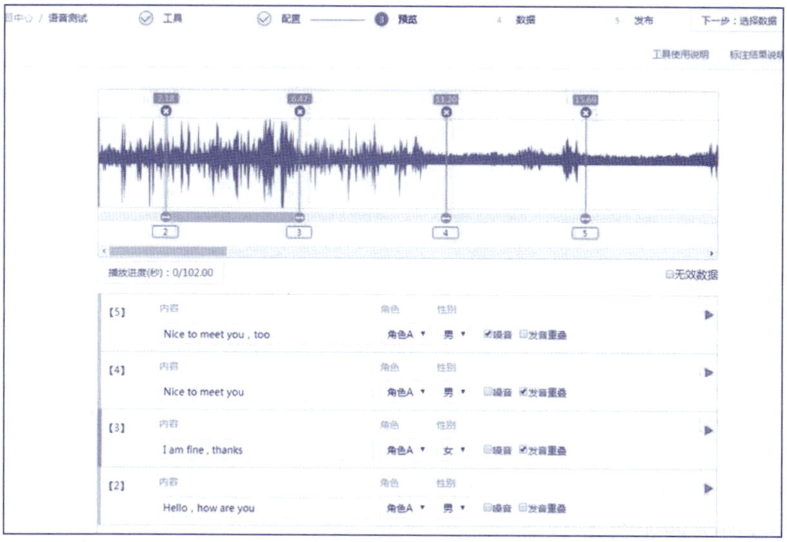

图 4–13　语音标注

文本标注是对文本进行特征标记的过程，对其打上具体的语义、构成、语境、目的、情感等数据标签。通过标注好的文本数据，机器可以识别文本中所隐含的意图或情感，可以更加人性化地理解文字语言。其中文本数据清洗包括文本数据中标点符号以及其他特殊符号的处理等环节。文本标注如图 4–14 所示。

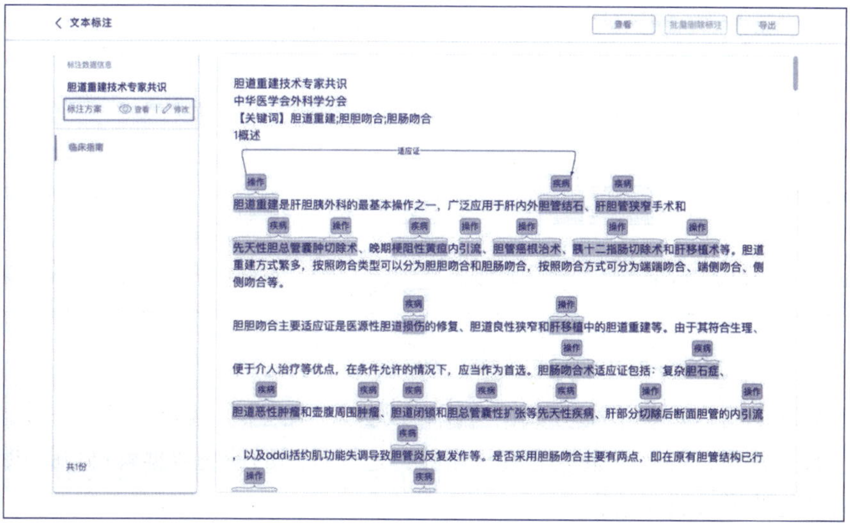

图 4–14　文本标注

课堂讨论 3

常见的数据标注类型有哪些？分别有哪些作用和应用案例？完成表 4-10。

表 4-10 数据标注类型

类型	作用	应用案例
图像标注		
语音标注		
文本标注		

六、数据服务案例

以获取某房产网站房屋信息数据为例，利用网络爬虫技术批量获取某房产网站的房产信息，获取数据如图 4-15 所示。

地址	评论	名称	价格	电话
[中环]姑苏苏州市姑苏区江昊路与日益路交叉口	(46条评论)	璀璨平江如苑	32000	[illegible]
[中环以外]新区新区华山路与龙池路交叉口，毗邻即将开	(57条评论)	山云庭	25000	[illegible]
[中环]相城相城区元和街道御窑路与黄蠡路交叉口	(57条评论)	万科・玉玲珑	28000	[illegible]
[中环]相城相城区元和街道相城大道西、纪元路两侧	(53条评论)	华侨城龙湖启元	30753	[illegible]
[内环]姑苏彩香路168号	(31条评论)	同文华庭	41600	[illegible]
[中环以外]新区天佑路与科广路交叉口东南侧	(41条评论)	保利和光山语	28250	[illegible]

图 4-15 房产信息数据

由于获取的房产数据有部分数据空缺，或者某些信息与其余信息不一致，此时就需要进行数据处理，将有空余值的数据删除，这样得到的最终数据就可以提供给客户，或者以可视化的形式展现给客户。

知识加油站

数据服务在商务中的应用

数字经济时代，业务数据能够直观地反映公司的商业运行情况，数据分析成为商务成功的重要因素。例如可以利用机器学习技术，根据客户的商品偏好和客户的浏览记录确定目标顾客人群，在平台上向客户推荐合适的产品，也有助于带来更多的销售量。例如亚马逊和阿里巴巴等电子商务平台利用大数据分析向商家发送商品销售的预测性建议，有助于推荐用户喜欢的各种产品。

数据分析利用各种数据源（如销售历史数据、客户搜索行为等）来进行消费预测。数据分析在电子商务领域中的作用包括以下几个方面：

第一，基于用户过去的购买行为数据对潜在客户进行商品推荐，同时为电子商务服务商提供有助于提高销量的建议。推荐系统根据客户喜好进行个性化推荐。

第二，电子商务平台通过收集客户对于产品或服务的反馈信息，采取适当措施弥补产品或服务的缺陷。

第三，数据分析使企业能够更有效地管理库存，避免将资金浪费在销量不好的产品上，有助于进行精准的库存管理和预测。

第四，数据分析使电子商务客户体验和服务变得更加智能化。例如客服机器人可以更加高效地解决客户的问题。

任务工单

<table>
<tr><td>任务名称</td><td colspan="4">认识数据服务</td></tr>
<tr><td>任务目的</td><td colspan="4">了解数据服务的主要内容和需要掌握的基本技能。</td></tr>
<tr><td>任务内容</td><td colspan="4">1. 数据采集；
2. 数据预处理；
3. 数据标注。</td></tr>
<tr><td rowspan="2">第（　）组</td><td>姓名</td><td></td><td></td><td></td></tr>
<tr><td>学号</td><td></td><td></td><td></td></tr>
<tr><td rowspan="4">任务实操</td><td colspan="2">任务内容</td><td colspan="2">任务完成情况</td></tr>
<tr><td>1. 数据采集的方式有哪些？请列举实际案例。</td><td colspan="3"></td></tr>
<tr><td>2. 数据预处理包括哪些方式，分别起什么作用？</td><td colspan="3"></td></tr>
<tr><td>3. 常见数据标注的类型有哪些？</td><td colspan="3"></td></tr>
</table>

考核评价

评价说明：在本次任务完成后，由任课教师主导，采用学习过程评价与学习结果评价相结合的方法，综合运用自我评价、小组评价及教师评价三种方式，确定三种评价方式分别占总成绩的比例，并加权计算出学生本次任务的考核评分。

任务完成考核评价表			
任务名称	数据治理	子任务名称	认识数据服务
班级		学生姓名	
评价方式	评价内容	分值	成绩
自我评价	课堂讨论 1 完成情况	15	
	课堂讨论 2 完成情况	15	
	任务工单完成情况	30	
	对知识和技能的掌握程度	20	
	我胜任了小组内的工作	20	
	合计		
小组评价	本小组本次任务完成质量	30	
	该成员本次任务完成质量	30	
	该成员参与小组活动的态度	20	
	该成员的合作精神和沟通能力	20	
	合计		
教师评价	该成员所在小组的任务完成质量	30	
	该成员的本次任务完成质量	30	
	该成员对所在小组活动的参与度	20	
	该成员对本次任务的贡献度	20	
	合计		
总评 = 自我评价 ×（ ）% + 小组评价 ×（ ）% + 教师评价 ×（ ）% =			

任务三
区块链

任务导入

数据价值持续释放，全社会对数据的共享需求不断提升，而区块链是确保数据共享全过程真实可信的技术要素。区块链通过促进数据可信共享，与其他数字技术互为补充，加速了行业数字化转型的速度。

区块链技术促进产业主体数据共享和协作，助力产业数字化转型，在智慧农业、司法存证、数字政府等领域的价值不断体现。近年来我国区块链产业、基础产业、链条产业环境和生态日益完善，区块链基础设施逐渐完备，区块链开源社区蓬勃发展，生态体系加速形成，区块链的底层功能架构日趋稳定，开始走向精准匹配复杂业务场景、开展迭代优化的阶段。

子任务一

理解区块链的特征与应用

任务名称	区块链	子任务名称	理解区块链的特征与应用
学习目标	知识目标	• 理解区块链的去中心化、不可篡改、匿名性、账本公开性等特点； • 了解区块链中的共识机制、智能合约等的含义； • 了解区块链技术在各场景中的应用。	
	能力目标	• 能够正确分辨区块链的类型，了解区块链的行业应用； • 能分析区块链在行业应用中的关键功能。	
	素养目标	• 培养爱国主义情怀和科技自信感； • 树立正确的世界观，培养用创新、理性的思维处理问题的能力； • 培养主动探索前沿科学和技术的能力，具备格物致知精神。	
任务描述	区块链技术和产业在全球范围内快速发展，应用已延伸到数字金融、物联网、智能制造、供应链管理、数字资产交易等多个领域，展现出广阔的应用前景。 传统的信用达成都是基于一些信用机构的背书，同时，有价值的信息也被这些信用机构所掌握。那么，能不能建立一个更有效的信用机制，不依赖于信用机构就可以建立实体之间的信用？		
任务准备	查阅相关资料，了解区块链技术的应用现状。		

续表

实施提醒	区块链技术的发展催生了一种新型社会信用机制，即系统信用，它通过构建一种可信的技术系统，保障信息的公开透明、全程追溯和不可篡改，在机器之间建立“信任”网络，通过数学算法为社会成员创造信用和达成共识。基于系统信用的新型社会信用体系可以建立一种基于区块链的征信方式，利用人工智能技术对信用主体开展“信用画像”，并应用于政府监管、数字经济发展以及惠民便企服务等领域。

知识准备

一、什么是区块链

区块链（block chain）最早用在比特币交易中，作为比特币的底层技术，本质上是一个去中心化的数据库，同时是一串使用密码学方法相关联产生的数据块，每一个数据块中包含了一批次比特币网络交易的信息，用于验证其信息的有效性（防伪）。

从科技层面来看，区块链涉及数学、密码学、互联网和计算机编程等很多科学技术，是分布式数据存储、点对点传输、共识机制、加密算法等计算机技术的新型应用模式。

从应用视角来看，区块链是一个分布式的共享账本和数据库，具有去中心化、不可篡改、全程留痕、可以追溯、集体维护、公开透明等特点，这些特点保证了区块链的“诚实”与“透明”。

区块链拥有丰富的应用场景，除大家熟知的银行业务、股票交易、交易支付和现金交易等金融场景外，还应用在政府治理、在线音乐、共享乘车等各类场景。

根据应用场景和用户需求的不同，区块链大致分成三类：公有链、联盟链和私有链。

（一）公有链

公有链（public block chains）是最早的、去中心化程度最高的、应用最广泛的区块链。其特点为：所有节点共享，完全开放，任何个人或机构都能匿名加入，链上的数据全局可见，通常作为基础性服务。例如各大比特币系列的虚拟数字货币均基于公有链，世界上有且仅有一条该币种对应的区块链。

公有链不受第三方机构的控制，世界上所有的人都可以读取在链上的数据记录、参与交易以及竞争新区块的记账权等。各个参与者（即节点）可以自由加入和退出，并按照意愿进行相关操作，即使是程序开发者也无权干涉用户。

（二）联盟链

联盟链（consortium block chains）是部分去中心化的链，链上各个节点通常有与之相对应的实体机构或者组织，参与者通过授权加入网络并组成利益相关联盟，共同维护区块链运行。联盟链对特定组织开放，链上的信息授权可见，具有很强的隐私保护机制，侧重商务。

联盟链具有成本较低、效率较高的特点，适用于不同实体间的交易、结算等 B2B 交易。

（三）私有链

私有链（private block chains）是一个弱中心化或者多中心化、适合企业内部使用的系统，网络的写入权限由某个组织或者机构全权控制，数据读取权限受组织规定，要么对外开放，要么具有一定程度的访问限制。

由于参与节点具有严格限制且数量少，与公有链相比，私有链达成共识的时间相对较短，交易速度更快，效率更高，成本更低。不过这种类型的区块链更适合于特定机构内部使用。

课堂讨论 1

公有链、联盟链以及私有链中，哪个中心化程度最高？哪个隐私保护最好？企业内部、行业内、所有人分别适用哪种区块链？

____

____

二、如何理解去中心化

首先了解价值转移的含义。价值转移可理解为某种或某几种商品的价值转移到另一种新的商品的价值中，被转移商品的价值构成另一种新的商品中的成本。价值转移中的价值是指货币资产、实体资产、虚拟资产等。

价值转移需要信用背书才能产生价值。例如，将某一部分价值从 A 地址转移到 B 地址，需要 A 地址精确地减少这部分价值，而 B 地址精确地增加这部分价值，最终结果不能受到任何一方的操控。目前的互联网协议是不支持价值转移的，也就是说，价值转移不能直接传输（这点与信息转移不同），需要由一个中心化的第三方来做背书，如银行。

区块链是分布式的、去中心化的，可以快速完成信用建设，可以在没有第三方信用背书的情况下，实现在一个开放式平台上进行的远距离安全支付，完成低成本且安全的价值转移。

在区块链公信力模型中，区块链的角色类似公证人，利用基于共识的数学方法，在机器之间建立信任并创造信用。区块链公信力在网络上会有许多独立的节点，每一节点都有一份备份信息。每个有授权的人都可以从任意一个节点下载全部的信息，同时，区块链公信力网络也是不可篡改的。

课堂讨论 2

1. 在网购或是其他消费的交易过程中，我们往往把信任托付给国家机构或大型企业这些中心化的第三方，中心化的信用体系构建有哪些局限性？

____

____

2. 区块链技术被视为开启“新信任时代”的一种颠覆性技术，如何理解？

三、区块链的核心技术

区块链通过 4 个核心技术来保障数据的不丢失、不被篡改，并保护个人隐私，实现风险管控。

（一）分布式账本

分布式账本指的是交易记账由分布在不同地方的多个节点共同完成，而且每一个节点记录的是完整的账目，因此它们都可以参与监督交易合法性，同时也可以共同为其作证。由于记账节点足够多，账目不易丢失，保证了账目数据的安全性。区块链的分布式存储与传统分布式存储的区别如表 4-11 所示。

表 4-11　区块链的分布式存储与传统分布式存储的区别

序号	传统分布式存储	区块链的分布式存储
1	将数据按照一定的规则分成多份进行存储	每个节点都按照块链式结构存储完整的数据
2	通过中心节点往其他备份节点同步数据	每个节点存储都是独立的、地位等同的

（二）非对称加密

存储在区块链上的交易信息是公开的，但是账户身份信息是高度加密的，只有在数据拥有者授权的情况下才能访问，从而保证了数据的安全和个人的隐私。

（三）共识机制

共识机制就是所有记账节点之间怎么达成共识，去认定一个记录的有效性，这既是认定的手段，也是防止篡改的手段。

区块链的共识机制具备“少数服从多数”“人人平等”的特点。其中“少数服从多数”并不完全指节点个数，也可以是计算能力、股权数或者其他的计算机可以比较的特征量。“人人平等”是当节点满足条件时，所有节点都有权优先提出共识结果，直接被其他节点认同，最后有可能成为最终共识结果。

当加入区块链的节点足够多的时候，造假基本上不可能。

（四）智能合约

智能合约是基于这些可信的、不可篡改的数据，可以自动化地执行一些预先定义好的规则和条款。以保险为例，如果说每个人的信息（包括医疗信息和风险发生的信息）都是真实可信的，那就很容易在一些标准化的保险产品中进行自动化理赔。在保险公司的日常业务中，虽然交易不像银行和证券行业那样频繁，但是对可信数据的依赖有增无减。利用区块链技术进行投保人风险管理和保险公司的风险监督，能够有效地帮助保险公司提高风险管理能力。

课堂讨论 3

列举区块链的核心技术及功能，填写表 4–12。

表 4–12　区块链的核心技术及功能

序号	核心技术	实现功能
1		
2		
3		
4		
5		

知识加油站

区块链的行业应用

区块链的应用领域已十分广泛，如图 4–16、表 4–13 所示。

图 4–16　区块链的应用领域

表 4-13 区块链在典型行业领域的应用

领域	具体业务	应用优势	典型产品（系统）
金融领域	国际汇兑、信用证、股权登记、证券交易所	省去第三方中介环节，实现点对点的直接对接，在大大降低成本的同时，快速完成交易支付	Visa 对公连汇业务（B2B Connect）、比特币借记卡、花旗银行的“花旗币”
物联网和物流领域	智能物流	降低物流成本，追溯物品的生产和运送过程，提高供应链管理的效率	超级账本（Hyperledger Fabric）、Sawtooth 平台
公共服务领域	公共管理、能源、交通	身份验证、鉴证确权、信息共享、透明政府，确保重要设施相关信息不被篡改	北京“一网通办”、英国天然气交易平台 Interbit
数字版权领域	数字版权管理，司法取证	对作品进行鉴权，证明文字、视频、音频等作品的存在，保证权属的真实、唯一性	纽约 Mine Labs 公司开发的 Mediachain 系统
保险领域	保险理赔	通过智能合约的应用，既无须投保人申请，也无须保险公司批准，只要触发理赔条件，实现保单自动理赔	LenderBot 平台
公益领域	社会公益	透明化公益流程中的相关信息，如捐赠项目、募集明细、资金流向、受助人反馈等	基于区块链的慈善事业

任务工单

<table>
<tr><td>任务名称</td><td colspan="4">理解区块链的特征与应用</td></tr>
<tr><td>任务目的</td><td colspan="4">掌握区块链的特征与主要技术。</td></tr>
<tr><td>任务内容</td><td colspan="4">选择一个行业，了解区块链在其中的应用和作用，描述其实现的核心步骤。</td></tr>
<tr><td rowspan="2">第（ ）组</td><td>姓名</td><td></td><td></td><td></td></tr>
<tr><td>学号</td><td></td><td></td><td></td></tr>
<tr><td rowspan="13">任务实操</td><td colspan="4">简述应用概况</td></tr>
<tr><td colspan="4"></td></tr>
<tr><td colspan="4">区块链的主要作用及核心技术</td></tr>
<tr><td colspan="2">主要作用</td><td colspan="2">核心技术</td></tr>
<tr><td colspan="2"></td><td colspan="2"></td></tr>
<tr><td colspan="2"></td><td colspan="2"></td></tr>
<tr><td colspan="2"></td><td colspan="2"></td></tr>
<tr><td colspan="2"></td><td colspan="2"></td></tr>
<tr><td colspan="2"></td><td colspan="2"></td></tr>
<tr><td colspan="2"></td><td colspan="2"></td></tr>
<tr><td colspan="2"></td><td colspan="2"></td></tr>
<tr><td colspan="2"></td><td colspan="2"></td></tr>
</table>

考核评价

评价说明：在本次任务完成后，由任课教师主导，采用学习过程评价与学习结果评价相结合的方法，综合运用自我评价、小组评价及教师评价三种方式，确定种评价方式分别占总成绩的比例，并加权计算出学生本次任务的考核评价分。

任务完成考核评价表			
任务名称	区块链	子任务名称	理解区块链的特征与应用
班级		学生姓名	
评价方式	评价内容	分值	成绩
自我评价	课堂讨论 1 完成情况	10	
	课堂讨论 2 完成情况	10	
	课堂讨论 3 完成情况	10	
	任务工单完成情况	40	
	对知识和技能的掌握程度	10	
	我胜任了小组内的工作	20	
	合计		
小组评价	本小组本次任务完成质量	30	
	该成员本次任务完成质量	30	
	该成员参与小组活动的态度	20	
	该成员的合作精神和沟通能力	20	
	合计		
教师评价	该成员所在小组的任务完成质量	30	
	该成员的本次任务完成质量	30	
	该成员对所在小组活动的参与度	20	
	该成员对本次任务的贡献度	20	
	合计		
总评 = 自我评价 ×（ ）% + 小组评价 ×（ ）% + 教师评价 ×（ ）% =			

子任务二

了解数字人民币

任务名称	区块链	子任务名称	了解数字人民币
学习目标	知识目标	• 掌握数字人民币的概念和特征； • 理解数字人民币与私人数字货币、移动支付的界限； • 理解数字人民币与区块链之间的关系。	
	能力目标	• 能描述数字人民币的“一币两库三中心”原理； • 能说出数字人民币拟合或实现了哪些区块链技术。	
	素养目标	增强对我国经济发展的信心，树立科技强国的信念。	
任务描述	随着经济的快速发展，中国从传统的现金货币支付转向了移动支付，在移动支付的全方位普及下，数字人民币应运而生。那么，数字人民币有什么优势？与区块链有什么关系？它与现金货币、移动支付等有什么区别？		
任务准备	查阅相关资料，了解数字人民币的应用发展状况。		
实施提醒	随着数字经济迅速发展，社会公众对零售支付便捷性、安全性、普惠性、隐私性等方面的要求日益提高，发行数字人民币成为适应发展趋势的需要。		

知识准备

一、了解数字人民币的发展及特征

（一）数字人民币的发展

我国对数字货币的研究于 2014 年起步。中国人民银行成立法定数字货币研究小组。自 2019 年末以来，我国深圳、苏州、雄安、成都及北京冬奥会场馆等地陆续开展了数字人民币试点测试，实现了不同场景的真实用户试点测试和分批次大规模集中测试，验证了数字人民币业务技术设计及系统稳定性、产品易用性和场景适用性，增进了社会公众对数字人民币的了解。

根据 2021 年 7 月中国人民银行发布的《中国数字人民币的研发进展白皮书》，截至 2021 年 6 月 30 日，我国数字人民币试点已超过 132 万个，开立个人钱包 2 087 万余个、对公钱包 351 万余个，累计交易 7 075 万余笔，金额约 345 亿元。2022 年 1 月 4 日，数字人民币（试点版）App 在安卓和苹果应用商店上架。2022 年 1 月 6 日，微信开始支持数字人民币支付，这为居民在日常生活中使用数字人民币提供了便利的渠道。当前，数字人民币已经开始进入国民生活，渗透进入交通出行、餐饮服务、政务服务、生活缴费和购物消费等领域，并发挥着越来越重要的作用。

（二）数字人民币的特征

数字人民币是与现钞等价、由国家信用背书、具备法偿性的数字形式的法定货币。目前中国人民银行尚未正式发行数字人民币。图 4–17 是邮储银行面向特邀客户发行的数字人民币无源可视卡硬钱包，简称“硬钱包”。

数字人民币兼顾实物人民币和电子支付工具的优势，具有实物人民币支付即结算、匿名性等特点，又具有电子支付工具成本低、便携性强、效率高、不易伪造的优势，符合数字人民币“安全普惠、创新易用、长期演进”的设计理念。具体来说，数字人民币具有五大基本特征：

图 4-17　数字人民币无源可视卡硬钱包

（1）数字人民币是法定货币的数字形式，与实物人民币一样作为法定货币在市场上流通，具备价值尺度、交易媒介、价值贮藏等基本功能。

（2）数字人民币采取中心化管理、双层运营的模式。中国人民银行在数字人民币运营体系中处于中心地位，向作为指定运营机构的商业银行发行数字人民币，并进行全生命周期管理；指定运营机构及相关商业机构负责向社会公众提供数字人民币兑换和流通服务。

（3）数字人民币目前主要定位于现金类支付凭证（M0），将与实物人民币长期并存。数字人民币具有与实物人民币同等的法律地位和经济价值，二者并行发行，中国人民银行对二者共同统计、协同分析、统筹管理。

（4）数字人民币是一种零售型的央行数字货币，当前主要用于满足国内零售支付需求。央行数字货币根据用户和用途不同分为两类：一种是批发型央行数字货币，主要面向商业银行等机构类主体发行，多用于大额结算；另一种是零售型央行数字货币，面向公众发行并用于日常交易。

（5）数字人民币和指定运营机构的电子账户资金具有通用性，共同构成现金类支付工具，为客户提供数字化零售支付服务。

课堂讨论 1

列举数字人民币的特征，完成表 4-14。

表 4-14　数字人民币的特征

序号	视角	特征
1	流通	
2	管理	
3	价值	
4	支付	
5	通用性	

二、数字人民币与现金货币、私人数字货币和移动支付的区别

(一) 数字人民币与现金货币的区别

数字人民币与现金货币的区别主要有三点。

1. 实物形态不同

中国现有的货币主要是流通中的现金（纸币、铸币），是实物形式，可以随时随地使用，提供点对点的结算方式，具有无限法偿能力。而数字人民币则是纸质人民币的电子版，是法定加密的数字货币，在收付款双方的手机都有数字钱包的情况下，即可实现价值的转移。

2. 可追溯性不同

现金交易的最大特点是不可追溯性，该特征是一把双刃剑，可以保护个人隐私，但也会被用于洗钱、非法交易和避税。而数字货币具有可追溯性，属于半私密性的账本，发行数字货币的央行有权查阅交易行为，可以防止洗钱、非法交易、非法融资等违法犯罪活动的发生。

3. 持有成本和安全性不同

现金的持有和运行成本较高，包括印制、运输、仓储、销毁和管理成本等。而数字人民币不需要印制发行成本，也没有库存和运输问题；可以杜绝假币，减少偷盗犯罪，处理财务问题更高效；零接触，减少病毒传播，提高安全性。

(二) 数字人民币与私人数字货币的区别

数字人民币与私人数字货币的区别在于：

1. 性质和效力不同

私人数字货币是没有政府信用背书的加密数字货币，不具备法偿性，不能在市场上流通使用。而数字人民币是央行发行的法定数字货币，和纸质人民币具备同等效力的法偿性和流通性。

2. 价值不同

私人数字货币由供需决定价格，价格波动大；而数字人民币的价值等同于法定货币，币值相对稳定。

3. 发行渠道不同

私人数字货币不依靠特定货币机构发行，是在发行总量固定的前提下，基于区块链技术由网络节点的计算生成。而数字人民币由央行依法定程序发行并监管，发行量根据经济发展情况而定。

4. 匿名性不同

私人数字货币基于密码学的设计，使其只能被真实的拥有者转移或支付，隐藏交易人身份，在交易过程中保持完全匿名。而央行发行的数字人民币是可控匿名，对限额内的数字人民币交易，通过技术和制度对用户支付信息打包加密处理，实现匿名化。可控性是通过大额可溯的设计，实现风险可控的匿名，即央行可追踪数字人民币的使

用信息和交易历史。

（三）数字人民币与移动支付的区别

数字人民币与移动支付有以下区别。

1. 法定地位不同

数字人民币是国家发行的法定货币，具有法偿性，不能拒绝接受。而移动支付是法定货币的支付通道，可以选择性地接受。

2. 载体不同

数字人民币无须开立银行账号或支付账户，只要手机安装数字货币钱包，不需要银行参与就能完成支付，“钱包”里装的是央行货币。移动支付是以银行为支付中介的转账行为，支付行为都需要银行参与，“钱包”里装的是基于银行账户的存款货币。

3. 所需网络条件不同

数字人民币可以双离线支付，不需要网络，还可以选择智能手机、IC卡、功能机等多终端完成支付。移动支付必须要借助网络才能完成交易。

课堂讨论 2

列举数字人民币与其他支付形式的区别，完成表4-15。

表4-15　数字人民币与其他支付形式的区别

序号	比较对象	主要区别
1	现金货币	（1） （2） （3）
2	私人数字货币	（1） （2） （3）
3	移动支付	（1） （2） （3）

知识加油站

区块链技术赋能数字人民币

数字货币以区块链技术为“刃”，通过特定的发行管理模式以及相关技术原理，在确保集中管理的基础上，保留了加密货币匿名性、安全性、不可伪造性、防“双花”等基本特征。

数字人民币借助“一币两库三中心”来拟合区块链技术的特性。其中，“一币”是指仅有数字人民币这一种央行信用背书的法定数字货币，仍是中心化结构，与人民币等价兑换。“两库”是指发行库与商业银行库两个数据库，构建数字人民币的双层运营体系，即央行只管理发行库，与商业银行承兑数字人民币，并不直接面向公众。“三中心”指登记中心、认证中心与大数据分析中心。登记中心记录用户的个人信息和流水，进行权属登记；认证中心确认用户身份；大数据分析中心基于大数据、云计算、区块链等技术对交易数据进行分析，把握实际的货币发行体量，从而实现精准的宏观调控。

通过拟合区块链技术，数字人民币具备以下几方面特性：

第一，未花费交易输出（UTXO）账本模式。

传统银行账户在发生交易时，两方账户各自在余额基础上加减。数字人民币采用UTXO模式，将付款方的数字货币作废，而收款方的数字货币生效，从而大幅降低数据存储量。

第二，非对称加密技术。

在比特币等一般加密货币中，公钥是用户的地址，而私钥（用户签名）由用户自己创建和保管，以此保证交易的匿名性。而在数字人民币中，由央行通过认证中心分配给用户钱包一个私钥，以此证明用户身份，而登记中心则确认数字货币是否归属于这个用户，以两者分立的模式同样达成交易匿名性。认证中心与登记中心同属央行体系，针对可疑的交易记录，仅有央行拥有最终权限追踪，可有效遏制洗钱等不法交易。

第三，可拓展智能合约技术。

智能合约是指满足预先设定的条件即可自动执行的脚本。在数字人民币的定向流通过程中，采用智能合约技术，可以基于经济状态、贷款利率、流向主体与时点条件，触发数字人民币生效，从而实现精准定向的数字人民币流通。

第四，快速应用于日常交易。

数字人民币保留的中心化特征大幅提升交易效率，能够快速应用于日常交易。数字人民币以央行为单一节点，去除了传统加密货币流通中每个节点确认每笔交易的冗余步骤，大幅提升交易效率。

任务工单

任务名称	了解数字人民币			
任务目的	了解数字人民币的特征与应用。			
任务内容	1. 简述“一币两库三中心”原理； 2. 梳理数字人民币的主要技术。			
第（　）组	姓名			
	学号			
任务实操	“一币两库三中心”原理			
	1			
	2			
	3			
	数字人民币的区块链技术特性			
	1			
	2			
	3			
	4			

考核评价

评价说明：在本次任务完成后，由任课教师主导，采用学习过程评价与学习结果评价相结合的方法，综合运用自我评价、小组评价及教师评价三种方式，确定三种评价方式分别占总成绩的比例，并加权计算出学生本次任务的考核评价分。

任务完成考核评价表			
任务名称	区块链	子任务名称	了解数字人民币
班级		学生姓名	
评价方式	评价内容	分值	成绩
自我评价	课堂讨论 1 完成情况	15	
	课堂讨论 2 完成情况	15	
	任务工单完成情况	40	
	对知识和技能的掌握程度	10	
	我胜任了小组内的工作	20	
	合计		
小组评价	本小组本次任务完成质量	30	
	该成员本次任务完成质量	30	
	该成员参与小组活动的态度	20	
	该成员的合作精神和沟通能力	20	
	合计		
教师评价	该成员所在小组的任务完成质量	30	
	该成员的本次任务完成质量	30	
	该成员对所在小组活动的参与度	20	
	该成员对本次任务的贡献度	20	
	合计		
总评 = 自我评价 ×(　)% + 小组评价 ×(　)% + 教师评价 ×(　)% =			

任务四

产业互联网

任务导入

产业互联网是基于互联网技术和生态，对各个垂直产业的产业链和内部的价值链进行重塑和改造，而形成的互联网生态和形态。产业互联网是一种新的经济形态，利用信息技术与互联网平台，充分发挥互联网在生产要素配置中的优化和集成作用，实现互联网与传统产业深度融合，将互联网的创新成果应用于国家经济、科技、军事、民生等各项社会领域。

产业互联网除强调互联网的连接作用之外，还强调互联网技术与具体产业的深度融合——互联网渗透进企业的骨髓，改善管理、流程、制度和工艺，提升产业效率。产业互联网在互联网中的位置如图 4-18 所示。

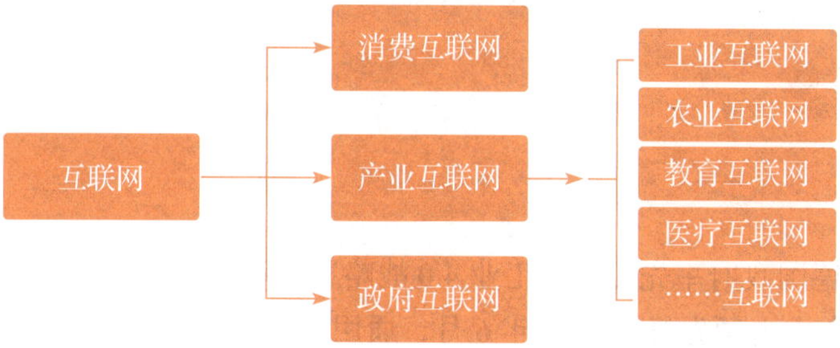

图 4-18　产业互联网在互联网中的位置

子任务一

了解工业互联网

任务名称	产业互联网	子任务名称	了解工业互联网
学习目标	知识目标	• 理解智能制造技术； • 理解工业 4.0 和工业互联网的应用； • 掌握工业互联网的定义； • 了解工业互联网的典型模式； • 了解工业互联网的平台架构； • 了解工业互联网的行业应用。	

续表

学习目标	能力目标	• 能够理解工业互联网的技术构成； • 能够描述工业互联网平台的组成及作用； • 能够理解工业互联网与行业的结合模式。
	素养目标	通过学习工业互联网相关知识，了解我国工业互联网发展的重要进展，激发科技兴国意识。
任务描述	工业互联网（industrial internet）是新一代信息通信技术与工业经济深度融合的新型基础设施、应用模式和工业生态，是工业数字化、网络化、智能化的实现途径。当前，工业互联网融合应用向国民经济重点行业广泛拓展，形成平台化设计、智能化制造、网络化协同、个性化定制、服务化延伸、数字化管理六大新模式，赋能、赋智、赋值作用不断显现，有力促进实体经济提质、增效、降本、绿色、安全发展。	
任务准备	• 查阅相关电子资源，了解产业数字化转型状况； • 了解智能制造和工业互联网的关系。	
实施提醒	工业互联网包含网络、平台、数据、安全四大体系，它既是工业数字化、网络化、智能化转型的基础设施，也是互联网、大数据、人工智能与实体经济深度融合的应用模式，同时也是一种新业态、新产业，将重塑企业形态、供应链和产业链。	

知识准备

一、工业互联网

2013 年，德国政府率先提出“工业 4.0 战略”，目的是提高德国工业的竞争力，在新一轮工业革命中占领先机。2013 年 6 月，通用电气（GE）提出了“工业互联网”概念，与德国提出的“工业 4.0 战略”有异曲同工之妙，被称为“美国版工业 4.0”。2015 年 5 月 19 日，国务院正式印发《中国制造 2025》，旨在重点打造先进制造业、生产性服务业、服务型制造业和绿色技术，在实现完全工业化的进程中，避免“过早去工业化”。

不论“中国制造 2025”战略，还是德国“工业 4.0”战略，抑或是美国“工业互联网”战略，核心都是面向新时代、面向未来、面向第四次工业革命的国家制造业转型升级战略，都是为了在新时代占据智能制造的先机，成为新时代的智造强国。

工业互联网是云计算、大数据、人工智能等新一代信息技术与制造业深度融合的产物。工业互联网不是互联网在工业的简单应用，而是具有更为丰富的内涵和外延。它以网络为基础、平台为中枢、数据为要素、安全为保障，既是工业数字化、网络化、智能化转型的基础设施，也是互联网、大数据、人工智能与实体经济深度融合的应用模式，同时也是一种新业态、新产业，将重塑企业形态、供应链和产业链。

工业互联网通过对人、机、物、系统等的全面连接，构建覆盖全产业链、全价值链的全新制造和服务体系，为工业乃至产业数字化、网络化、智能化发展提供实现途径，是第四次工业革命的重要基石和关键支撑。

人工智能是新一代信息技术的重要组成，更是工业互联网的重要使能技术，随着人工智能技术的不断演进和应用，工业互联网将逐步具备工况自感知、工艺自学习、装备自执行、系统自组织等能力。

课堂讨论 1

说明工业互联网与互联网的关系。为什么说工业互联网既是新型基础设施，也是应用模式和工业生态？

____

____

二、工业互联网的典型应用模式

工业互联网融合应用推动了一批新模式、新业态孕育兴起，提质、增效、降本、绿色、安全发展成效显著，初步形成了平台化设计、智能化制造、网络化协同、个性化定制、服务化延伸、数字化管理六大类典型应用模式。

（一）平台化设计

平台化设计是指依托工业互联网平台进行的一系列商业性设计，汇聚了人员、算法、模型等设计资源，改变传统设计方式，提升研发质量，实现全球化、全方位的工业互联网交易，实现高质量发展，满足工业互联网新趋势，助力企业实现营销数字化。

（二）智能化制造

在大数据、人工智能、工业互联网等领域中，智能代替人工已经遍布各个环节，在生产、设备、包装、出库等一系列的领域都能完全实现替代。

（三）网络化协同

网络化协同是企业发展的重要标志，可以推动企业和客户实现面对面信息共享，缩小两者之间的距离。实现网络化的协同模式、协同管理、协同服务，能够优化企业资源配置。

（四）个性化定制

面对消费者的个性化需求，获取数据后，进行分析，根据消费者的建议对产品进行改进，从而生产出高质量、个性化、高效率的产品。

（五）服务化延伸

服务化延伸主要指企业从原有制造业务向价值链两端高附加值环节延伸，是新兴产业形态制造和服务发展的延伸，实现“制造 + 服务”“产品 + 服务”“销售 + 服务”的一体化转型。

（六）数字化管理

在数字化时代，企业在数字化管理中依靠数据、数据链，以数据驱动高效运营管理，实现全场景、全过程的链路，在战略决策、产品销售、生产制造、市场布局等方面构建更有价值、更为优化的管理。

课堂讨论 2

针对工业互联网的典型应用模式，举例说明一种具体应用。

____

____

三、工业互联网的平台架构

工业互联网平台是工业云平台的延伸发展，其本质是在传统云平台的基础上叠加物联网、大数据、人工智能等新兴技术，构建的更精准、实时、高效的数据采集体系。建设包括存储、集成、访问、分析、管理功能的使能平台，实现工业技术、经验、知识模型化、软件化、复用化，以工业 App 的形式为企业各类创新所应用，最终形成资源富集、多方参与、合作共赢、协同演进的工业生态。

（一）工业互联网平台的四大特征

工业互联网平台有四大特征：一是泛在连接，具备对设备、软件、人员等各类生产要素数据的全面采集能力。二是云化服务，实现基于云计算架构的海量数据存储、管理和计算。三是知识积累，能够提供基于工业知识机理的数据分析能力，并实现知识的固化、积累和复用。四是应用创新，能够调用平台功能及资源，提供开放的工业 App 开发环境，实现工业 App 创新应用。

（二）工业互联网平台的三大核心层级

工业互联网平台是面向企业数字化、网络化、智能化需求，构建基于海量数据采集、汇聚、分析的服务体系，支撑制造资源泛在连接、弹性供给、高效配置的工业云平台，包括边缘层、平台层（工业 PaaS）、应用层三大核心层级。工业互联网平台功能架构图如图 4-19 所示。

第一层是边缘层，通过大范围、深层次的数据采集，以及异构数据的协议转换与边缘处理，构建工业互联网平台的数据基础。一是通过各类通信手段接入不同设备、系统和产品，采集海量数据；二是依托协议转换技术实现多源异构数据的归一化和边缘集成；三是利用边缘计算设备实现底层数据的汇聚处理，并实现数据向云端平台的集成。

第二层是平台层，基于通用 PaaS 叠加大数据处理、工业数据分析、工业微服务等创新功能，构建可扩展的开放式云操作系统。一是提供工业数据管理能力，将数据科学与工业机理结合，帮助企业构建工业数据分析能力，实现数据价值挖掘；二是把

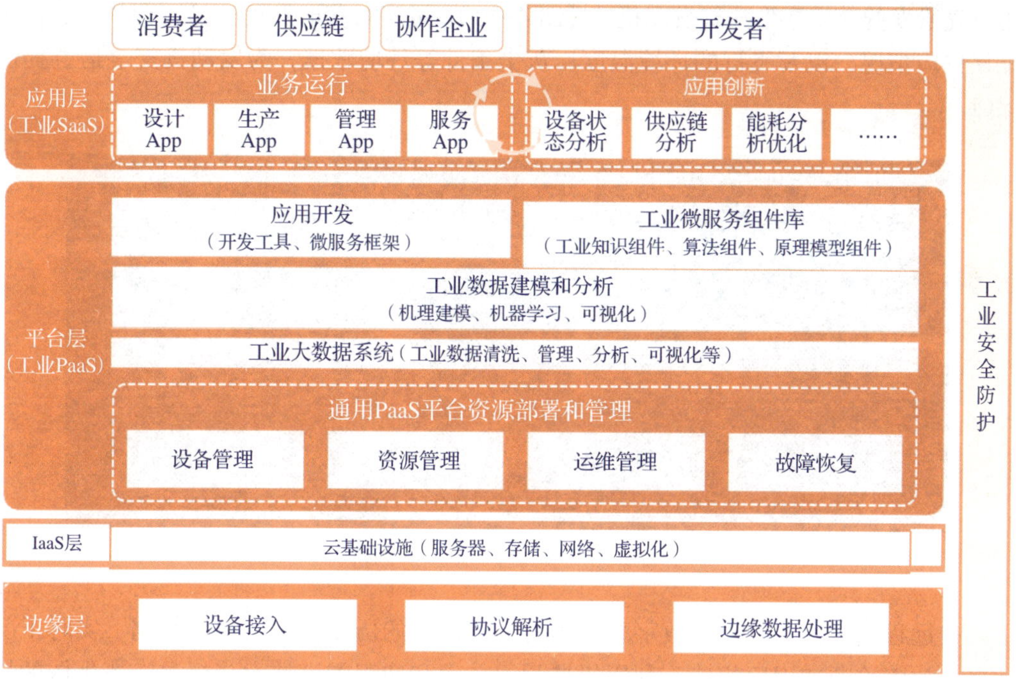

图 4–19　工业互联网平台功能架构图

技术、知识、经验等资源固化为可移植、可复用的工业微服务组件库，供开发者调用；三是构建应用开发环境，借助微服务组件和工业应用开发工具，帮助用户快速构建定制化的工业 App。

第三层是应用层，形成满足不同行业、不同场景的工业 SaaS 和工业 App，形成工业互联网平台的最终价值。一是提供设计、生产、管理、服务等一系列创新性业务应用；二是构建良好的工业 App 创新环境，使开发者基于平台数据及微服务功能实现应用创新。

除此之外，工业互联网平台还包括 IaaS 基础设施，以及涵盖整个工业系统的安全管理体系，这是工业互联网平台的基础支撑和重要保障。

（三）基于数字孪生技术的工业互联网平台应用优化

数字孪生能够结合工业互联网全要素、全价值链、全产业链连接的需求，在边缘侧、私有云、公有云三个层面开展应用，进而实现从单点、局部到全局的优化。

在边缘侧，面向设备数字孪生应用的时间最早可以追溯到计算机辅助技术仿真时期，目前发展较为成熟。通过对人员、机器、原料、方法、环境等生产要素的数字化、模型化、代码化，构建物理实体设备的数字孪生模型，实现对设备的全状态健康管理。

在设备状态检测方面，可以通过对物理设备的几何形状、功能、历史运行数据、实时监测数据（如轴承震动、转轴转速、定子电流、功率等）进行数字孪生建模，改变传统的实体设备运行的“黑箱”状态，可实时监测设备各部件的运行情况。比如，通用电气研发的数字孪生喷气发动机（见图 4–20），可实时获取发动机的运行状态、维修配件供应情况，以及飞行的环境温度、灰尘条件等环境数据，为发动机安全运行提供保障。

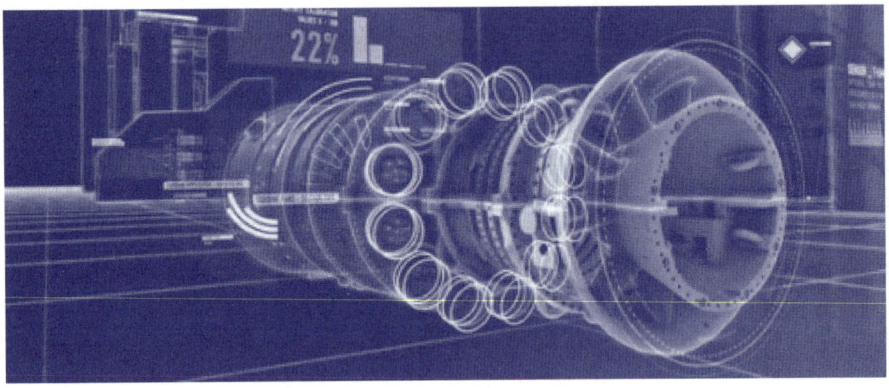

图 4–20　数字孪生喷气发动机

在远程故障诊断方面，数字孪生体将实体设备的历史故障与维修数据、实时工况数据与故障诊断知识库相连，利用机器学习技术和知识图谱技术分析数字孪生体的情况，实现实体设备的故障检测、判断、定位与恢复。例如，美国空军在数字空间建立了战斗机的三维模型，每次飞行任务结束后，都会通过数字孪生体的远程分析来评估飞机结构的可能性状况，以便远程诊断实体飞机部件是否存在故障。

在预测性维护方面，售后维护人员通过数字孪生体实时收集产品的各项内在性能参数，绘制工作状态与设计性能之间的关系曲线，分析各项性能偏差，预判产品零部件的损坏时间，以便主动、及时甚至提前提供维护服务，避免设备非计划停机带来的损失。

课堂讨论 3

工业互联网平台具有什么特征？由哪些部分组成？各有什么作用？

____

____

知识加油站

京东方工业互联网平台

作为全球半导体显示领域龙头企业，京东方（BOE）在实现智能生产的同时，积累了丰富的系统建设经验，打造了集智能制造、园区管理、企业运营管理于一体的全价值链工业互联网平台。BOE 工业互联网平台提供多类产品、解决方案与服务，不仅能实现全面智能化生产和精细化管理，还能助力企业实现生产方式和商业模式的创新，满足多场景需求，以科技赋能企业数字化、智能化升级。

工业和信息化部公布了2020年大数据产业发展试点示范项目名单，BOE的《基于大数据技术的显示器件制造行业产能提升解决方案》位列其中，通过全球领先的大数据技术及工业互联网解决方案，为制造业转型升级赋能。

《基于大数据技术的显示器件制造行业产能提升解决方案》是BOE工业互联网平台智能工厂解决方案的典型应用，通过在海量产线数据中挖掘产品不良与工厂环境、设备运行、工艺参数等众多因素之间的关系，快速对生产制造过程中产生的不良原因进行自动分析及预测。采用该解决方案，不良原因分析数据整理及决策判断时间由原先1～2天降至30分钟。同时，结合人工智能深度学习算法，BOE还研发了工业视觉平台ADC（automatic defects classification，缺陷自动分类）系统，采用人工智能、图像识别等技术对面板生产过程中关键不良原因进行全自动检测和分类，大幅提升企业质检效率、准确度、良率及生产效率。

BOE工业互联网平台的工业园区解决方案采用虚拟可视化技术，实现对生产设备、园区建筑的3D可视化呈现，对人员、车辆、设备、能耗、安全等进行智能化管理，并与生产系统进行数据交互控制，全面提升园区的服务体验和运营能力。目前，BOE工业园区解决方案已应用于北京、绵阳、合肥、武汉、成都等城市的工业园区。此外，BOE企业运营解决方案还可以为企业提供智慧班车管理、人事电子档案管理、会议管理、绿色产品管理等系统解决方案，并针对企业的实际需求进行定制化开发，助力企业信息化转型。

任务工单

<table>
<tr><td>任务名称</td><td colspan="4">了解工业互联网</td></tr>
<tr><td>任务目的</td><td colspan="4">了解工业互联网的应用模式和平台架构。</td></tr>
<tr><td>任务内容</td><td colspan="4">1. 了解工业互联网克服了传统工业的哪些弊端；
2. 理解工业互联网的行业应用。</td></tr>
<tr><td rowspan="2">第（　）组</td><td>姓名</td><td></td><td></td><td></td></tr>
<tr><td>学号</td><td></td><td></td><td></td></tr>
<tr><td rowspan="10">任务实操</td><td colspan="4">简述传统工业的生产流程，自选一个行业，从以下几个方面描述有哪些弊端。</td></tr>
<tr><td>设计</td><td colspan="3"></td></tr>
<tr><td>生产</td><td colspan="3"></td></tr>
<tr><td>销售</td><td colspan="3"></td></tr>
<tr><td colspan="4">选择一个行业，介绍该行业的工业互联网的应用。</td></tr>
<tr><td>1</td><td colspan="3"></td></tr>
<tr><td>2</td><td colspan="3"></td></tr>
<tr><td>3</td><td colspan="3"></td></tr>
<tr><td>4</td><td colspan="3"></td></tr>
</table>

考核评价

评价说明：在本次任务完成后，由任课教师主导，采用学习过程评价与学习结果评价相结合的方法，综合运用自我评价、小组评价及教师评价三种方式，确定三种评价方式分别占总成绩的比例，并加权计算出学生本次任务的考核评价分。

任务完成考核评价表			
任务名称	产业互联网	子任务名称	了解工业互联网
班级		学生姓名	
评价方式	评价内容	分值	成绩
自我评价	课堂讨论 1 完成情况	10	
	课堂讨论 2 完成情况	10	
	课堂讨论 3 完成情况	10	
	任务工单完成情况	40	
	对知识和技能的掌握程度	10	
	我胜任了小组内的工作	20	
	合计		
小组评价	本小组本次任务完成质量	30	
	该成员本次任务完成质量	30	
	该成员参与小组活动的态度	20	
	该成员的合作精神和沟通能力	20	
	合计		
教师评价	该成员所在小组的任务完成质量	30	
	该成员的本次任务完成质量	30	
	该成员对所在小组活动的参与度	20	
	该成员对本次任务的贡献度	20	
	合计		
总评 = 自我评价 ×（　）% + 小组评价 ×（　）% + 教师评价 ×（　）% =			

任务四

子任务二

了解建筑云的构建与应用

任务名称	产业互联网	子任务名称	了解建筑云的构建与应用
学习目标	知识目标	• 了解什么是建筑产业互联网； • 理解建筑产业互联网的行业意义； • 理解建筑云的解决方案。	
	能力目标	• 能够理解建筑产业互联网方案； • 能够将建筑产业互联网与行业应用结合。	
	素养目标	从了解建筑业典型案例入手，理解建筑产业数字化发展的状况和趋势，培养社会责任感。	
任务描述	所谓建筑产业互联网，是通过推动建筑产业内各个参与者的互联互通，改变产业内数据采集和流通的方式，并运用区块链等技术，保障产业内数据交易的可信性，进而改变产业价值链，提升每个参与者的价值。建筑产业互联网充分体现了数据要素在建筑产业内的价值创造能力，通过挖掘数据要素的价值提升建筑产业总体价值。		
任务准备	• 查阅相关电子资源，了解建筑业数字化转型状况； • 了解建筑云的解决方案及应用。		
实施提醒	建筑产业互联网是工业互联网在建筑行业的应用，通过新一代通信技术对建筑产业链全要素信息进行采集汇聚和分析。		

知识准备

一、了解建筑产业互联网

2020 年，住建部、国家发改委等 13 部门联合发布的《关于推动智能建造与建筑工业化协同发展的指导意见》提到，到 2025 年，我国智能建造与建筑工业化协同发展的政策体系和产业体系基本建立，建筑工业化、数字化、智能化水平显著提高，建筑产业互联网平台初步建立，产业基础、技术装备、科技创新能力以及建筑安全质量水平全面提升。推动智能建造龙头企业的形成，引领并带动广大中小型企业向智能建造转型升级，打造“中国建造”升级版。

那么，什么是建筑产业互联网呢？

建筑产业互联网是新一代信息技术与建筑业深度融合形成的关键基础设施，是促进建筑业数字化、智能化升级的关键支撑，是打通建筑业上下游产业链，实现产业升级的重要依托，也是推动智能建造与建筑工业化协同发展的重中之重。建筑产业互联网平台通过大数据驱动和赋能，将成千上万的建筑组织、单位聚合在一起，起到共享资源、相互吸引、相互补充的作用，形成一个集体利益共同体，促进建筑行业政务数智化、工程数智化、行业数智化的三位一体，打造涵盖全产业链的智慧建造体系，从而助推全国建筑产业的转型升级。

课堂讨论 1

建筑产业互联网是什么？

____

____

二、中建集团云数据中心方案

中国建筑集团有限公司（简称中建集团）作为传统大型央企单位，正式组建于1982年，是我国专业化发展最久、市场化经营最早、一体化程度最高、规模全球最大的投资建设集团之一。2015年初，中建集团为支持全球信息化战略，决定建设全自动化的“中国建筑云数据中心”，并于2021年启动数据中心建设。

中建集团建设一套统一混合云平台基础设施，形成多云数据中心体系，优化集团数据中心建设布局，满足集团统建、统筹共建以及子企业自建业务系统的资源需求，保障IT基础设施的可靠运行，实现资源的集约化和服务化，支撑集团的信息化建设和数字化转型。云数据中心具备大平台支撑能力、产品输出能力、体系安全能力和全球服务能力，是支撑中建集团数字化转型的核心IT基础设施。图4–21为中建集团云管理平台的架构。

课堂讨论 2

中建集团云数据中心的作用是什么？

____

____

三、建筑云解决方案

（一）同构混合云解决方案

中国建筑云数据中心采用“两地三中心”架构，提高云内业务的连续性，避免业务停止服务或数据丢失带来不必要的经济损失和不良的社会影响。

中国建筑云数据中心一期首先实现北京同城双中心，未来在国内其他省市选择合理备份中心接入云平台，最终实现“两地三中心”架构。北京同城双中心分别为奥南数据中心和租用的IDC数据中心，同时利用紫光云公有云节点与遍布全国的私有云打通，迅速实现混合云（见图4–22）。

中国建筑云数据中心平台支持以Region/AZ的方式规划多云统一管理。

中国建筑云数据中心设计两个Region，一个在北京，另一个在异地。北京Region包括两个AZ，异地Region初步规划至少包括一个AZ，支持平滑扩展为多Region多AZ架构或扩展至紫光云公有云服务，新建物理数据中心资源池作为新AZ加入当地Region中统一由云平台管理即可。同构混合云平台的架构如图4–23所示。

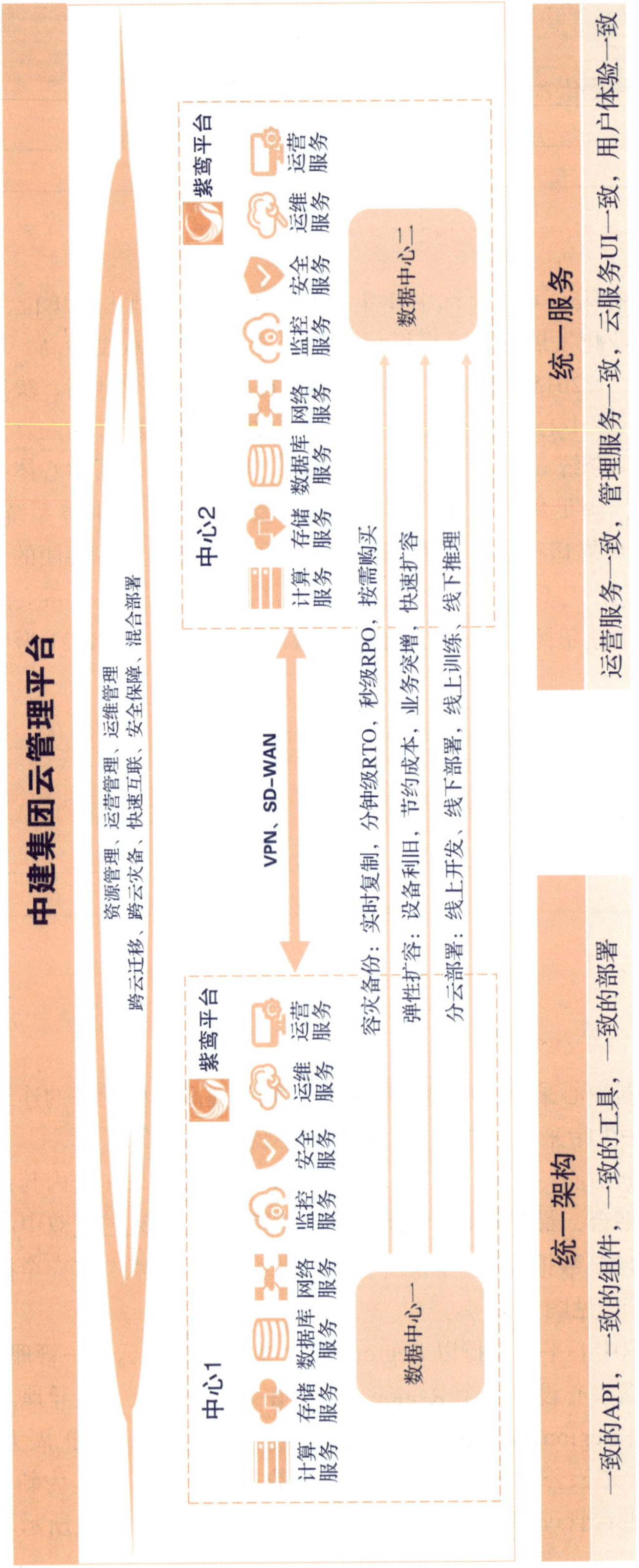

图 4-21 中建集团云管理平台架构

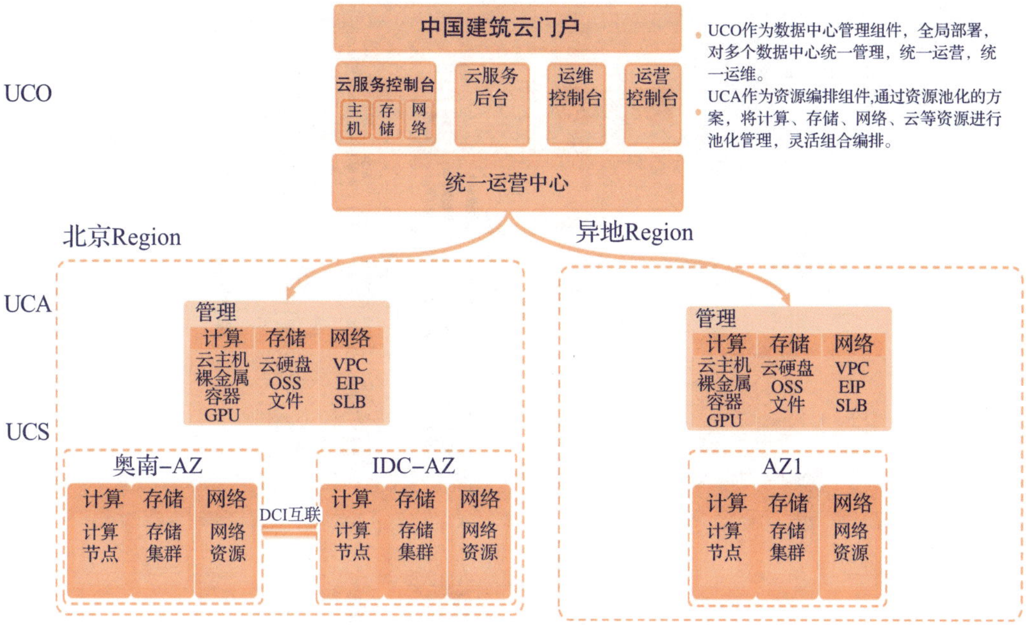

图 4-22　同构混合云平台

（二）统一融合云安全服务

通过基于云网安的统一融合方案提供统一融合云安全服务，具备以下特点：

（1）部署一体化：安全云平台与下一代紫鸾平台紧密融合，租户、账户、资产信息天然同步，部署无需额外物理资源。

（2）服务目录一体化：安全云实现对云上各类云上安全服务的资源管理、策略管理、资源监控等，配套紫鸾平台形成更加完善的服务目录。

（3）调度一体化：同紫鸾平台其他业务一样，安全云也可以调度 SDN 控制器，对安全服务进行引流、编排和配置下发。

统一融合云安全服务如图 4-24 所示。

（三）统一运维运营服务

通过基于运维中台提供统一运维服务，具备以下特点：

（1）基于 OMC 中台，统一完成对日常运维服务的支撑，可通过就地驻场解决。

（2）分为运维的三个层面提供支持：运维流程支持、产品服务支持和 CMDB 整体业务支持服务。

（3）所有运维信息同前端客户信息关联绑定，统一纳管，统一告警。

统一运维中台服务架构如图 4-25 所示。

运营平台提供强大的运营数据支撑，实现“从用户试用到购买，从资源开通到计费，从订单出账到计收”全商业流程的可视化数据管理能力，紧紧围绕“人、财、物”运营三要素，实现精细化的运营数据管理（见图 4-26）。

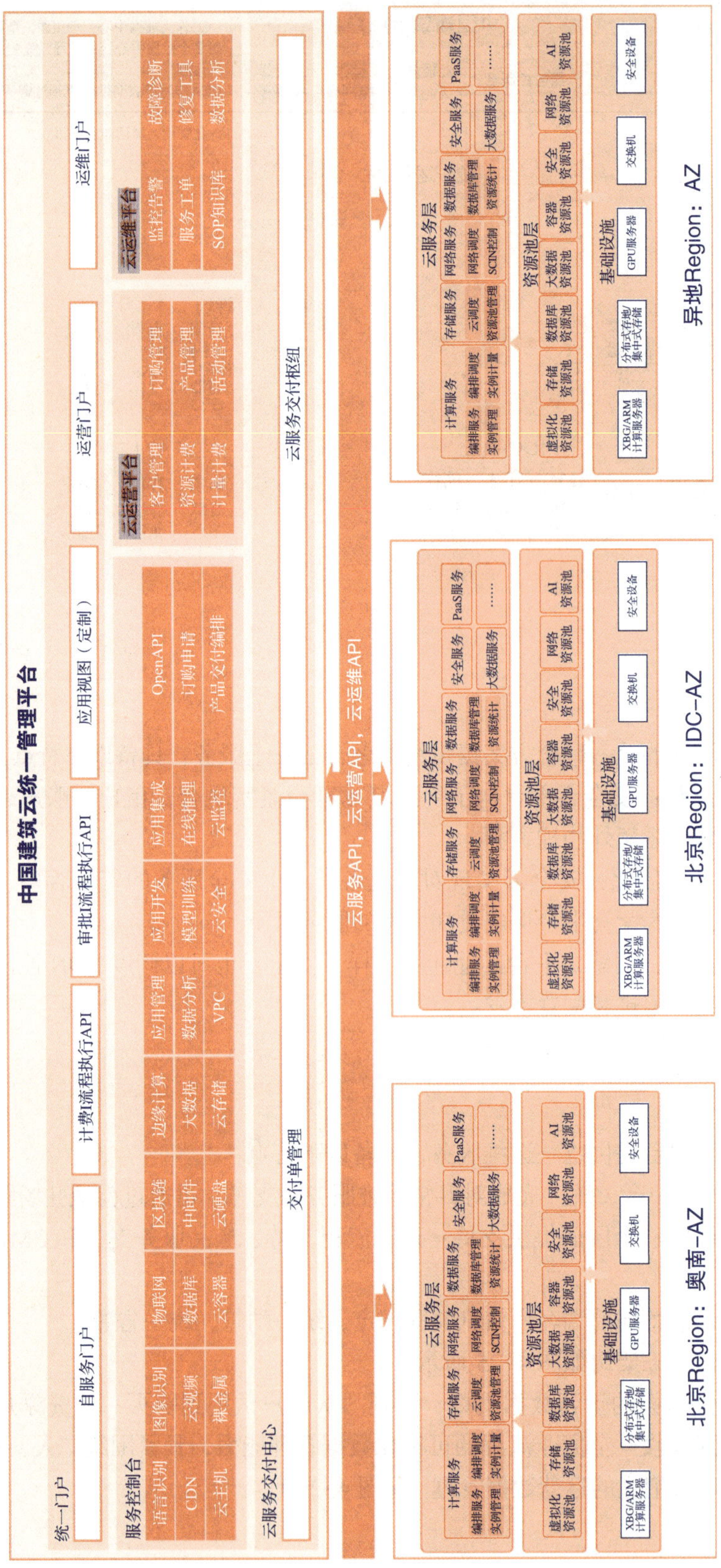

图 4-23　同构混合云平台的架构

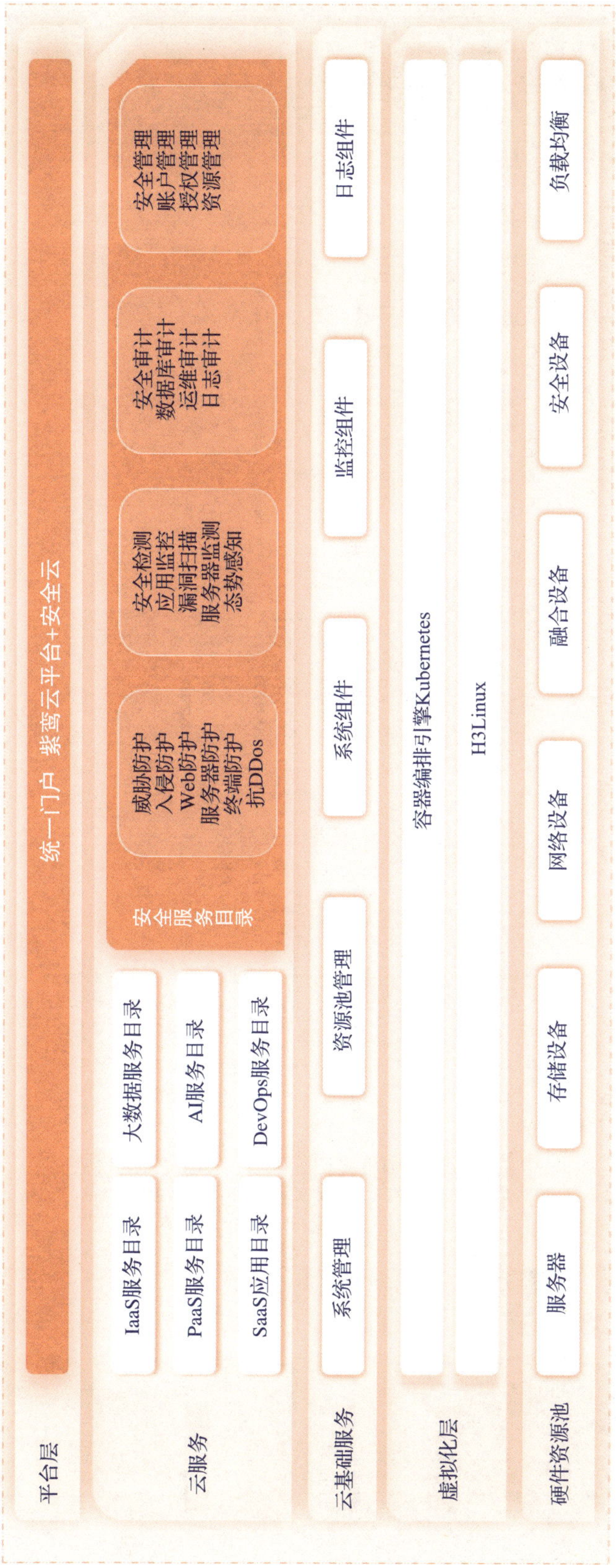

图 4-24 统一融合云安全服务

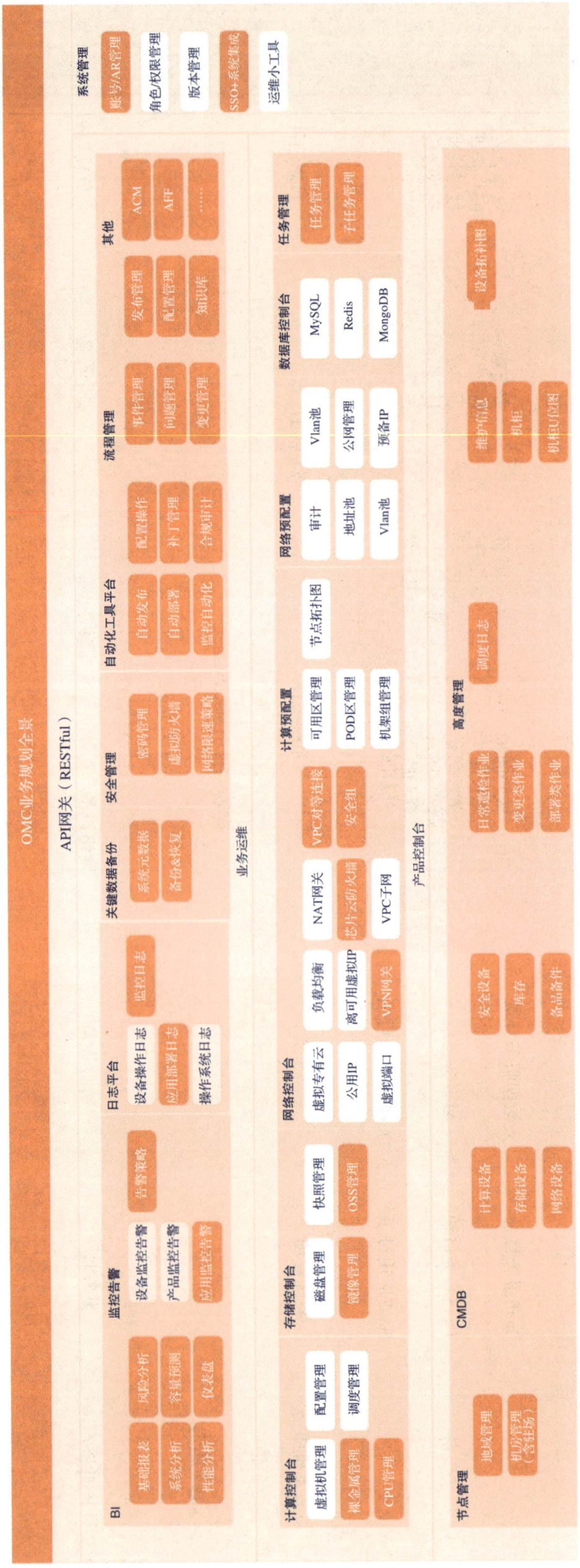

图 4-25 统一运维中台服务架构

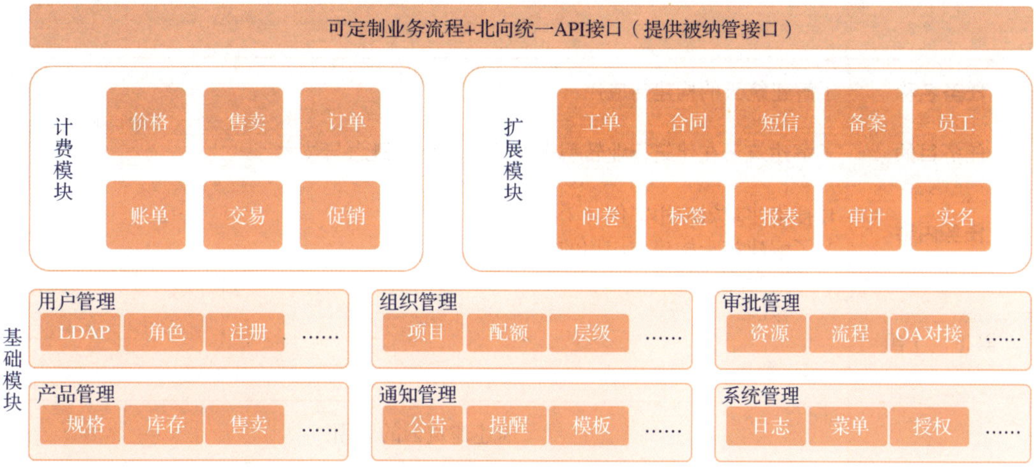

图 4-26 统一运维运营平台

课堂讨论 3

讨论分析建筑云解决方案，说明解决了什么问题，完成表 4-16。

表 4-16 分析建筑云解决方案

方案	解决问题及主要技术手段
同构混合云解决方案	
统一融合云安全服务	
统一运维运营服务	

知识加油站

中国建筑云数据中心的应用成效

中国建筑云数据中心整体采用集团统建模式，统一搭建混合云资源架构、集团主数据中心、一体化网络建设与网络安全体系，构建集团统一的 IT 基础设施云平台。对内实现集团平台级应用的高效支撑、个性化应用的敏态赋能，对外实现 IT 基础设施资源服务能力输出。

1. 完整的大云平台落地及专业服务

新华三集团承担此项目的总集成、小型机迁移服务和后期的运维服务，真正做到云计算的全流程服务。中建云数据中心是迄今为止规模最大、实施交付最复杂的企业私有云建设项目。

2. 全业务系统优化

优化了中建的 OA、人力、对外网站、档案等 28 个业务系统，提升了整个集团资源使用率，节省了公司成本。

任务工单

<table>
<tr><td>任务名称</td><td colspan="4">了解建筑云的构建与应用</td></tr>
<tr><td>任务目的</td><td colspan="4">了解建筑云在建筑行业转型中的地位、相关概念与技术。</td></tr>
<tr><td>任务内容</td><td colspan="4">1. 搜集建筑云应用案例，了解其应用范围；
2. 了解建筑云构建与应用的流程。</td></tr>
<tr><td rowspan="2">第（　）组</td><td>姓名</td><td></td><td></td><td></td></tr>
<tr><td>学号</td><td></td><td></td><td></td></tr>
<tr><td rowspan="12">任务实操</td><td colspan="4">描述建筑云的应用</td></tr>
<tr><td>1</td><td colspan="3"></td></tr>
<tr><td>2</td><td colspan="3"></td></tr>
<tr><td>3</td><td colspan="3"></td></tr>
<tr><td>4</td><td colspan="3"></td></tr>
<tr><td colspan="4">建筑云构建的主要内容</td></tr>
<tr><td>1</td><td colspan="3"></td></tr>
<tr><td>2</td><td colspan="3"></td></tr>
<tr><td>3</td><td colspan="3"></td></tr>
<tr><td>4</td><td colspan="3"></td></tr>
<tr><td>5</td><td colspan="3"></td></tr>
<tr><td>6</td><td colspan="3"></td></tr>
</table>

考核评价

评价说明：在本次任务完成后，由任课教师主导，采用学习过程评价与学习结果评价相结合的方法，综合运用自我评价、小组评价及教师评价三种方式，确定三种评价方式分别占总成绩的比例，并加权计算出学生本次任务的考核评价分。

任务完成考核评价表			
任务名称	产业互联网	子任务名称	了解建筑云的构建与应用
班级		学生姓名	
评价方式	评价内容	分值	成绩
自我评价	课堂讨论 1 完成情况	10	
	课堂讨论 2 完成情况	10	
	课堂讨论 3 完成情况	10	
	任务工单完成情况	40	
	对知识和技能的掌握程度	10	
	我胜任了小组内的工作	20	
	合计		
小组评价	本小组本次任务完成质量	30	
	该成员本次任务完成质量	30	
	该成员参与小组活动的态度	20	
	该成员的合作精神和沟通能力	20	
	合计		
教师评价	该成员所在小组的任务完成质量	30	
	该成员的本次任务完成质量	30	
	该成员对所在小组活动的参与度	20	
	该成员对本次任务的贡献度	20	
	合计		
总评 = 自我评价 ×（　）% + 小组评价 ×（　）% + 教师评价 ×（　）% =			

项目五

通晓数智伦理

项目导入

在物联网、人工智能、大数据和云计算技术飞速发展的时代，数据是非常重要的资源，在生活和工作中保证数据的安全，具有非常重要的意义。数字技术的发展对监管提出了更高的要求，建立完善的监督机制，改革创新监管方式，利用先进技术进行监管，是未来数字技术监管的发展方向。数字技术相关职业岗位的从业人员，要遵守相关数字技术法律法规。

2021 年 1 月，巴西的一个数据库 30Tb 数据被破坏，泄露的数据包含有 1.04 亿辆汽车和约 4 000 万家公司的详细信息，受影响的人员数量约有 2.2 亿；2021 年 3 月，印度 800 万核酸检测结果泄露，含有姓名、年龄、婚姻状况、检测时间、居住地址等个人信息；2021 年 3 月，美国 CNA 保险公司的 IT 系统被勒索软件锁定，攻击者窃取了数据，公司支付了 4 000 万美元勒索赎金。有研究机构统计，2020 年全球数据泄露的数量超过过去 15 年的总和，这些数据安全的风险影响范围已经从个人、企业逐步辐射到产业甚至是国家层面。

人工智能相关技术在社会生产生活中的应用越来越广泛，离普通民众的生活也越来越近，为人们生活带来便利的同时，也不可避免地带来了一定的伦理问题。政府相关部门制定相关法律法规，保证人工智能相关技术能被合理利用，以服务于经济社会发展。

2019 年，一名消费者将某园告上法庭，缘由是该园引进了人脸识别技术并强制要求消费者注册，未注册人脸识别的消费者无法入园，违反了《消费者权益保护法》，并且侵犯了消费者隐私。根据《消费者权益保护法》相关规定，收集、使用个人信息，应当遵循合法、正当、必要的原则，并明确收集、使用信息的目的、方式和范围。人脸识别技术是一种生物信息识别技术，生物信息一旦被泄露，则会造成一定的安全隐患。

任务一

了解数据安全

项目名称	通晓数智伦理	任务名称	了解数据安全
学习目标	知识目标	• 了解数据安全的概念； • 了解云时代的数据安全新技术； • 了解数据泄露的常见途径； • 掌握数据安全法律法规。	

续表

学习目标	能力目标	• 能够掌握数据安全的概念； • 能够掌握云时代数据安全的特点； • 具备从事数字技术相关岗位的数据安全意识。
	素养目标	具备数据安全的意识，培养数据保护意识、法律意识和高尚的职业道德情操。
任务描述	通过学习数据安全的基本知识、云时代的数据安全技术、不同场景下的数据安全问题，具备数据安全意识，掌握数据泄露的途径以及预防数据泄露的方法。	
任务准备	查阅相关资料，了解数据安全方面的实际案例。	
实施提醒	信息安全或数据安全有两方面的含义：一是数据本身的安全，主要是指采用现代密码算法对数据进行主动保护，如数据保密、数据完整性、双向身份认证等；二是数据防护的安全，主要是采用现代信息存储手段对数据进行主动防护，如通过磁盘阵列、数据备份、异地容灾等手段保证数据的安全。数字技术与法律监管是相辅相成、互相促进的，新一代数字技术可以进一步提高法律监管的效率，而对数字技术发展的法律监管又能使数字技术在正确轨道上运行。	

知识准备

深度学习的思考

一、数据安全概述

数据安全是一个不断演变的历史，从最初的以数据库安全为核心，发展到以数据生命周期安全为核心，再到以数据基础设施安全为核心（见图 5-1）。数据安全随着物联网、大数据、云计算、人工智能技术的飞速发展而不断演化。

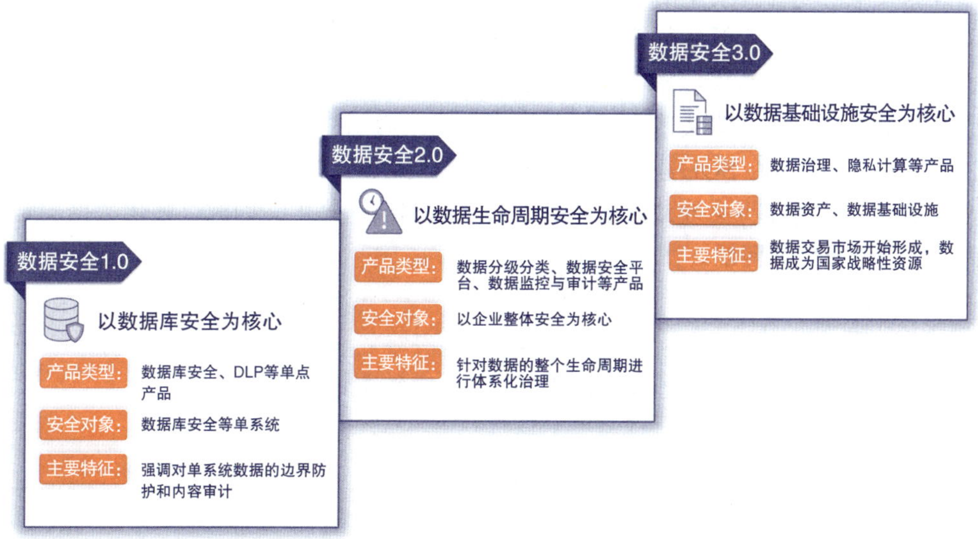

图 5-1 数据安全的演变历程

当前，数字经济加速发展，数据成为继土地、劳动、资本等之后重要的生产要素，是国家基础性、战略性资源。数据价值日益显现，与此同时，数据安全风险也随之出现，如违法数据收集、数据滥用、数据泄露、数据贩卖等问题，给国家安全和社会生活造成很大威胁。由此可见，数据安全是数字经济的基础（见图 5-2）。

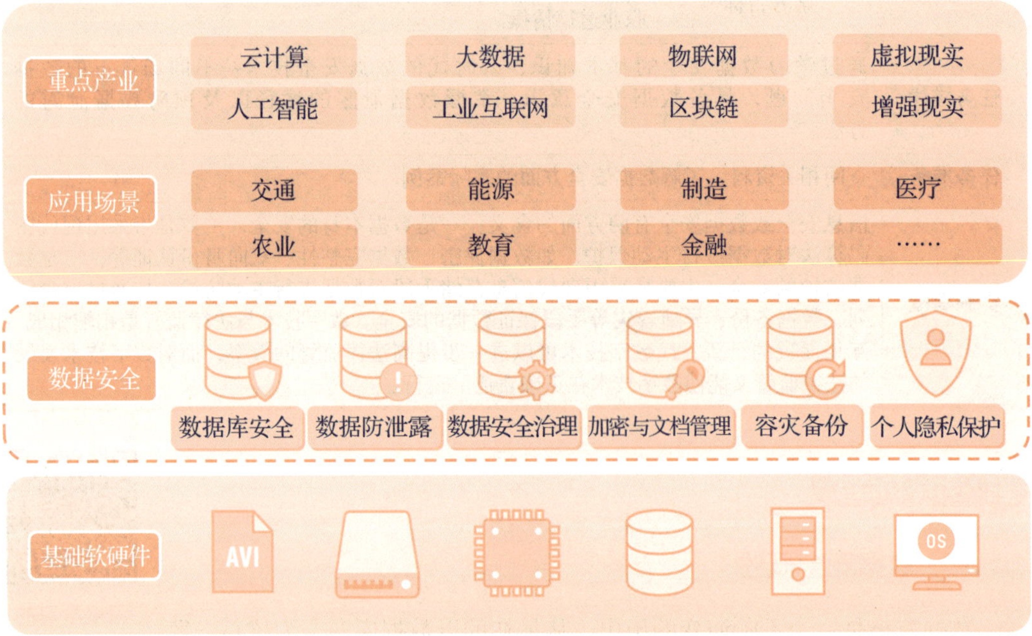

图 5-2　数据安全是数字经济的基础

我国《数据安全法》第三条规定，数据安全是指通过采取必要措施，确保数据处于有效保护和合法利用的状态，以及具备保障持续安全状态的能力。

数据安全问题在社会生活中的各领域都有所体现。例如在工业领域，随着工业互联网的飞速发展，工业领域数据逐步由企业内网使用向企业外网、云平台等处流通使用，伴随而来的数据违规传输、非授权访问、云端数据泄露等问题也随之出现。与此同时，数据非法收集、明文传输、恶意挖掘、滥采滥用、非法交易等风险事件偶有发生，因弱口令、漏洞、SQL 注入等网络安全问题导致的数据安全风险广泛存在。这些安全问题严重的时候将会导致停工停产，甚至影响国计民生。因此，强化数据安全防护是一个非常重要的问题。

课堂讨论 1

讨论数据安全的发展历史以及数据安全在数字经济发展中的重要性。

____

____

二、数据是如何泄露的

在大数据时代，隐私泄露已成为人们普遍担忧的问题，人们往往在无意之中就将自己的隐私泄露出去。当大数据使人们的生活变得愈加方便快捷的同时，隐私泄露问题也随之成为人们普遍关注的一个问题。

那么，数据泄露的方式有哪些呢？

（一）数据不当收集

在大数据环境中，可以通过就医记录、购物及服务记录、网站搜索记录、手机通话记录、手机位置轨迹等来获取用户的个人隐私信息。收集这些个人信息时，通常是没有经过用户同意，或者用户根本没有去思考数据的用途，是谁收集了自己的数据，是谁使用了自己的数据。

对于大数据采集平台，数据采集必须进行脱敏处理，包括用户的姓名、证件号码、联系方式、地址等关键信息，任何公民的个人信息都是隐私信息，在没有得到个人许可或法律许可的前提下，若数据以原始状态被采集，就必须厘清数据的采集和使用范畴。

（二）数据融合

个人数据是个体社会活动的表现，比如个人医疗数据、个人消费数据、个人地理位置数据、社交网络数据等。然而，利用大数据、人工智能技术可以将多个来源的个人数据集成融合，进而推理得出其他的个人敏感信息，给个人隐私保护造成很大威胁。

（三）数据分析带来的风险

利用大数据和人工智能技术可以通过个人数据挖掘达到预测的目的。例如个性化推荐系统可以根据客户的网上浏览和购买行为，向用户推荐感兴趣的信息和商品，此时个人的行为模式即成为被商家预测到而泄露的个人隐私。

课堂讨论 2

讨论生活中数据泄露的案例，完成表 5-1。

表 5-1 数据泄露方式以及实际案例

数据泄露方式	实际案例

三、云时代的数据安全

云计算是一种利用互联网实现随时随地访问共享资源池（如计算设施、存储设备、应用程序等）的计算模式。通过云计算，用户可以根据实际业务需求快速申请或释放资源，并为此而支付一定的费用，可以大大降低企业的运营成本。

在云计算时代，数据安全表现出很多新的形态，如何保证数据安全，是必须考虑的问题。

传统的安全软件使用预定义规则来检测威胁。虽然这在应用于已知威胁时可能是有效的方法，但在出现新类型的风险时却不那么有效。可使用机器学习来分析用户、实体和环境，检测使用预定义方法可能无法捕获的攻击。

利用人工智能技术解决网络安全运营中的安全问题是数据安全的一个新方向。该技术可以在分析挖掘大量数据的前提下，发现网络安全专业人士无法发现的网络威胁，甚至可以预测网络安全事件的发生。

现在企业的很多数据已经不仅仅掌握在企业总部的数据中心中，越来越多的企业选择云端的 IaaS、PaaS、SaaS 的服务，企业的环境慢慢从本地往云端转移，攻击手段越来越多样化，传统的以服务器为中心的安全框架在某些场景下已经无能为力。

课堂讨论 3

大数据、云计算时代的数据安全有哪些特点？可以通过哪些方式防范安全威胁？

____

____

四、数据安全场景案例

（一）人脸识别

人脸识别技术在各个领域得到广泛应用，例如大家熟知的设备解锁、刷脸支付、刷脸考勤、安防、犯罪侦查等应用场景。人脸识别技术在为人们的生活带来便利的同时，在个人隐私保护、个人自由、伦理等方面也引起了很多的争议。人脸识别技术应当在不同的应用场景下设置不同的监管要求，合理处置个人权利保护、公共利益和相关产业发展的关系。

（二）大数据背景下的数据安全

大数据的应用必然会面对个人隐私问题。为了推送精准的广告信息，就需要收集个人的购买习惯、个人喜好等数据，这些数据包含了许多个人隐私；为了获得以人类基因为基础的医疗数据来提高对疾病的治疗效果，就需要收集尽可能多的人类基因样本，这些资料一旦保管不好，就可能对提供样本的个人带来巨大的风险；为了建立智慧城市，需要收集每个人、每辆车等的详细信息，这些信息一旦泄露，就有可能造成社会犯罪的发生。有效、合法、合理的收集、利用、保护大数据，是大数据时代的基本要求，需要政府、企业、个人三方共同协作，既保证大数据信息的利用，同时又要避免个人隐私的泄露。

人工智能技术需要以大数据为基础，极大地扩展个人信息的收集场景，例如图像识别、语音识别、语义理解、智慧医疗、智慧金融等人工智能技术需要采集海量的个人信息。人工智能技术与物联网技术的融合进一步拓宽了线下数据的采集。为了有效防止侵犯个人数据的违法行为，保障个人数据安全和合法权益，工信部推动建立的个人信息保护第一个国家标准——《信息安全技术　公共及商用服务信息系统个人信息保护指南》(GB/Z 28828-2012)，对于敏感信息的收集与披露做了相关规定，禁止大规模收集与处理公民的个人信息，公开披露信息需要征得信息主体同意。

（三）网络爬虫技术的安全性

爬虫技术是互联网时代非常流行的一项网络信息搜索技术，该技术最早应用于网络搜索引擎，随着大数据时代的来临，数字资源急速增长，网络爬虫技术的应用场景更加广泛，网络爬虫技术给网络数据收集带来了很大便利。然而，关于使用爬虫技术是否违犯法律，目前主要依据是 2019 年 5 月国家网信办发布的《数据安全管理办法（征求意见稿）》。该办法的主体包含数据收集、数据处理使用以及数据安全监管三部分内容，根据该办法的规定，如果爬虫技术使用不当，就有可能违犯法律，就会受到法律的制裁。从爬取什么数据、如何爬取数据，以及如何使用得到的数据来判断是否违犯法律。例如，爬取属于著作权法保护的作品、爬取个人隐私信息等行为，都是违犯法律的行为。不遵守 Robots 协议，无视网站设置的 Robots 协议而随意抓取网站内容的行为被视为违反诚实信用原则和商业道德的不正当竞争行为，涉嫌构成犯罪。如果爬取到的数据用于盈利、损害他人利益、造假、诽谤以及提供公民个人隐私信息等都会构成犯罪。

课堂讨论 4

列举涉及数据安全的不同场景案例。

____

____

五、数据安全法律法规

2022 年 3 月，中共中央办公厅、国务院办公厅印发的《关于加强科技伦理治理的意见》指出，科技伦理是开展科学研究、技术开发等科技活动需要遵循的价值理念和行为规范，是促进科技事业健康发展的重要保障。作为数字技术相关岗位工作人员，要时刻遵守科技伦理道德。

当前，社会数字化转型正在飞速发展，数据已经成为数字经济时代的关键生产要素。如果数据安全不能保证，将会对社会经济各领域产生严重的后果。

围绕数据安全与个人信息保护，我国形成了以《国家安全法》为总纲，《网络安全法》《数据安全法》《个人信息保护法》三部法律为基础的法律监管体系。《网络安全法》

从设施、运营、数据以及内容安全四个维度对网络安全进行法规约束。《数据安全法》则围绕“收集、存储、使用、加工、传输、提供、公开”等数据处理流程，对大数据的各参与方进行法律约束。《个人信息保护法》从个人信息保护应遵循的原则和信息处理规则等方面进行约束，以增强个人在数字经济时代的安全感。

课堂讨论 5

在从事与数据有关的岗位工作时，应当如何培养自身的数据安全意识？在工作中应当注意哪些细节？

____

____

知识加油站

智慧城市数据安全

智慧城市涉及5G、物联网技术、大数据技术、云计算和边缘计算协同技术、网络与数据安全技术等。智慧城市数据来源渠道众多，各种类型的数据集中到数据中心，一旦遭到攻击，对于经济社会运行将产生很大的危害，影响城市的正常运行。同时，如果数据集中在某些单位的数据中心，也会造成数据过度集中，不利于数据安全保护。另外，智慧城市数据中心包含许多涉及公民个人隐私的数据，也需要引起高度关注。

任务工单

<table>
<tr><td>任务名称</td><td colspan="4">了解数据安全</td></tr>
<tr><td>任务目的</td><td colspan="4">1. 了解云时代的数据安全技术；
2. 了解数据泄露的常见途径；
3. 了解数据安全相关法律法规。</td></tr>
<tr><td>任务内容</td><td colspan="4">1. 简述数据安全的含义；
2. 简述云时代的数据安全技术的特点；
3. 简述数据泄露的途径；
4. 简述数据安全相关法律法规。</td></tr>
<tr><td rowspan="2">第（ ）组</td><td>姓名</td><td></td><td></td><td></td></tr>
<tr><td>学号</td><td></td><td></td><td></td></tr>
<tr><td rowspan="5">任务实操</td><td>任务内容</td><td colspan="3">任务完成情况</td></tr>
<tr><td>1. 列举实际生活中遇到的数据安全案例。</td><td colspan="3"></td></tr>
<tr><td>2. 与传统数据安全相比，云时代数据安全有哪些特点？</td><td colspan="3"></td></tr>
<tr><td>3. 常见的数据泄露途径有哪些？</td><td colspan="3"></td></tr>
<tr><td>4. 简述我国数据安全相关法律法规。</td><td colspan="3"></td></tr>
</table>

考核评价

评价说明：在本次任务完成后，由任课教师主导，采用学习过程评价与学习结果评价相结合的方法，综合运用自我评价、小组评价及教师评价三种方式，确定三种评价方式分别占总成绩的比例，并加权计算出学生本次任务的考核评分。

任务完成考核评价表			
项目名称	通晓数智伦理	任务名称	了解数据安全
班级		学生姓名	
评价方式	评价内容	分值	成绩
自我评价	课堂讨论完成情况	20	
	任务工单完成情况	30	
	对知识和技能的掌握程度	30	
	我胜任了小组内的工作	20	
	合计		
小组评价	本小组本次任务完成质量	30	
	该成员本次任务完成质量	30	
	该成员参与小组活动的态度	20	
	该成员的合作精神和沟通能力	20	
	合计		
教师评价	该成员所在小组的任务完成质量	30	
	该成员的本次任务完成质量	30	
	该成员对所在小组活动的参与度	20	
	该成员对本次任务的贡献度	20	
	合计		
总评 = 自我评价 ×（ ）% + 小组评价 ×（ ）% + 教师评价 ×（ ）% =			

任务二
认识人工智能伦理

<table>
<tr><td>项目名称</td><td>通晓数智伦理</td><td>任务名称</td><td>认识人工智能伦理</td></tr>
<tr><td rowspan="3">学习目标</td><td>知识目标</td><td colspan="2">● 了解人工智能以及元宇宙伦理；
● 了解人工智能伦理的治理和监管；
● 掌握人工智能从业人员职业道德素养。</td></tr>
<tr><td>能力目标</td><td colspan="2">● 能够安全合法从事人工智能技术相关工作；
● 具备人工智能从业人员的基本道德伦理素养。</td></tr>
<tr><td>素养目标</td><td colspan="2">通过学习人工智能伦理，具备正确的职业道德观念，培养懂法守法的法律意识。</td></tr>
<tr><td>任务描述</td><td colspan="3">通过学习人工智能伦理知识，掌握人工智能伦理的基本内涵，具备人工智能从业人员的基本职业素养。</td></tr>
<tr><td>任务准备</td><td colspan="3">查阅相关资料，了解人工智能伦理案例。</td></tr>
<tr><td>实施提醒</td><td colspan="3">我国提出新一代人工智能治理原则，即和谐友好、公平公正、包容共享、尊重隐私、安全可控、共担责任、开放协作、敏捷治理，以发展负责任的人工智能。作为相关从业人员，应该懂得以人工智能为代表的新一轮技术发展应用离不开伦理原则提供的价值引导。</td></tr>
</table>

知识准备

一、人工智能伦理

科技伦理作为科技活动必须遵守的价值准则，已成为国际社会高度重视的共同议题。人工智能技术作为一门发展迅速的前沿技术，同样需要遵守科技伦理准则。

（一）人工智能发展理念

人工智能技术的发展需要构建能够让人们信任的价值体系，人工智能发展与应用需要遵循四个方面的理念。

1. 可用

人工智能技术的发展和应用是为了促进人类社会更好地发展，让我们的生活更加幸福美好，所以要让尽可能多的人有机会享受技术带来的便利，以实现以人为本、人机和谐共生的社会。

2. 可靠

人工智能技术必须是可靠的，相关技术的使用要安全、稳定与可靠，同时还要保证社会安全稳定、个人人身财产安全。

3. 可知

人工智能技术的实现原理应当是可知的，是可以被人类理解的。目前，深度学习技术是人工智能技术的热门研究方向，学界和业界已在深度学习模型可解释性方面做了很多工作，以期实现可解释的人工智能。

4. 可控

人工智能技术的发展应当在人类的可控范围之内，避免有危害人类社会发展的事情发生。我们应当防范未来可能出现的风险，使人工智能技术始终能够服务于人类社会的发展。

（二）人工智能安全问题

人工智能安全

人工智能技术给社会发展带来变革的同时，也产生了一定的风险隐患，并引起政府、社会机构、研究人员的广泛关注。人工智能安全问题大致包括算法、数据、模型和生物识别四个维度。

1. 算法

目前人工智能算法缺乏对安全性的考虑。例如，在语音识别中采集的语音信息都是正常采集的语音信号，图片识别中的图片也是正常拍摄的照片，算法并没有考虑不法分子人工合成数据的情况，可能会造成算法得到完全不同的结果，这是人工智能算法存在的安全问题。

2. 数据

数据是人工智能技术的必需原材料，所以人工智能应用系统会掌握大量的信息数据。如果不法分子非法使用隐私数据信息，则会造成隐私泄露，危害社会以及个人利益。

3. 模型

在人工智能模型训练过程中，训练数据可能会被刻意伪造和污染，这将导致人工智能系统出现混乱，输出错误的结果，造成人工智能系统功能失效。

4. 生物识别

生物识别系统允许客户数据随着时间的推移而发生自然变化。例如，人脸识别技术中，随着用户面部特征的微小变化，人脸识别系统的用户数据也会随之实时调整，如果有不法分子利用系统这一特性，通过向识别设备提供一系列虚假生物信息，不断更新设备中的个人生物特征数据，从而将客户的数据完全替换，进而达到冒充用户解锁识别系统的目的。

基于上述安全隐患，政府有关部门和行业监督机构应增强监督管理措施，相关企业须重视安全技术问题，广大用户要提升安全意识，多方面努力，共同维护人工智能技术的安全可靠。

（三）人工智能不同应用场景伦理问题

1. 自动驾驶

当今人工智能行业应用中，自动驾驶被认为是最有发展前景的一项技术。自动驾驶的关键技术包括感知、决策以及控制。自动驾驶汽车使用了多种传感器，利用机器学习技术通过对传感器收集的实时信息进行分析及决策。

安全与道德问题是制约自动驾驶大范围普及的重要因素。从测试结果可以看出，自动驾驶比人类驾驶员更安全可靠，但自动驾驶在特殊条件下也会导致事故的发生，例如，当自动驾驶系统遇到从未遇到的特殊情形时，自动驾驶可能会对人身安全造成威胁。2021 年工信部、公安部、交通运输部印发《智能网联汽车道路测试与示范应用管理规范（试行）》，各地也出台了推动智能网联汽车应用落地的政策。自动驾驶技术需要有相应的安全标准，确保自动驾驶技术健康有序发展。

2. 医疗健康产业

人工智能技术在医疗健康领域有着广泛的应用，例如医学影像、辅助诊疗、疾病预测、药物研发、健康管理等。但医疗应用也面临着医疗数据采集与共享、个人数据隐私保护等多方面的问题。2019 年国家药品监督管理局医疗器械技术审评中心发布《深度学习辅助决策医疗器械软件审评要点》，明确了医疗设备的审批标准，人工智能医疗设备需要在市场准入、数据共享与安全、责任承担等方面进行监管。

国家标准《信息安全技术　个人信息安全规范》(GB/T 35273-2020）规定，在收集个人生物识别信息前，应单独向个人信息主体告知收集、使用个人生物识别信息的目的、方式和范围，以及存储时间等规则，并征得个人信息主体的明示同意。对于生物识别信息的存储也提出了具体的解决措施：个人生物识别信息要与个人身份信息分开存储；原则上不应存储原始个人生物识别信息。

3.App 应用

近年来 AI 换脸技术流行，引发了民众对个人隐私的担忧。未经本人同意而擅自使用他人照片、视频进行 AI 换脸，属于侵犯他人的肖像权、名誉权的行为，严重的情形会构成刑事犯罪。

课堂讨论 1

如何安全合理地使用人工智能相关技术？在不同应用场景有哪些需要注意的事项？

____

____

二、人工智能伦理治理与监管

人工智能技术已经成为全球科技竞争的焦点，全球多个国家出台了人工智能发展战略，以期占领未来技术、应用和产业的制高点，包括人工智能核心技术、功能应用和行业应用等方面。人工智能产业生态对经济社会发展产生了革命性的影响，人工智能与大数据、云计算、物联网等技术深度融合，共同推动经济社会向数字化、智能化方向发展。

人工智能伦理治理与监管

在人工智能快速发展的同时，迫切需要制定相应的制度来保证人工智能向正确的方向发展。近年来，随着人工智能在社会各领域的广泛应用，相关的法律、伦理问题引起了社会各界的关注。各国政府重视AI伦理，加强AI法律治理，践行科技向善，发展对人类和社会安全可信、负责任的人工智能。

我国在出台促进人工智能产业发展战略的同时，也不断加强人工智能伦理和标准方面的建设。2019年6月，国家新一代人工智能治理专业委员会发布《新一代人工智能治理原则——发展负责任的人工智能》（以下简称《治理原则》），提出了人工智能治理的框架和行动指南，旨在更好地协调人工智能发展与治理的关系，确保人工智能安全可控可靠，推动经济、社会及生态可持续发展。发展人工智能要具有高度的社会责任感和自律意识，严格遵守法律法规、伦理道德和标准规范，防范利用人工智能进行非法活动。在《治理原则》中，尊重隐私被放在一个十分重要的位置，要求充分保障个人的知情权和选择权的同时，在个人信息的收集、存储、处理、使用等各环节应设置边界，建立规范。我国的相关法律法规有《数据安全管理办法（征求意见稿）》《网络音视频信息服务管理规定》《网络信息内容生态治理规定》等。

课堂讨论 2

查阅资料，调研我国与世界其他国家在人工智能伦理监管与治理方面分别采取了哪些措施。

____

____

三、人工智能会抢夺人类的工作吗

人工智能技术是为人类社会服务的，让我们的生活质量更高、工作效率更高，那么，人工智能会抢夺人类的工作岗位吗?

人类发展的历史，也是科学技术进步的历史。每一次科技革命都会引起社会结构、经济结构的变革，科技革命或许会让从事部分职业的人在一段时间内无法适应，但从长远来看，科技革命都会让人类的生活更加美好。例如，蒸汽机的出现使得大量手工业者失业，但人类在新的领域找到自己新的工作岗位。科技革命的出现使得某些岗位被淘汰，同时也创造了新的工作岗位。

同样地，人工智能的出现可能会使部分工作岗位消失，但从长远看，人工智能会带动整个社会进行结构调整，进一步解放社会生产力，让人们可以将更多的精力与智慧从事其他创造性的工作。未来，人工智能可能取代的岗位大多是一些传统的劳动密集型工作岗位，而需要创造力和情感的工作岗位则是无法取代的。所以我们应该拥抱人工智能的到来，让人工智能为人类的美好生活服务。

课堂讨论 3

人工智能会抢夺人类的工作岗位吗?

____

____

四、人工智能从业人员职业素养与未来展望

人工智能从业人员素养

人工智能的健康发展离不开监管和治理，以期实现安全可靠的、负责任的人工智能。人工智能从业者应当时刻谨记科技伦理和道德规范，坚持科技向善的理念，做到自我约束，让人工智能更好地为人类社会服务。

在历史长河中，人类都能在各种危机与挑战中不断学习、不断成长。我们应当以开放的姿态和长远的目光来看待人工智能时代的到来。人工智能时代，在某些领域机器可能比人类更优秀，但在富有创造性和情感化的领域，人类特有的情感、创造能力是区别于机器的本质且无可替代。我们有信心迎接人工智能时代的到来，利用人工智能创造一个更加美好的世界。

课堂讨论 4

人工智能从业人员应该具有哪些基本职业道德素养？

知识加油站

元宇宙伦理

元宇宙融合了虚拟现实（VR）、增强现实（AR）、混合现实（MR）、人工智能等技术，能够在一个数字虚拟空间内打造出近乎真实世界的体验感。元宇宙并不只是一个技术问题，同时也是个伦理问题。在元宇宙世界里，公平、可靠、安全、隐私、保障、包容、透明等都将作为重要准则，以进一步激发每个人的创造力。

元宇宙将为人类创造一个自由、便捷、美好的数字化生活空间。然而元宇宙也同样面临安全和伦理问题，现实社会中存在的一系列治理问题在元宇宙中也同样会出现。元宇宙也需要依靠法律体系以及伦理道德、社会价值观等自制自律机制来约束虚拟居民和组织的行为。例如，元宇宙的虚拟身份和社交场景化将加剧现实社会中的人际交往问题，加剧个体隐私安全和保护等问题。

任务工单

<table>
<tr><td>任务名称</td><td colspan="4">认识人工智能伦理</td></tr>
<tr><td>任务目的</td><td colspan="4">了解人工智能伦理的内涵，认识人工智能伦理治理与监管，具备人工智能从业人员职业素养。</td></tr>
<tr><td>任务内容</td><td colspan="4">1. 了解人工智能伦理；
2. 简述人工智能伦理治理与监管；
3. 简述人工智能从业人员职业素养。</td></tr>
<tr><td rowspan="2">第（　）组</td><td>姓名</td><td></td><td></td><td></td></tr>
<tr><td>学号</td><td></td><td></td><td></td></tr>
<tr><td rowspan="5">任务实操</td><td>任务内容</td><td colspan="3">任务完成情况</td></tr>
<tr><td>1. 未来人工智能发展必须遵循的理念有哪些?</td><td colspan="3"></td></tr>
<tr><td>2. 人工智能的安全威胁主要来自哪些方面?</td><td colspan="3"></td></tr>
<tr><td>3. 数字技术从业人员应当具备哪些基本职业素养?</td><td colspan="3"></td></tr>
<tr><td>4. 对于人工智能未来的发展，人类应该持怎样的态度?</td><td colspan="3"></td></tr>
</table>

考核评价

评价说明：在本次任务完成后，由任课教师主导，采用学习过程评价与学习结果评价相结合的方法，综合运用自我评价、小组评价及教师评价三种方式，确定三种评价方式分别占总成绩的比例，并加权计算出学生本次任务的考核评分。

任务完成考核评价表			
项目名称	通晓数智伦理	**任务名称**	认识人工智能伦理
班级		**学生姓名**	
评价方式	**评价内容**	**分值**	**成绩**
自我评价	课堂讨论完成情况	30	
	任务工单完成情况	30	
	对知识和技能的掌握程度	20	
	我胜任了小组内的工作	20	
	合计		
小组评价	本小组本次任务完成质量	30	
	该成员本次任务完成质量	30	
	该成员参与小组活动的态度	20	
	该成员的合作精神和沟通能力	20	
	合计		
教师评价	该成员所在小组的任务完成质量	30	
	该成员的本次任务完成质量	30	
	该成员对所在小组活动的参与度	20	
	该成员对本次任务的贡献度	20	
	合计		
总评＝自我评价 ×（　）%＋小组评价 ×（　）%＋教师评价 ×（　）%＝			

参考文献

[1] 王庆，葛晓永，徐照，等. 数字孪生城市建设理论与实践 [M]. 南京：东南大学出版社，2020.

[2] 董浩宇. "元宇宙"特性、概念与商业影响研究：兼论元宇宙中的营销传播应用 [J]. 现代广告，2022 (8)：4-12.

[3] 宋嘉吉，赵丕业. 区块链行业深度：元宇宙，互联网的下一站 [R]. 国盛证券研究所，2021.

[4] 叶丹. 数字孪生如何更好打通虚拟与现实？[N]. 南方日报，2022-03-11.

[5] 邢杰，赵国栋，徐远重，等. 元宇宙通证 [M]. 北京：中译出版社，2021.

[6] 周苏，王文. 人工智能概论 [M]. 北京：中国铁道出版社，2020.

[7] 陈炳权，刘宏立，孟凡斌. 数字图像处理技术的现状及其发展方向 [J]. 吉首大学学报（自然科学版），2009，30 (1)：63-70.

[8] 李开复，王咏刚. 人工智能 [M]. 北京：文化发展出版社，2017.

[9] 吉文帅. 计算机图像识别智能化处理技术的分析 [J]. 山东工业技术，2017 (15)：100.

[10] 张洪刚，陈光，郭军. 图像处理与识别 [M]. 北京：北京邮电大学出版社，2006.

[11] 涂阳. 崭露头角的流媒体技术 [J]. 中国标准导报，2002 (1)：22-23.

[12] 闫常浩，丁先锋，韦鑫余. 人脸识别算法 [J]. 四川兵工学报，2011，32 (4)：65-67.

[13] 陈海虹，黄彪，刘峰，等. 机器学习原理及应用 [M]. 成都：电子科技大学出版社，2017.

[14] 向友君，谢胜利. 图像检索技术综述 [J]. 重庆邮电学院学报（自然科学版），2006，(3)：348-354.

[15] 彭宏勤，张国伍. 停车规范编制与智慧停车："交通 7+1 论坛"第四十五次会议纪实 [J]. 交通运输系统工程与信息，2017，17 (1)：2-7，249.

［16］刘建胜，汪同庆，王贵新，等．基于DSP的版面分析和OCR识别的原理及实现［J］．仪器仪表学报，2003（6）：577–580．

［17］赵光辉．数字经济赋能智慧交通构建的路径探讨［J］．企业经济，2022，41（10）：5–15．

［18］王瑛，严涛，王磊．空间智能导航技术发展现状与趋势分析［J］．空间控制技术与应用，2022，48（5）：9–17．

［19］赵方，吴凡．GNSS/INS自适应智能组合导航算法［J］．北京邮电大学学报，2022，45（2）：1–8．